轮机概论

（第二版）

主　编 ◉ 臧爱清
副主编 ◉ 郝　白

大连海事大学出版社
DALIAN MARITIME UNIVERSITY PRESS

图书在版编目(CIP)数据

轮机概论 / 臧爱清主编. — 2 版. — 大连：大连
海事大学出版社，2024.8 — ISBN 978-7-5632-4588-8

Ⅰ. U676.4

中国国家版本馆 CIP 数据核字第 2024NU2418 号

大连海事大学出版社出版

地址：大连市黄浦路523号　邮编：116026　电话：0411-84729665(营销部) 84729480(总编室)

http://press. dlmu. edu. cn　E-mail：dmupress@ dlmu. edu. cn

大连金华光彩色印刷有限公司印装　　　　　　大连海事大学出版社发行

2017 年 8 月第 1 版　　2024 年 8 月第 2 版　　2024 年 8 月第 1 次印刷

幅面尺寸：184 mm×260 mm　　　　　　　　　　印张：10

字数：245 千　　　　　　　　　　　　　　　　印数：1~1500 册

出版人：刘明凯

责任编辑：王　琴　　　　　　　　　　　　　　责任校对：董洪英

封面设计：张爱妮　　　　　　　　　　　　　　版式设计：张爱妮

ISBN 978-7-5632-4588-8　　定价：32.00 元

第二版前言

《轮机概论》自 2017 年出版以来,在为中、高职院校的航海技术、船舶电子电气技术专业的学生普及轮机工程基础知识,提升学生对船舶设备的理解能力方面发挥了一定的作用。部分院校在船舶工程技术等相关专业的人才培养方案中也将本书作为普及船舶基础设备知识的教材。

随着船舶装备技术的快速发展,大量先进的船舶装备被运用到现代船舶建造中,这对船舶管理技术提出了更高的要求。为此,本书出于简述船舶轮机装备的目的,在特种设备方面侧重于讲述船舶典型设备的使用和管理。

在《轮机概论(第二版)》的编写过程中,编者将重点放在了丰富学生对船舶装备方面的了解,修改了第一版的文字和图片,增加了现代船舶普遍使用的设备等内容。

鉴于时间和篇幅等因素,本书尚有不足之处,望同行专家不吝指正。

编　者
2024 年 6 月

第一版前言

随着我国贸易量的增加,海上交通运输已经受到广泛关注。与此同时,船舶设备正向智能化和自动化方向快速发展,这也对船舶从业人员提出了更高要求。而船员作为海上运输的主要力量,保持船舶安全有效的运营不仅需要他们熟悉各自岗位涉及的设备,还要对船舶其他设备有一定的了解。

《轮机概论》作为简要介绍轮机设备的书,在此前已出版过。近年来,船员培训机构数量越来越多,尤其是电子电气员培训的设置,给船员培训也带来了更多的方向,但是,培训时间相对较短,学员缺少对船舶的整体认识和实践机会。由此《轮机概论》一书的意义更为重要。

本书侧重于中、高职院校的航海技术专业和电子电气专业学生对轮机知识的了解。在编写过程中,编者吸收了现有的轮机内容,让航海技术专业、电子电气专业的学生能更多地了解整个机舱的工作环境、设备和人员组成。本书删除了部分特种船舶设备的内容,将更多篇幅用以说明船舶典型设备,并增加了船舶安全用电方面和部分现代船舶的先进技术的内容,希望能借此提高学生对轮机设备的安全使用和未来发展的关注。

本书在编写过程中得到了很多老师的帮助,在此,特别感谢大连航运职业技术学院牛成金船长、潘华轮机长给予的大力支持。大连科技学院的李德清老师参与编写了船舶液压与甲板设备一章,在此也对他表示感谢。

鉴于时间和篇幅等方面的因素,本书的编写还不够完善,不足之处在所难免,希望同行不吝指正。同时也希望各位专家和同仁给予更多的支持和帮助。

编 者
2017 年 5 月

目　录

第一章　轮机管理基础

第一节　轮机概述

随着国际贸易的发展和船舶建造技术的提高,特别是船舶装备和配套设备的快速发展,现代海上运输船舶正向自动化、专业化和大型化的方向发展。传统的驾驶和轮机概念正逐步淡化,部门之间交叉工作越来越多,对船员的素质要求也越来越高。船舶驾驶人员和电子电气员只有充分了解船舶设备,才能更好地操纵和管理船舶。而轮机作为船舶的动力核心,相关人员有必要对其有一个全面的了解。

一、轮机的概念

船舶动力在其发展史上,经历了以人力、风力、蒸汽机、柴油机等作为推进手段的发展历程。其中 1807 年以蒸汽机作为推进动力机械的"克莱蒙特"号的建成,标志着船舶以机械作为推进动力的时代的到来。那时船舶的推进是靠蒸汽机带动一个大部分露出水面的桨轮推进装置,人们称其为"明轮",而把装有明轮的船称为"轮船",把产生蒸汽的锅炉和驱动明轮转动的蒸汽机等成套设备称为"轮机"。所以当时的轮机仅是推进设备的总称。

随着科学技术的进步,当代船舶增设和完善了船舶电站、起货机械、冷藏和空调装置、淡水系统、压载和消防系统等。这使得轮机所包含的内容也愈加丰富。简而言之,轮机是为了满足船舶航行、船上各种作业、船上人员的生活、船上人员和财产安全等各种需要所设置的全部系统及其设备的总称。同时,在工程上称轮机为船舶动力装置。

二、轮机的组成

现代船舶实际上已成为海上移动的"现代化城市",如图 1-1 所示。运营船舶除了要应对各种复杂多变的外部环境和自身可能产生的危险,还要能完成各种特定的作业并满足人员居

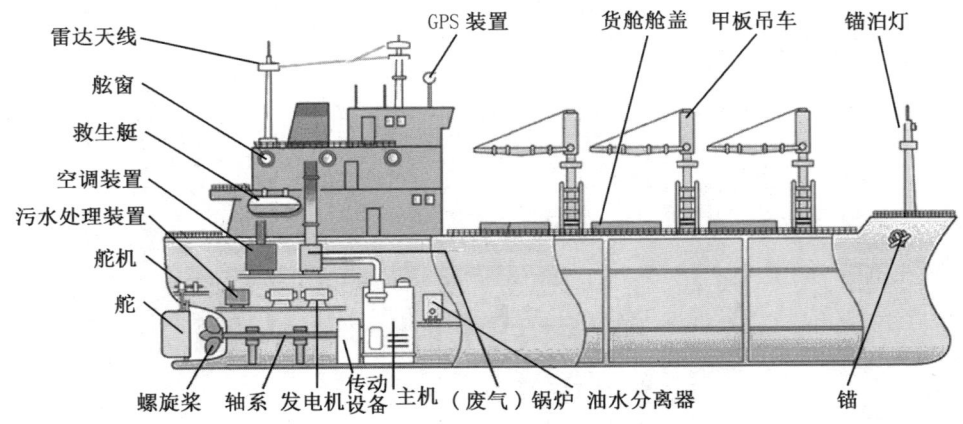

图 1-1　船舶装置示意图

住和生活需求。轮机的作用就是产生机械能、热能、电能和其他形式的能量以实现上述功能。机舱是船舶的心脏，也是这座"城市"能源和动力的源泉。

现代轮机工程是为实现船舶的各种功能,把设备或部件结合进各种系统的系统工程。故不能把轮机理解为在机舱中或甲板上机械设备的简单组合。因此,根据组成船舶轮机的各种系统、机械和设备所起作用,可以将船舶轮机分为以下几个部分:

(1)主推进装置:推动船舶航行的系统,包括主机及其附属系统、传动设备、轴系和推进器等。

(2)辅助装置:产生各种能量以满足船舶航行、作业和生活的需要,包括各种泵、辅锅炉、海水淡化装置、压缩空气系统等。

(3)液压与甲板设备:确保船舶具备工作能力的设备,包括锚机、舵机、装卸货设备以及其他能实现船舶各种专用功能的设备,这些设备能满足船舶正常的靠离港、装卸货物的需求,以及其他需求。

(4)船舶通用系统:保证船舶生命力和船上人员正常生活的系统,包括舱底水系统、监视及灭火系统、通风系统、空调系统、制冷系统、生活水系统等。

(5)防污染设备:能够有效、环保地处理船舶产生的各种垃圾的系统,包括油水分离系统、生活污水处理系统以及焚烧炉等。这些系统及设备能有效地处理船舶生活场所及工作场所产生的各种污染物,保证船舶不会对大气及海洋产生污染。

(6)船舶电气设备:保证船舶电力有效运行的设备,包括供电系统、配电系统、照明系统、通导系统等。

(7)特种设备:为某些特种船舶而设计、装备的系统,如油船的原油/海水洗舱系统,浮式储油船的端点系泊系统、惰性气体系统,挖泥船的泥浆抽吸系统,集装箱船的侧推器系统,大型客船的减摇装置等。

三、船舶动力装置分类

在轮机管理中通常把为船舶行进提供动力的设备称为主推进动力装置。船舶主推进动力装置无论是从重要程度还是从制造成本来看,都处于最显著的地位。因此,船舶动力装置一般

按主机的类型进行分类,具体如下:

（1）蒸汽机船:以往复式蒸汽机作为主机的船舶。目前,只有少数的大型油船或化学品船及军用船舶采用蒸汽机作为主推进动力装置。

（2）柴油机船:以柴油机作为主机的船舶。柴油机经济性好、安全可靠,目前绝大多数商船采用这种动力装置。

（3）燃气轮机船:以燃气轮机作为主机的船舶。其在少数商船上得以应用,在军用舰艇上应用较广。

（4）特种动力推进船:以特种动力装置为主机的船舶。特种动力装置是指在特种用途船舶上应用或正在研究发展的动力装置,如高速船上的喷水推进装置。

（5）核动力船:利用核燃料在反应堆中发生裂变反应放出的巨大热能,加热水并产生蒸汽供汽轮机驱动螺旋桨工作的船舶。其在商船上应用甚少,主要用于军用舰艇上。

（6）联合动力装置:联合使用述几种动力装置。联合动力装置的型式有蒸燃联合、柴燃联合、燃燃联合等。但这几种联合动力装置在商船上应用极少。

在主推进动力装置定型后,船舶的推进就是靠推进器来完成的,按照推进器的型式船舶可以分为:

（1）螺旋桨船:以螺旋桨为推进器的船舶。作为现代船舶常用的推进器型式,常见的螺旋桨船有定距螺旋桨(定距桨)船和可调螺距螺旋桨(调距桨)船两种。

（2）平旋推进器船:以平旋轮为推进器(又称为直翼推进器)的船舶。其特点是:主机无须反转,操纵性能特别好,但推力小、推进效率低、结构复杂。其仅用在特种船舶和操纵性能特别好的船上。

（3）明轮船:以安装在船舶两舷或船尾的明轮为推进器的船舶。现代船舶较少使用明轮船。

（4）喷水推进船:利用船内水泵自船底吸水,将水流从喷管向后喷出,从而获得动力来推进的船舶。

（5）喷气推进船:将航空用的喷气式发动机装在船上并作为推进动力使用的船舶。

四、对船舶动力装置的要求

各种船舶动力装置虽存在着类型、传动方式及航区等条件的差异,但对一些基本性能有着共同的要求。对船舶动力装置的要求主要表现在可靠性、经济性、机动性、重量和尺寸等方面。另外,船舶的生命力和续航力也是营运船舶需要考虑的主要因素。

生命力是指船舶在船机发生故障的情况下最大限度地维持工作的能力。续航力是指船舶不需要补充任何物资(燃油、滑油、淡水等)所能航行的最远距离和最长时间。它是根据船舶用途和航区确定的。为了满足船舶续航力的要求,船上必须设有足够的油、水舱柜和其他设备。

除了以上的要求外,还要求船舶动力装置寿命长,便于维护管理,有一定的自动化程度,振动轻、噪声小,同时能满足国家和国际相关海事机构制定的规则和规范要求。

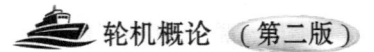

五、船舶机舱自动化等级和主机遥控

1. 船舶机舱自动化等级

随着造船工业的发展,船舶机舱的自动化程度越来越高,为了表示船舶机舱自动化程度,中国船级社(CCS)给不同自动化等级的机舱设立了附加标志:

AUT-0:推进装置由驾驶室控制站遥控,机器处所包括机舱集中控制室(站)周期无人值班。

MCC:机舱集中控制室(站)有人值班,对机电设备进行监控。

BRC:推进装置由驾驶室控制站遥控,机器处所有人值班。

需要强调的是,所有具有自动化等级附加标志的入级船舶的安全性,应与机电设备有人直接看管的船舶相同,并应有措施保证当自动化系统失效时,能在机旁对机电设备进行有效的人工操作。

由于现代控制系统的完善和控制设备的可靠工作,机舱可以在较长时间内无人值班。这种在一定时间内无人值班的机舱,称为无人机舱。中国船级社(CCS)无人机舱的附加标志为AUT-0;英国劳氏船级社(LR)无人机舱的附加标志为 UMS(Unattended Machinery Space)。目前新造的远洋船舶基本都采用了无人机舱,为了在机舱设备无人照看期间确保机舱设备和船舶的安全,无人机舱船舶必须具备以下基本功能:

(1)能在驾驶室和集控室对主机进行遥控;

(2)辅助机械设备能在集控室进行遥控,其中有些设备还要能进行自动切换;

(3)机械设备的运行参数能够自动控制;

(4)对主机和辅助机械运行参数进行集中监测、记录、报警及故障保护;

(5)能够提供应急电力,包括自动启动备用发电机,自动实现同步并车、负载转移及解列,自动启动应急发电机向基本设备供电和提供应急照明等;

(6)能够进行机舱及全船火警探测和自动灭火。

在具有上述全部功能或主要功能的基础上,根据设备的可靠程度,可以使用 8 h 无人机舱、16 h 无人机舱或 24 h 无人机舱。在使用无人机舱的船舶上,轮机长房间和轮机员房间都设有对主要运行参数进行故障报警和故障显示的装置。轮机员除了定期到机舱巡视检查外,不需要到机舱值班。只要把转换开关转到值班轮机员房间,值班轮机员在房间内就可以监视机舱内各种主要机械设备的运行情况。如果发生故障或出现不正常现象,由值班轮机员下机舱进行必要的处理。

2. 主机遥控

主机遥控是指离开机旁在驾驶台或集中控制室对主机进行远距离操纵的一种方式。按照遥控利用的能源,主机遥控系统可以分为全气动方式、全电气方式以及气-电混合式三种。

全气动方式主机遥控系统的控制元件结构简单,动作可靠,便于维护管理,并具有较大的输出功率。但其对气源的要求较高,因为气动元件可能由于脏堵、锈蚀、卡阻等原因产生误动作。此外,因为空气的可压缩性和流动阻力,气动元件的响应速度较慢,当气压信号传递距离较远时,会出现较大的滞后现象。

全电气方式主机遥控系统信号远距离传递迅速、元件体积小、结构紧凑、保养工作量小、能实现较复杂的逻辑控制功能,特别是便于采用单片机或微型计算机控制,以实现更加完善的控制功能。但是这种系统的工作性能可能会受温度和电气干扰,同时要求管理人员具有较高的电气管理水平。

气-电混合式主机遥控系统综合了前两种主机遥控系统的优点,比较受欢迎,是目前应用较多的遥控方式。

第二节　轮机及电气人员的组成及职责

一、船舶人员组织机构

远洋货船一般都在万吨以上,全船人员一般定员 19～30 人。船员组织结构分为甲板部、轮机部、事务部。每个部门内部都有明确的岗位分工。

(1)甲板部:主要负责船舶航海、船体保养和船舶营运中的货物积载、装卸设备、航行中的货物照管;主管驾驶设备包括导航仪器、信号设备、航海图书资料和通信设备;负责救生、消防、堵漏器材的管理;主管舱、锚、系缆和装卸设备的一般保养;负责货舱系统和舱外淡水、压载水和污水系统的使用和处理。

(2)轮机部:主要负责主机、锅炉、辅机及各类机电设备的管理、使用和维护保养;负责全船电力系统的管理和维护工作。

(3)事务部:主要负责全船人员的伙食、生活服务和财务工作。

二、轮机及电气人员组织机构及成员的基本职责

轮机部人员分为三个级别:管理级、操作级和支持级。其中,管理级岗位有轮机长、大管轮,操作级岗位有二管轮、三管轮、电子电气员,支持级岗位有值班机工等。

1. 轮机长

轮机长是全船机械、动力、电气(无线电通信导航和甲板部使用的电子仪器除外)设备的技术总负责人,同时也是船舶的主要领导。

(1)负责制定本船各项机电设备的操作规程、保养检修计划、值班制度,贯彻执行各项规章制度,保证安全生产。

(2)负责组织轮机员、电机员、冷藏员制订修船计划,编制修理单和预防检修计划,组织、领导修船,进行修船工作的验收。

(3)负责燃油、润滑油、物料、备件的申领,造册保管和合理使用,节约能源,降低成本。

(4)负责保管轮机设备的证书、图纸资料、技术文件,及时报告船长申请检验。

(5)经常亲自检查机电设备的运行情况,调整不正常的运行参数。检查和签署轮机日志、电机日志。指导相关轮机员填写或自己填写油类记录簿。

(6)培训和考核轮机人员。

(7)在发生紧急事故时指挥机舱人员进行抢修和抢救工作。

(8)监督和签署轮机员、电机员的调任交接工作。

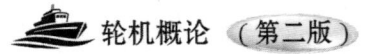

2. 大管轮

大管轮是轮机长的主要助手,在轮机长的领导下进行工作,当轮机长不在时代理轮机长的职务。大管轮负责领导轮机部人员进行机电设备管理、操作、保养和检修工作,指导所属人员严格遵守工作制度、操作规程和劳动纪律;保证轮机部的各种规章制度能正确执行,保证按时完成轮机部的航次计划和昼夜计划工作。

(1)负责维持机舱秩序。对机舱、工作间、材料间、备件工具及机电设备的整洁进行监督和检查,防止锈蚀、损坏和遗失;负责组织轮机部各舱室的油漆工作。

(2)负责保持轮机部有关设备的安全。如应急舱底阀、燃油应急开关、机舱水密门、安全阀、机舱灭火设备、起重设备、危险警告牌、重要的防护装置等经常处于可靠状态,定期进行必要的检查试验。并负责指导有关人员熟悉设备正确的管理和使用方法。

(3)负责管理主机、轴系及为主机直接服务的辅机;并负责管理舵机、冷藏设备,贯彻执行操作规程,并对操作管理方法随时提出改进意见,经轮机长批准执行。不设电机员的船舶,还应负责其管理设备的电气部分的维修和保养工作。

(4)负责编制本人管理的机械设备的计划修理单、航次修理单和自修计划。审核和汇编其他轮机员的修理单和自修计划,并维护机舱的安全。

(5)负责综合轮机部的预防检修和自修计划,在轮机长批准后执行。

(6)负责贯彻执行轮机部备件和物料的定额制度。及时收集、综合并审查工具、备件、物料的申领单提交轮机长核定。

(7)负责保管本人使用过的技术文件、仪器、工具等。

(8)负责安排航行及停泊时的检修工作,组织领导检查、清洁、油漆工作。

(9)监督轮机部一般船员的交接工作。

3. 二管轮

二管轮在轮机长和大管轮的领导下进行工作,管理发电原动机及其机械设备、机舱内部分辅机和轮机长指定由他负责的其他设备。

(1)负责制订本人主管的机械设备的预防检修计划,进行检查、测量及修理,记载并保管修理记录簿。不设电机员的船舶,还应负责其管理设备的电气部分的维修和保养工作。

(2)负责编制本人主管的机械设备的计划修理单和航次修理单,提交大管轮审核;修理期间,协助监工,验收并参加自修工作。

(3)负责本人主管的机械设备的备件和专用物料的申领、验收和报销,监督妥善保管,防止其锈蚀、损坏或遗失。

(4)负责加装燃油(驳油),进行燃油的测量、统计和记录工作(外派船一般由三管轮负责)。

(5)负责保管拨交本人使用的技术文件、仪器、工具和备件等。

(6)在航行时轮值航行班;停泊时,领导由大管轮指派的人员进行检修工作,并与大管轮、三管轮轮流留船值班。

4. 三管轮

三管轮在轮机长和大管轮的领导下工作,负责管理甲板机械及泵、救生艇、应急消防泵、油水分离器、焚烧炉、空调机、辅锅炉及其附属设备和轮机长指定的其他辅机和设备。

(1)负责制订本人主管的机械和设备的预防检修计划,进行检查、测量及修理,记载并保管修理记录簿。不设电机员的船舶,还应负责其管理设备的电气部分的维修和保养工作。

（2）负责编制本人主管的机械设备的修理计划、修理单和航次修理单,提交大管轮审核。

（3）负责本人主管的机械设备的备件和专用物料的申领、验收和报销,监督妥善保管,防止其锈蚀、损坏或遗失。

（4）负责保管拨交本人使用的技术文件、仪器、工具和备件等。

（5）在航行时轮值航行班;停泊时,领导由大管轮指派的人员进行检修工作,并与大管轮、二管轮轮流留船值班。

5. 电子电气员

电子电气员在轮机长的领导下,带领电子技工进行工作;负责船舶电力系统,电机、自动检测报警和控制装置、船舶通信设备、助航设备和全船其他电子电气设备的维护和保养。

（1）负责管理、维护和保养船舶发电机、电动机、电力系统及其自动化控制装置;负责维护和修理船舶主机遥控及安全保护系统;负责维护和修理船舶内部通信系统、火警系统和烟雾探测系统、电气仪表、船体外电流阴极保护装置、海水防腐及防海生物装置、船舶避雷装置;负责维护和修理空调系统及全船通风系统的电气部分、厨房生活及控制系统;负责管理和维护船舶正常和应急照明系统、岸电接入装置、24 V 直流系统。

（2）负责导航、助航设备电气部分的检查、维护和修理;负责各种通信设备的维护和保养,配合船舶驾驶人员完成通信、导航设备的其他维护、保养和测试工作。

（3）负责船上办公所用的计算机硬件系统和通用软件系统的检查和修理,负责船上计算机和网络控制系统的维护、故障排除和病毒防控等。

（4）负责相关设备安全使用规则的制定,经轮机长批准后公布实施。

（5）日常检查和记录船舶电力系统、电机及其他电子电气设备的运行情况,纠正不正常的工况参数,遇到疑难问题应及时报告轮机长;设备发生事故时,应立即采取有效措施防止事故扩大,及时报告轮机长并查明原因,采取防止事故再次发生的措施。

（6）做好开航前、到港前的各项准备工作,特别是检查舵机、锚机、绞缆机、航行灯、无人机舱的遥控装置、各种报警装置等电机(气)设备的工作状态。

（7）船舶进出港、移泊、抛(起)锚或在备车状态航行时,应在机舱值班。

（8）拟订电机、电子电气设备和线路的预防检修计划,经轮机长批准后,按照计划检查、测量和维修,负责记载并保管电机日志和测量修理记录簿。

（9）拟订主管设备的修船计划,提出航行修理项目,送交轮机长审核;厂修期间,负责发电机、电站、重要的电机和电气设备、通信导航设备的监修和验收;负责船舶临时用电的管理;在安装或更新重要设备时,应亲自在场监督、验收。

（10）负责保管本人主管设备的技术文件、图纸、说明书和其他技术资料;负责所属设备各类报表的填报、存档。

（11）在应急情况下,履行应急程序所规定的职责。

6. 值班机工

在大管轮的领导下,负责机舱值班和清洁工作。熟练掌握各种机、电、锅炉、管系阀门的管理和操作方法,具有基本的修理技能,能独立进行一般检修工作。

（1）严格执行航行值班交接班制度及操作规程,确保各设备的正常运行。

（2）航行中在值班轮机员的领导下,进行循环检查,正确调整油位、水位、压力、温度,发现

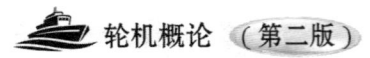

问题及时排除,并报告值班轮机员。

(3) 负责机电设备的润滑冷却,正确补给足够的燃、润油,冷却水和压缩空气,严格执行船舶污水排放的有关规定。

(4) 交班前,必须认真做好机舱地面、管系及设备的清洁工作,认真填写值班日志,值0800—1200 班的人员替值 1600—2000 班的人员在其晚餐时间时值班。

(5) 停泊时,值好锚地班或码头班,负责操纵管理发电机组,勤于机舱巡回检查,发现问题时做应急处理并及时报告。

(6) 按照大副的书面通知,正确注入/打出驳油和压载水,并记录起止时间。

(7) 在值班轮机员的指挥下,做好开航前的各项工作。

(8) 及时认真完成维修养护任务,并负责所属工具的保管和清洁工作。

(9) 熟悉机舱应急消防安全设备的使用及操作方法。

第三节　船舶动力装置的主要性能指标

常规的船舶动力装置均属于热能动力装置,如蒸汽动力装置、柴油机动力装置以及燃气轮机动力装置等。热能动力装置是将燃料燃烧产生的一部分热能转化为机械能的装置。要想对热能动力装置有一个清晰的认识,就必须对船舶动力装置的要求和性能指标有一定的了解。

一、船舶动力装置的基本技术指标

基本技术指标是标识船舶动力装置的基本技术性能和结构特性的参数。除了船舶动力装置的重量、体积之外,它还包括以下几个指标:

（一）功率指标

为了保证船舶具有一定的航速,要求推进装置能提供足够的功率。船舶动力装置的功率是按船舶的最大航速来确定的。随着船舶营运时间的延长、船体水线以下的锈蚀或所附着生物的增多,船舶的船体阻力增大,航速下降。为了保持船舶的航速,船舶动力装置的功率应当有储备,要高于桨设计功率的 5%~10%。

1. 船舶有效功率 P_R

船舶有效功率是指推进船舶航行所需功率。如已知船舶的航行速度为 V_S(m/s),其运行阻力为 R(N),则船舶有效功率:

$$P_R = R \times V_S \times 10^{-3} \quad kW$$

P_R 又称拖曳功率,可以从船模或实船的静水试验中得出。阻力 R 相当于速度 V_S 拖动船模(或实船)时绳索上的拖曳力。

2. 主机的输出功率

主机的输出功率即主机的制动功率或主机的有效功率。如果考虑了推进轴系的传动损失,主机的供给功率实际上就是指主机的额定功率:

$$P_{e} = \frac{P_{R}}{\eta_{P} \cdot \eta_{S}} = \frac{R \times V_{S}}{\eta_{P} \cdot \eta_{S}} \times 10^{-3} \quad \text{kW}$$

式中: P_{e}——主机的额定功率, kW;

　　　η_{P}——螺旋桨效率;

　　　η_{S}——轴系传动效率。

（二）重量指标

重量指标通常是相对于主机功率或船舶排水量而言的, 在一定的排水量下, 为了保证船舶具有足够的载重量, 要求动力装置的重量轻些为好。但对于排水量相同的船舶, 由于彼此的航速不同, 所需的总功率也不同, 重量指标亦不同。重量指标主要包括以下几个:

1. 主机的单位重量 g_{m}

主机的单位重量 g_{m} 是指主机单位有效功率的重量, 表达式为:

$$g_{m} = \frac{G_{m}}{P_{e}} \quad \text{kg/kW}$$

式中: G_{m}——主机的重量, kg;

　　　P_{e}——主机的额定功率, kW。

2. 动力装置的单位重量 g_{z}

动力装置的单位重量 g_{z} 是指主机单位有效功率所需动力装置的重量, 表达式为:

$$g_{z} = \frac{G_{e}}{P_{z}} \quad \text{kg/(kW \cdot h)}$$

式中: G_{e}——动力装置的重量, kg;

　　　P_{z}——动力装置的额定功率, kW。

二、船舶动力装置的经济性指标

（一）柴油机的燃油消耗率 g_{e}

柴油机的燃油消耗率是指在单位时间内柴油机额定功率所消耗的燃油量, 表达式为:

$$g_{e} = \frac{G_{e}}{P_{e}} \quad \text{kg/(kW \cdot h)}$$

式中: G_{e}——柴油机每小时燃油消耗量, kg/h;

　　　P_{e}——主机的有效功率, kW。

（二）船舶主机日耗油量 G_{De}

船舶主机日耗油量是指主机在 24 h 内的燃油消耗量, 表达式为:

$$G_{De} = P_{Ds} \cdot g_{e} \times 24 \times 10^{-3} \quad \text{t/d(吨 / 天)}$$

式中: P_{Ds}——主机在服务工况下的常用功率, kW;

　　　g_{e}——主机相应的燃油消耗率, kg/(kW \cdot h)。

（三）船舶日耗油量 G_D

船舶日耗油量是指每 24 h 全船主机、辅机、辅助锅炉所消耗的燃油总量，有时也称为船舶日耗油率（Daily Fuel Consumption），表达式为：

$$G_D = G_{De} + G_{Dg} + G_{Db} \quad t/d \text{（吨／天）}$$

式中：G_{De}——船舶主机日耗油量，t/d；

G_{Dg}——船舶发电柴油机日耗油量，t/d；

G_{Db}——船舶燃油辅助锅炉日耗油量，t/d。

（四）船舶每海里燃油消耗率 g_n

船舶每海里燃油消耗率是指船舶航行每海里所消耗的燃油总量，表达式为：

$$g_n = \frac{G_T}{V_S} = \frac{G_{Te} + G_{Tg} + G_{Tb} + G_{To}}{V_S} \times 10^{-3} \quad t/n\text{ mile}$$

式中：G_T——船舶每小时燃油消耗量，t/h；

V_S——航速，kn；

G_{Te}、G_{Tg}、G_{Tb}、G_{To}——主机、发电柴油机、燃油辅助锅炉及焚烧炉等其他耗油设备每小时的耗油量，kg/h。

（五）船舶经济航速

船舶经济航速是指船舶营运时能取得某种经济效果的航速，常用的经济航速有以下几种：节能航速、最低营运费用航速和最大盈利航速。

1. 节能航速

节能航速是指每小时燃油消耗量最低时的静水航速，它常由主机按推进特性运行时能维持正常工作的最低稳定转速决定。营运船舶在实现减速航行时，主机所输出的功率大大减少，船舶每海里燃油消耗率大幅度降低。但航速降低后，营运时间被延长，运输的周转量也少了，所以当船舶须实现减速航行时，还应综合考虑企业的货源、运力及完成运输周转量的情况后再做决定。

2. 最低营运费用航速

船舶航行一天的费用，主要由其固定费用（折旧费、修理费、船员工资、港口使费、管理费、利息、税金，以及船舶停泊期间的燃、润油费等）和船舶航行时的燃、润油费用构成。最低营运费用航速是指船舶每航行 1 n mile 上述固定费用及航行费用最低时的航速，可供船舶及其动力装置的性能评价及选型用。在满足完成运输周转量的前提下，船舶按最低营运费用航速航行，其成本最低，但它并未考虑停港时间及营运收入的影响，故不够全面。

3. 最大盈利航速

最大盈利航速是指每天（或船舶在营运期间）能获得最大利益的航速。此航速的大小，往往与每海里（或千米）运费收入、停港天数及船舶每天支付的固定费用有关。一般在运费收入低、停港时间长、运距短、油价高的情况下，船舶的最大盈利航速相对较小。

第二章　船舶动力装置与推进装置

第一节　柴油机工作原理与主要类型

一、柴油机特点与工作原理

（一）柴油机的定义

机械设备通常可分为动力机械和工作机械两大类。把热能转换成机械能的动力机械称为热机。热机首先通过燃烧将燃料的化学能转化为热能，再通过工质膨胀将热能转化为机械能。如果两次能量转化过程是在同一机械设备的内部完成，则称为内燃机；如果两次能量转化过程分别在两个不同机械设备的内部完成，则称为外燃机。

动力机械的运动机构基本上有两种运动形式，一种为往复式，另一种为回转式。柴油机是以柴油或劣质燃料油为燃料、压缩发火的往复式内燃机。这种工作特点使柴油机在热机领域内具有最高的热效率，在船用发动机中，柴油机已经占据了绝对统治地位。

（二）柴油机的主要优缺点

柴油机具有以下突出优点：

（1）经济性好。柴油机有效热效率可达 50% 以上，在所有的热机中是最高的，并能够使用廉价的重油，燃油费用低。

（2）功率范围广。目前使用的柴油机的最低单机功率约为 0.6 kW，最高功率已超过80 000 kW，甚至达 100 000 kW。

（3）尺寸小，重量轻，有利于船舶机舱布置。

（4）机动性好。启动方便，加速性能好。有较宽的转速和负荷调节范围，可直接反转，能适应船舶航行的各种工况要求。

（5）可靠性高,使用寿命长,维修方便。

同时,柴油机也具有以下缺点:

（1）存在机身振动、轴系扭转振动和噪声。

（2）某些部件的工作条件恶劣,要承受高温、高压和冲击性负荷。

（三）柴油机的基本工作过程

为了使柴油机燃料获得燃烧所需的空气,柴油机就必须具有进气过程。在柴油机中,燃油不是靠外界火源点燃的,而是在高温条件下自行发火燃烧的,所以燃油在进入气缸时空气必须达到足够高的温度,这是通过压缩过程实现的。在压缩终点,将雾化的燃油喷入高温、高压的空气中,就能发火燃烧。燃油燃烧后放出的大量热能,使燃气的温度和压力急剧升高,推动活塞膨胀做功,产生动力。膨胀终了时,气体失去做功能力,成为废气并被排出气缸。

总之,燃油在柴油机气缸中燃烧做功,必须通过进气、压缩、（燃烧）膨胀和排气四个过程才能实现,这四个过程称为柴油机的基本工作过程,进行了这四个过程就完成了一个工作循环,接着又重复进行下一个工作循环。

（四）四冲程柴油机的工作原理

四冲程柴油机的一个工作循环是在活塞四个行程中完成的,图 2-1 所示的四个简图以非增压柴油机为例说明四个活塞行程的工作过程进行情况,以及活塞、曲轴、气阀等部件的有关动作位置。

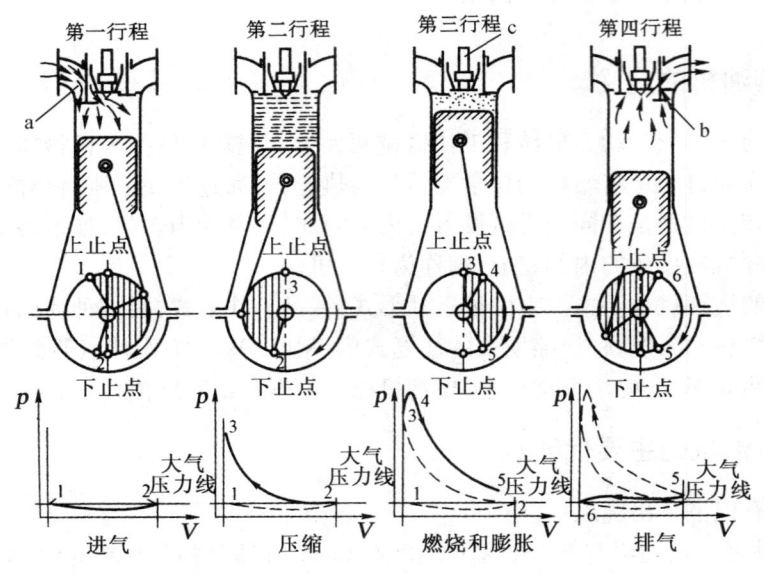

图 2-1　四冲程柴油机工作原理

第一行程——进气行程,空气进入气缸时相应的活塞行程。

活塞从上止点下行,进气阀 a 打开。由于气缸容积不断增大,缸内压力下降,依靠气缸内与大气的压差,新鲜空气经进气阀被吸入气缸。进气阀一般在活塞到达上止点前提前打开（曲柄位于点 1）,到达下止点后延迟关闭（曲柄位于点 2）。曲轴转角 $\varphi_{1\text{-}2}$（图中阴影线所占的角度）表示进气持续角 $\Delta\theta_i$,占 220° ~ 250°CA。

第二行程——压缩行程,工质在气缸内被压缩时相应的活塞行程。

活塞从下止点向上运动,自进气阀 a 关闭(点 2)才开始压缩,一直到上止点(点 3)为止。第一行程吸入的新鲜空气经压缩后,压力增大到 3~6 MPa,温度升高到 600~700 ℃(燃油的自燃温度为 210~270 ℃)。压缩终点的压力和温度分别用符号 P_c 和 t_c 表示。在压缩行程的后期由喷油器 c 喷入气缸的燃油,与高温空气混合、加热,并自行发火燃烧。曲轴转角 φ_{2-3} 表示压缩过程,占 140°~160°CA。

第三行程——燃烧和膨胀行程,工质在气缸内燃烧膨胀时相应的活塞行程。

活塞在上止点附近,由于燃油强烈燃烧,使气缸内的压力和温度急剧上升,压力一般达到 5~8 MPa,温度一般达到 1 400~1 800 ℃ 或更高。燃烧的最高压力和温度分别用 P_z 和 t_z 表示。高温、高压的燃气(工质)膨胀推动活塞下行做功。由于气缸容积逐渐增大,压力下降,在上止点后某一时刻(点 4)燃烧基本完成。膨胀行程一直到排气阀 b 开启时结束,膨胀终了时的气缸内气体压力 P_b 为 250~450 kPa,气体温度 t_b 为 600~700 ℃。与进气阀相似,排气阀 b 是在下止点前(点 5)开启的。曲轴转角 φ_{3-4-5} 表示燃烧和膨胀行程,占 130°~150°CA。

第四行程——排气行程,废气从气缸内排出时相应的活塞行程。

在上一行程末,排气阀 b 开启时活塞尚在下行,废气靠气缸内外压力差经排气阀排出。当活塞由下止点上行时,废气被活塞推出气缸,此时的排气行程是在略高于大气压力(1.05~1.1 个大气压)且在压力基本不变的情况下进行的。排气阀一直延迟到上止点后(点 6)才关闭。曲轴转角 φ_{5-6} 表示排气持续角 $\Delta\theta_e$,占 230°~260°CA。

进行了上述四个行程,柴油机就完成了一个工作循环。当活塞继续运动时,另一个新的循环又按同样的顺序重复进行。

四冲程柴油机每完成一个工作循环,曲轴要回转两转(720°CA)。每个工作循环中只有第三行程(膨胀行程)是做功的,其他三个行程都是为膨胀行程服务的,都需要外界供给能量。故柴油机常做成多缸的,这样,进气、压缩、排气行程的能量可由其他正在做功的气缸供给。如果是单缸柴油机,由较大的飞轮供给。

四冲程柴油机的进、排气阀的启闭都不正好在上、下止点,而是在上、下止点前后某一时刻。它们的开启持续角均大于 180°CA。进、排气阀在上、下止点前后启闭的时刻称为气阀定时,通常气阀定时用距相应止点的曲轴转角(°CA)表示。用曲轴转角表示气阀定时的圆图称为气阀定时圆图,如图 2-2 所示。

在图 2-2 中,进气阀在上止点前点 1 开启,在下止点后点 2 关闭。其与相应止点的夹角 φ_1、φ_2 分别称为进气提前角、进气滞后角。排气阀在下止点前点 5 开启,在上止点后点 6 关闭,其与相应止点的夹角 φ_3、φ_4 分别称为排气提前角、排气滞后角。气阀提前开启与延迟关闭是为了将废气排除干净并增加空气的吸入量,以利于燃油的燃烧,亦可减少排气耗功。由此可见,气阀定时是影响四冲程柴油机做功的重要因素。

由图 2-2 还可看出,在上止点前后,进气阀与排气阀同时开启。同一气缸的进、排气阀在上止点前后同时开启的曲轴转角称为气阀重叠角。在气阀叠开期间,进气管、气缸、排气管连通,此时依靠废气的流动惯性,可以利用新鲜空气将燃烧室内的废气扫出气缸,实现燃烧室扫气。这不仅可以提高换气质量,还能利用进气冷却燃烧室有关部件。因而,四冲程柴油机均有一定的气阀重叠角,增压柴油机的气阀重叠角均大于非增压柴油机,如表 2-1 所示。

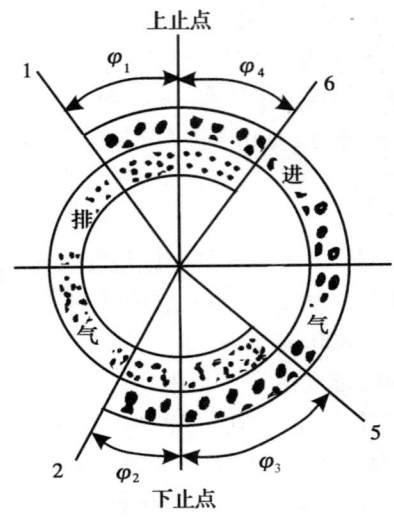

图 2-2　气阀定时圆图

表 2-1　四冲程柴油机气阀重叠角

名称	非增压		增压	
	开启	关闭	开启	关闭
进气阀	上止点前 15°~30°	下止点后 10°~30°	上止点前 40°~80°	下止点后 20°~40°
排气阀	下止点前 35°~45°	上止点后 10°~20°	下止点前 40°~55°	上止点后 40°~50°
气阀重叠角	25°~50°		80°~130°	

（五）二冲程柴油机的工作原理

活塞在两个行程内完成一个工作循环的柴油机叫作二冲程柴油机。在四冲程柴油机中新气的吸入与废气的排出分别是靠活塞的抽吸与推挤作用完成的。在二冲程柴油机中取消了单独的进气与排气行程,而采用新气驱赶废气的方式进行换气,这一过程称为扫气。为了保证柴油机的压缩和膨胀行程,扫气过程只能在下止点前后 120°~150°CA 进行。目前,船用二冲程低速柴油机都采用废气涡轮增压的方式提高进气压力,图 2-3 所示为一种具有废气涡轮增压的二冲程柴油机工作原理图。二冲程柴油机也可以用定时圆图来表示它的定时时刻。图 2-4 所示为国产 ESDZ43/82B 型二冲程柴油机的定时圆图。根据气流在气缸中的流动路线,二冲程柴油机的换气形式可分为弯流(扫气空气由下而上,然后由上而下清扫废气)与直流(气流在气缸内呈直线由下而上清扫废气)两大类,目前普遍采用气口-气阀直流扫气。

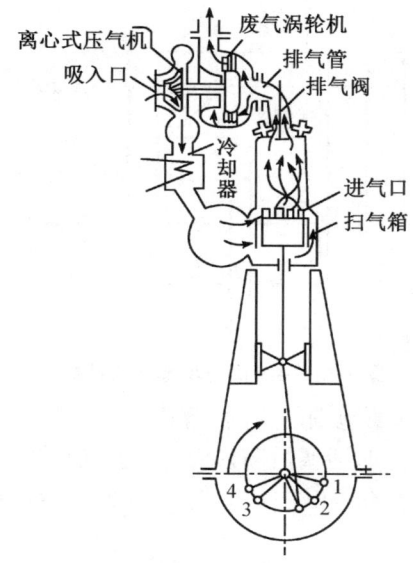

图 2-3 废气涡轮增压二冲程柴油机工作原理

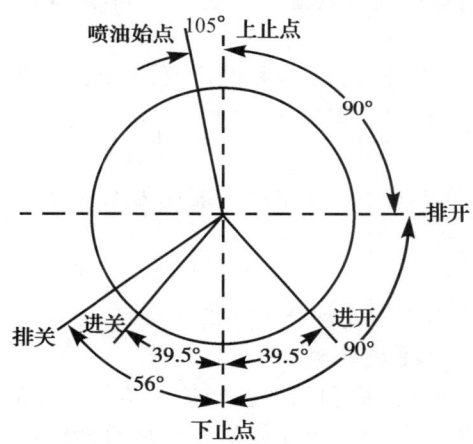

图 2-4 国产 ESDZ43/82B 型二冲程柴油机的定时圆图

（六）柴油机的基本结构参数

柴油机的基本结构参数如图 2-5 所示。

（1）上止点（TDC）：立式柴油机活塞在气缸中运动的最上端位置，也就是活塞离曲轴中心线最远的位置。

（2）下止点（BDC）：立式柴油机活塞在气缸中运动的最下端位置，也就是活塞离曲轴中心线最近的位置。

（3）行程（S）：活塞从上止点移动到下止点的直线距离。它等于曲轴曲柄半径 R 的两倍（$S=2R$）。活塞移动一个行程，相当于曲轴转动 180°CA（曲轴转角）。

（4）缸径（D）：气缸的内径。

（5）气缸余隙容积（压缩室容积，V_c）：活塞在气缸内上止点时，活塞顶部的空间（活塞顶、

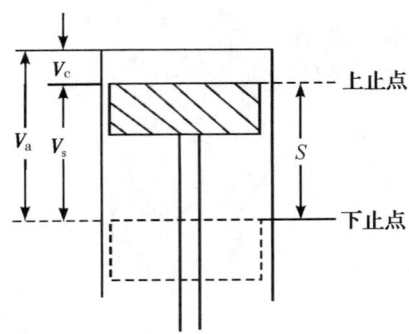

图 2-5　柴油机的基本结构参数

气缸盖底面与气缸套内表面之间所包围的空间）容积。

（6）余隙高度（顶隙）：上止点时活塞最高顶面与气缸盖底平面的垂直距离。

（7）气缸工作容积（V_s）：活塞在气缸中从上止点移动到下止点时所扫过的容积。

$$V_s = \frac{\pi D^2}{4} \cdot S$$

（8）气缸总容积（V_a）：活塞在气缸内位于下止点时，活塞顶以上的气缸全部容积，亦称气缸最大容积。

（9）压缩比（ε）：气缸总容积与压缩室容积的比值，亦称几何压缩比。

$$\varepsilon = \frac{V_a}{V_c} = \frac{V_c + V_s}{V_c} = 1 + \frac{V_s}{V_c}$$

压缩比表示缸内工质被压缩程度。柴油机压缩比为 12~22。

（七）柴油机的类型

柴油机的类型很多，通常有以下几种分类方式：

1. 四冲程柴油机和二冲程柴油机

按工作循环可分为四冲程柴油机和二冲程柴油机两类。柴油机的一个工作循环包括进气、压缩、（燃烧）膨胀、排气四个行程。四冲程柴油机是曲轴转两转，也就是活塞运动四个行程完成一个工作循环；而二冲程柴油机是曲轴转一转，也就是活塞运动两个行程完成一个工作循环。

2. 增压柴油机和非增压柴油机

增压柴油机和非增压柴油机的主要区别在于进气压力不同，非增压柴油机是在大气压力下进气的，增压柴油机则是在较高的压力下进气的。

3. 低速柴油机、中速柴油机和高速柴油机

柴油机的速度通常用曲轴转速 $n(\text{r/min})$ 表示。不同国家和地区的分类指标略有不同，按我国的国家标准，柴油机根据转速可分为：

低速柴油机，$n \leqslant 300 \ \text{r/min}$；

中速柴油机，$300 \ \text{r/min} < n \leqslant 1\,000 \ \text{r/min}$；

高速柴油机，$n > 1\,000 \ \text{r/min}$。

4. 筒形活塞式柴油机和十字头式柴油机

图 2-6（a）所示为筒形活塞式柴油机的示意图，它的活塞通过活塞销直接与连杆相连。这

种结构的优点是结构简单、紧凑、轻便,发动机高度小。它的缺点是由于活塞运动时有侧推力,活塞与气缸之间的磨损较大。中高速柴油机一般都采用此结构。

　　图2-6(b)所示为十字头式柴油机。它的活塞设有活塞杆,通过十字头与连杆相连,并在气缸下部设横隔板将气缸与曲轴箱隔开。十字头式柴油机工作可靠,使用寿命长。它的缺点是重量和高度增大,结构复杂。目前大型低速二冲程柴油机都采用这种结构。

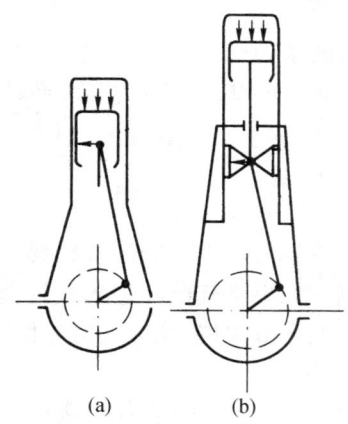

(a)　　　　　　(b)

图2-6　筒形活塞式柴油机和十字头式柴油机

5. 直列式柴油机和 V 形柴油机

　　船用柴油机通常均为多缸机。这样可以增大柴油机单机功率,同时可满足船舶机动性、可靠性的要求。具有两个或两个以上直立气缸,并呈单列布置的柴油机称为直列式柴油机,如图2-7(a)所示。直列式柴油机的气缸数因曲轴刚度和安装上的限制一般不超过12。当气缸数超过12时通常采用 V 形柴油机,如图2-7(b)所示。它具有两列气缸,其中心线夹角呈 V 形,并共用一根曲轴输出功率。V 形柴油机的气缸数可达18甚至24,气缸夹角通常为90°、60°和45°。V 形柴油机具有较高的单机功率和较小的比重量(柴油机净重量与标定功率的比值),在中高速柴油机中用得较多。船用柴油机均为直列式与 V 形两种。

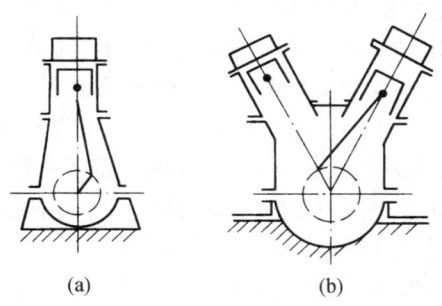

(a)　　　　　　(b)

图2-7　直列式柴油机和 V 形柴油机

6. 右旋柴油机和左旋柴油机

　　观察者由柴油机功率输出端向自由端看,正车时按顺时针方向旋转的柴油机称为右旋柴油机,正车时按逆时针方向旋转的柴油机称为左旋柴油机。

　　某些船舶的推进装置采用双机双桨推进装置。在这种船舶上,由船尾向船首看,布置在机舱右舷的柴油机为右旋柴油机,亦称右机。布置在机舱左舷的柴油机为左旋柴油机,亦称左机。在这种动力装置中,为便于操纵管理,右机的操纵侧即凸轮轴侧布置在柴油机左侧(内侧),排气侧布置在右侧;而左机的操纵侧在柴油机的右侧(内侧)。单台布置的船舶主柴油机通常均为右旋柴油机。

7. 可逆转柴油机和不可逆转柴油机

可由操纵机构改变自身转向的柴油机称为可逆转柴油机。曲轴仅能按同一方向旋转的柴油机称为不可逆转柴油机。

在船舶上凡直接带动螺旋桨的柴油机均为可逆转柴油机。凡带有倒顺车离合器、倒顺车齿轮箱或调距桨的柴油机以及船舶发电柴油机均为不可逆转柴油机。

（八）柴油机的增压

1. 增压概念

柴油机所能输出的最大功率受到气缸内所能燃烧的燃料的限制,而燃料量又受到每个循环内气缸所能吸入空气量的限制。如果空气能在进入气缸前得到压缩而使其密度增大,则同样的气缸工作容积可以容纳更多的新鲜空气,从而就可以供给更多的燃料,得到更大的输出功率。这就是增压的基本目的。

所谓增压,就是用提高气缸进气压力的方法,使进入气缸的空气密度增大,从而增加喷入气缸的燃油量,以提高柴油机的平均指示压力 p_i 和柴油机的平均有效压力 p_e。柴油机的增压程度一般以增压度来表示。增压度是柴油机增压后标定功率与增压前标定功率之差与增压前标定功率的比值。它表示增压后功率增加的程度。

由于空气在增压器中被压缩时压力和温度是同时升高的,这就影响了空气密度的增大和增压的效果。因此,大多数增压器设有中间冷却器以降低空气温度,增大空气密度。中间冷却器的另一个作用是降低柴油机的循环平均温度。资料表明,当进气温度降低 10 ℃时,循环平均温度将降低 25 ℃。这使柴油机的热负荷降低很多。因此,中间冷却器是增压柴油机特别是中高增压柴油机在提高进气压力的同时所必须采用的技术措施。

2. 增压方式

根据驱动增压器所用的能量的不同,柴油机增压主要分为以下三种类型:

(1)机械增压:柴油机输出轴直接驱动机械增压器(压气机),实现对进气的压缩。

(2)废气涡轮增压:压气机与涡轮同轴相连,构成涡轮增压器。涡轮机在排气能量的推动下,带动压气机工作,实现进气增压。显然,这种增压形式可以从废气中回收部分能量,不仅提高了柴油机的功率,还提高了动力装置的经济性,因而获得了广泛应用。

(3)复合增压:这种增压形式既采用废气涡轮增压,又采用机械增压。根据两种增压器的不同布置方案,复合增压可分为串联增压和并联增压。

随着废气涡轮增压技术的发展,目前大型轴流式废气涡轮增压器的效率已达 75%,因此,机械增压和复合增压已很少使用。

柴油机增压压力的大小可以用增压比 π_b 表示

$$\pi_b = p_k/p_0$$

式中:p_k——增压压力;

p_0——环境条件下大气压力或增压器进口压力。

根据 π_b 的大小,一般将柴油机增压分为四级:低增压,$\pi_b \leqslant 1.5$;中增压,$\pi_b = 1.5 \sim 2.5$;高

增压,π_b=2.5~3.5;超高增压,π_b>3.5。

第二节 柴油机工作系统

一、燃油系统

（一）燃油系统的组成

柴油机燃用的柴油通常有轻柴油、重柴油和低质燃料油。燃油系统的作用是把符合使用要求的燃油畅通无阻地输送到喷油泵入口处。该系统通常由加装、贮存、驳运、净化和供给五个基本环节组成。燃油通过甲板两舷的国际标准加油法兰加入油舱。在重油舱内要装设加热设备以保持重柴油的流动性。驳运泵可以实现燃油在各个燃油舱、柜之间的燃油调驳作业。

（二）燃油的驳运与净化

在使用之前要去除燃油中的杂质和水分,以满足柴油机的用油要求。其净化方法包括:沉淀（辅助以加热和放残）、离心分离和滤清等净化处理措施。

1. 燃油沉淀柜

重质燃油（FO）经驳运泵被驳入燃油沉淀柜后,在其中通过加热、沉淀、放残进行净化。船舶一般设燃油沉淀柜1~2个。早期的船舶一般设2个燃油沉淀柜,相互交替使用,每个燃油沉淀柜的容积能满足船舶一天的燃油消耗。因此,要求燃油在燃油沉淀柜中沉淀12 h以上。

2. 分油机

重质燃油从燃油沉淀柜经分油机净化后注入燃油日用柜。离心分油机是燃油净化处理的核心环节。船舶根据燃油的日消耗量和分油机的排量配置分油机数量,一般至少配备2台。

3. 燃油日用柜

重质燃油经分油机净化后注入燃油日用柜,在其中通过加热、沉淀、放残进行进一步净化。燃油日用柜的功能与燃油沉淀柜的功能基本相同,只不过其预热温度一般为70~80 ℃,且燃油沉淀柜注满后一般溢流到专用的溢流柜,而燃油日用柜一般溢流到燃油沉淀柜中。船舶上一般仅有一个轻质燃油（DO）日用柜。

（三）燃油的供给

燃油供给系统主要由燃油供给泵、燃油循环泵、燃油混合桶、燃油雾化加热器（包括黏度控制器或温度控制器）和滤器等组成,其相互关系如图2-8所示。燃油供给泵将燃油从重油日用柜泵出并加压后供给到燃油循环泵的进口,燃油循环泵使来自燃油供给泵和燃油混合桶的燃油经过燃油雾化加热器和滤器,在主机和燃油混合桶之间循环。燃油供给泵的输出量等于主机的消耗量（忽略系统泄漏）。燃油供给系统的主要功能是提供符合柴油机燃油喷射系统要求并具有一定压力和黏度的燃油。

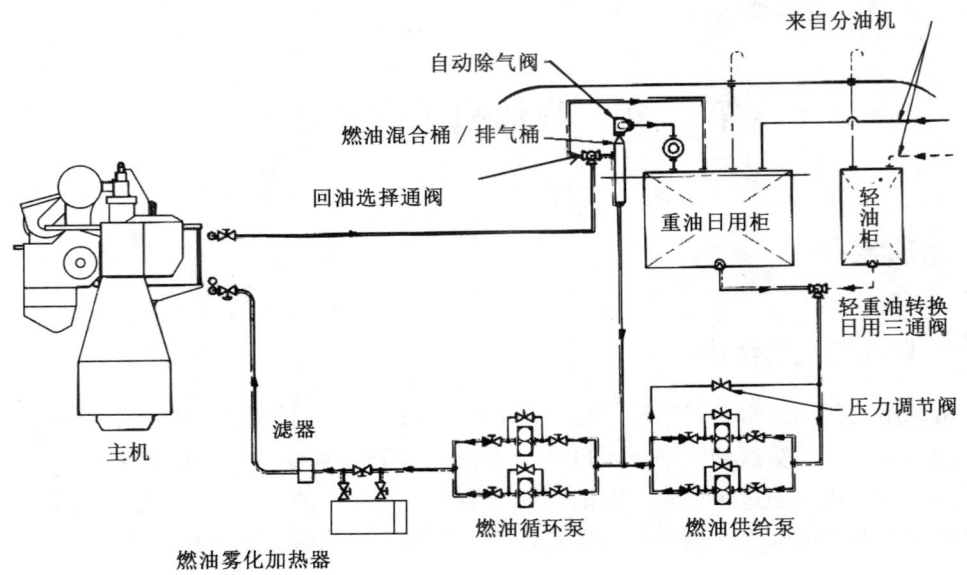

图 2-8　燃油供给系统

（四）燃油系统的维护管理

（1）轮机长应根据船舶现存燃油数量和牌号、航次需要,提出加油数量和规格。在与船长协商后向公司提出加油申请。

（2）轮机长应与大副商量具体加油舱和加油量,以满足船舶吃水的要求。同时应注意不同牌号的燃油一般不能加装在同一油舱内并且燃油加装不能超过舱容的 85%。

（3）有些船舶主机在正常航行时使用重柴油,机动航行时使用轻柴油。这就需要在离港和进港时更换燃油。一般在进港机动航行前 1 h 和离港正常航行后进行换油操作。换油过程中要防止油温突变,以免造成喷油泵卡紧或咬死。

二、滑油系统

柴油机的滑油循环系统通常由气缸油润滑、曲轴箱强制润滑和曲轴箱油分油净化等系统组成。柴油机的滑油系统的作用是保证供给柴油机动力装置各运动部件润滑和冷却所需的润滑油。除此之外,润滑油还有冷却、清洁、密封、防腐蚀、降低噪声、传递动力等作用。

1. 柴油机轴承润滑

柴油机轴承润滑主要包括对主轴、连杆大端轴承、十字头轴承和增压器轴承的润滑。通常润滑柴油机主轴承、连杆大端轴承和十字头轴承的润滑油由主滑油泵从滑油循环柜中泵出,涟滑各轴承后经曲轴箱返回循环柜中。如果曲轴箱的底部空间作为滑油循环柜使用,则可以省去滑油循环柜,称为湿式曲轴箱;而另设滑油循环柜的曲轴箱称为干式曲轴箱。增压器轴承的润滑要求较高,一般柴油机对其单独设立滑油系统。若选用的曲轴箱滑油可以满足增压器轴承的润滑要求,则可以两者共用一个系统。

2. 柴油机气缸润滑

柴油机气缸润滑分为两种形式，即飞溅润滑和注油润滑。

（1）飞溅润滑

飞溅润滑用于筒形活塞式柴油机，靠连杆大端甩出并飞溅到气缸壁上的润滑油润滑气缸。因为润滑气缸和润滑轴承的润滑油一定会掺杂，所以必须采用同一种润滑油。

（2）注油润滑

注油润滑用于十字头式柴油机的气缸润滑和某些筒形活塞式柴油机的辅助润滑。气缸注油润滑采用的润滑油一般与轴承润滑的润滑油有不同的要求，所以使用不同的滑油系统。滑油系统采用气缸注油器和注油接头，将气缸油通过气缸壁上的注油孔喷注到气缸表面进行润滑。润滑的油量可以控制，润滑后的滑油不用收回。

3. 曲轴箱油净化

曲轴箱油净化系统在柴油机运转中可连续对滑油循环柜中的曲轴箱油进行分离净化处理，去除曲轴箱油使用中混入的各种杂质和氧化沉淀物。滑油分油机经污油吸入管从滑油循环柜（油底壳）中吸入曲轴箱油，经加热器预热后送至滑油分油机进行净化处理，被净化的净油重新返回滑油循环柜。

除上述净化措施外，亦可在停港期间把全部滑油泵至滑油处理柜中，再视情况进行相关处理，处理完毕后再用滑油分油机送回滑油循环柜。对于中小型柴油机的曲轴箱油，因其油量有限，一般采用全部滑油换新法。

三、冷却系统

对于柴油机冷却系统来说，冷却可以使受热件的工作温度不超过材料所允许的限值，从而可保证在高温状态下受热部件的足够强度。冷却也可以使受热件内外壁面保持适当的温差，减小受热件的热应力。此外，冷却还可以保证运动部件如活塞与缸套的适当间隙、缸壁工作面滑油膜的工作状态正常。在管理中应兼顾柴油机使用要求，既不使柴油机因过分冷却而过冷，也不使柴油机因缺乏冷却而过热。

船用柴油机的冷却方式，通常分为三种，即开式海水冷却系统、闭式淡水冷却系统和中央冷却系统。

1. 开式海水冷却系统

开式海水冷却系统用海水作为冷却剂来冷却淡水、滑油、增压空气，以及空气压缩机等设备。该系统的基本组成是海底阀和大排量海水泵，通过海水泵将船外海水吸入船内，而将使用过的海水排至舷外。在海水温度较低时可以利用海底阀后设置的循环阀，使部分使用过的海水回流至海水泵进口，保证进冷却器的海水温度不低于 25 ℃。

一般船体上设 2 个以上海底阀，分为高位海底阀和低位海底阀，分设在船舶的两侧舷旁。高位海底阀位于空载水线下约 300 mm 处，低位海底阀设在舱底（双层底附近）。船舶进港后，由于水面下泥沙污物较多，多用高位海底阀。而在海上航行时，为防止因风浪造成空吸，多用低位海底阀。当船舶在码头停靠时，一般停止使用紧靠码头一侧的海底阀，而改用外侧海底阀，以防污物堵塞。

海水泵一般设 2 台,其中一台作为备用。有些船上把备用泵兼作备用淡水泵。海水泵排量很大,通常将吸入管与应急舱舱底水吸口连接,以备机舱进水时应急排水之用。海水泵一般均采用大排量离心泵。

2. 闭式淡水冷却系统

受热件由于工作条件不同,所要求的冷却液温度、压力和基本组成也各不相同,因而各受热件的冷却系统通常由几个单独的系统组成。

图 2-9 所示为 MAN B&W MC 系列柴油机缸套冷却水系统。缸套冷却水泵出口的淡水由缸套水进口总管进入各缸套下部,沿缸套→气缸盖→增压器路线进行冷却。各缸出水管汇总后,一路经造水机和淡水冷却器冷却,重新进入缸套冷却水泵进口,另一路进入淡水膨胀水箱。在淡水膨胀水箱和缸套冷却水泵之间设有平衡管是为了给系统补水并保持淡水泵吸入压头。

通常,缸套冷却水泵设有 2 台,皆为离心泵。系统中用温度传感器来检测冷却水出口温度的变化,并通过热力控制阀控制其进口温度。

缸套冷却水系统中均设高置膨胀水箱。其作用有:膨胀,使系统中的淡水受热后有膨胀的余地;补水,补充系统中因蒸发和泄漏而损失的水量并保证淡水泵有足够的吸入压头;排放系统中的空气;投药,可在此投放化学药剂以对冷却水进行化学处理;加热,可对冷却水加热以暖缸(如在其中设置加热装置)。

喷油器冷却系统的组成和原理与缸套冷却系统基本相同,冷却剂可用淡水或柴油。目前大中型柴油机普遍采用燃油经喷油器循环的措施,利用燃油冷却喷油器,不设专门的冷却系统。

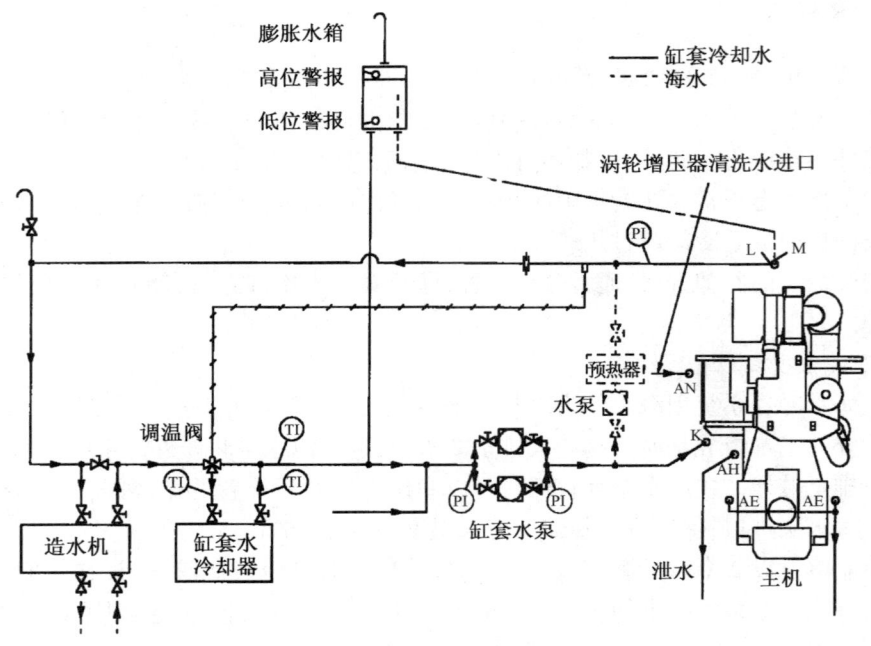

图 2-9 MAN B&W MC 系列柴油机缸套冷却水系统

3. 中央冷却系统

现代化船舶大多采用中央冷却系统。中央冷却系统的特点是使用不同工作温度的两个单独的淡水循环系统,即高温淡水(80~85 ℃)闭式系统和低温淡水(30~40 ℃)闭式系统。前者用于冷却主机,后者用于冷却高温淡水和各种冷却器。受热后的低温淡水再在一个中央冷却器中由开式海水冷却系统进行冷却。由此可保证只使用一个用海水作为冷却液的冷却器。

图 2-10 所示为 SULZER RTA-T 系列柴油机中央冷却系统。主机缸套冷却水系统为高温淡水循环系统,发电副机缸套水系统为低温淡水系统。低温淡水由中央冷却水泵泵出,用于冷却主机空气冷却器、各台发电柴油机及其他冷却器,并且部分低温淡水通过混水阀进入高温淡水系统以调节高温淡水系统的温度。高温淡水系统主要用来冷却主机缸套水和空气冷却器的高温循环。在港停泊期间,发电副机缸套冷却水可用来给主机暖机。受热后的低温淡水可在中央冷却器中由主海水泵泵出的海水进行冷却。由此,简化了船舶海水管系,使海水管系最短。此外,在系统中有多个温度传感器以及相应的热力控制阀,可根据水温的变化调节旁通水量大小。

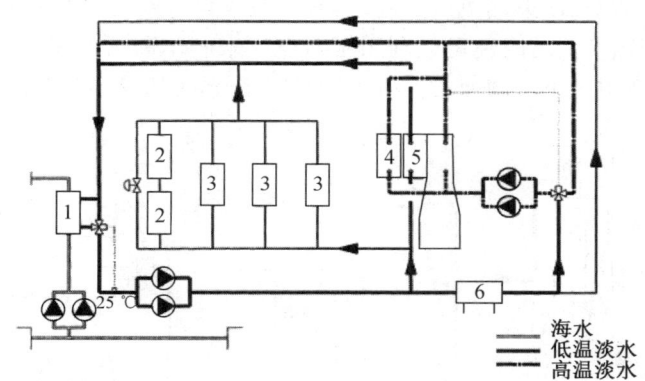

图 2-10　SULZER RTA-T 系列柴油机中央冷却系统
1—中央冷却器;2—各种冷却器;3—副柴油机;4—高温空气冷却器;5—低温空气冷却器;6—滑油冷却器

第三节　柴油机操纵系统

一、柴油机的启动

(一)柴油机的启动方式

静止的柴油机必须借助外力的作用,使柴油机获得完成第一个工作行程的条件。即柴油机在外力作用下进行进气、压缩、喷油,直至燃油燃烧膨胀而自行运转,这一过程称为柴油机启动。为了保证柴油机能正常启动,驱动柴油机的外力(矩)必须在克服阻力(矩)的条件下,使柴油机达到一定的转速。通常把柴油机启动所要求的最低转速称为启动转速。

启动转速的大小与柴油机的类型、柴油机的技术状态、燃油品质、环境条件等有关。启动转速是表征柴油机启动性能的重要标志。启动转速的一般范围是:高速柴油机 80 ~

150 r/min；中速柴油机 60~70 r/min；低速柴油机 10~30 r/min。

柴油机启动所用的外来能源通常有人力、电力、气力或液压。根据所采用的外来能源形式，柴油机的启动方式可分为：

（1）借助加在曲轴上的外力矩使曲轴转动起来，如人力手摇启动、电动机启动及气动或液压马达启动等；

（2）借助加在活塞上的外力推动活塞运动使曲轴转动起来，如压缩空气启动。

小型柴油机（如救生艇柴油机、驱动应急消防泵和应急空压机的柴油机）通常采用电动机启动或人力手摇启动，船舶主机和发电柴油机通常采用压缩空气启动。

（二）压缩空气启动装置

压缩空气启动就是将具有一定压力的压缩空气，按柴油机的发火顺序在膨胀行程时引入气缸，代替燃气推动活塞，使柴油机达到启动转速，完成自行发火。其主要优点是启动能量大，启动迅速可靠，在倒顺车运转时还可以利用压缩空气来刹车和帮助操纵。但该装置系统较复杂，重量较重，故不适用于小型高速柴油机。图 2-11 所示为压缩空气启动装置原理图。

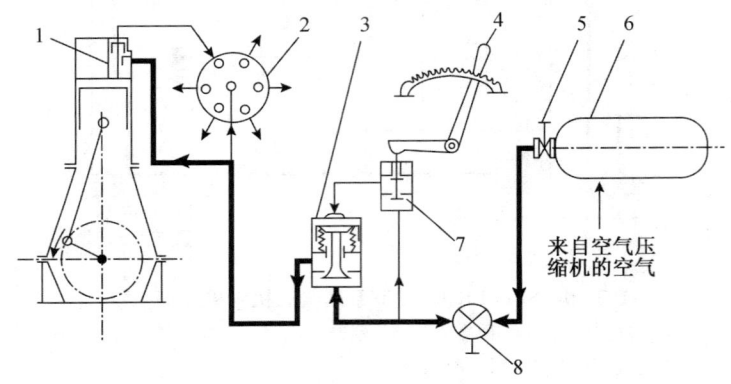

来自空气压缩机的空气

图 2-11　压缩空气启动装置原理图
1—气缸启动阀；2—空气分配器；3—主启动阀；4—操纵手柄；
5—出气阀；6—空气瓶；7—启动控制阀；8—截止阀

当接到备车命令时，应打开空气瓶出气阀 5 和截止阀 8，使空气瓶中的空气经截止阀 8 沿管路通至主启动阀 3 和启动控制阀 7 处等候。启动时，将操纵手柄 4 推到"启动"位置。此时，启动控制阀 7 开启，控制空气进入主启动阀 3 的活塞上面，推动活塞下移，使主启动阀 3 开启。于是，启动空气分成两路：一路经空气总管通至各缸的气缸启动阀 1 下方空间等候；另一路为控制用的压缩空气，被引至空气分配器 2，按照柴油机的发火顺序到达相应的气缸启动阀的上部空间，轮流将气缸启动阀打开，使等候在此阀下方空间的启动空气进入气缸，推动活塞运动从而使曲轴旋转。当柴油机达到启动转速时，随即将操纵手柄推至启动供油位置。待柴油机启动后，即通过操纵手柄 4 关闭启动控制阀 7，切断启动空气，主启动阀 3 随即关闭，气缸启动阀 1 上部空间的控制空气也经空气分配器泄放，气缸启动阀 1 关闭。至此，启动过程结束。然后可逐渐调节供油量，使柴油机在设定转速下运转。

按照我国《钢质海船入级规范》的要求，用压缩空气启动的主机至少应设有 2 台充气设备，其中一台应由主柴油机以外的动力驱动。这些充气设备的排量，应在 1 h 内将空气瓶的压力由大气压力升到规定的连续启动所要求的压力。供主机启动用的空气瓶至少有 2 个,空气瓶的容量必须能保证在不充气的情况下,冷车、正倒车交替连续启动不少于 12 次(不可换向主机为 6 次)。

(三)保证启动的条件

为了保证柴油机迅速、有效、可靠地启动,必须具备三个条件:

1. 压缩空气必须具有一定的压力和一定的储量

在启动空气瓶容量一定的情况下,压缩空气所具有的能量是由其压力决定的,启动空气瓶内的压力应保持在 2.5~3.0 MPa。压缩空气必须具有足够的压力才能使柴油机在较短时间内达到启动转速。

2. 要有一定的供气定时并有一定的供气延续时间

因为压缩空气代替燃气膨胀做功,推动柴油机活塞运动使曲轴转动,因此压缩空气必须在活塞处于膨胀行程之初的某一时刻开始送入气缸,并持续一段时间。这个供气时刻即为启动定时(空气分配器定时),与柴油机的类型、气缸数目、标定转速以及启动空气压力等因素有关。

3. 要保证最少气缸数

对于船舶主机而言,必须保证曲轴在任何位置都能启动,即柴油机的曲轴在任何位置时至少有一个气缸处于启动位置。因此,柴油机必须有一定的气缸数。正常情况下,二冲程柴油机最少应为 4 个缸。四冲程柴油机最少应为 6 个缸。若气缸数少于上述数值,启动前则需要盘车,使某缸正好处于膨胀行程开始后的某一时刻。

二、柴油机的换向

根据航行要求,如果船舶要从前进变为后退(或相反),一般有两种方法:其一是改变螺旋桨的转向(直接换向);其二是保持螺旋桨转向不变而改变螺旋桨桨叶的螺距角,使推力方向改变(变距桨换向)。目前,多数船舶使用第一种方法实现换向,即船舶的进退依靠螺旋桨转向的改变来实现。而改变螺旋桨转向除了少数间接传动采用倒顺车离合器外,一般都采用直接改变柴油机转向的方法。因此,要求船舶主柴油机具有换向性能。柴油机换向就是改变柴油机曲轴的转向。

要使柴油机换向,首先应停车,然后将柴油机反向启动,使柴油机按反转方向运转起来。为满足反向启动和反向运转的要求,必须改变启动定时、喷油定时和配气定时。由于上述定时多由相关凸轮控制,所以柴油机的换向就是改变空气分配器,喷油泵和进、排气凸轮与曲轴的相对位置,以适应换向后的工作要求。为改变柴油机的运转方向而设的改变各种凸轮相对于曲轴位置的机构称为换向装置。

三、柴油机的调速装置

（一）柴油机调速的基本概念

柴油机在运行中的不同转速是通过改变循环喷油量来实现的。改变油量调节机构,使柴油机的转速调节到规定的转速范围内的过程称为柴油机的调速。为此而设的根据柴油机负荷变化自动调节供油量的调速装置,称为调速器。

船舶主机和发电柴油机的运转条件和要求不同,当外界负荷变化时,柴油机自身的适应能力也不同,对调速的要求亦不同。

1. 船舶主机

船舶主机的工作特性为推进特性,它与螺旋桨的配合工作特性曲线如图 2-12 所示。图中 I 为柴油机的标定负荷速度特性曲线,II 为标定工况下螺旋桨特性曲线,柴油机与螺旋桨在 n_B 转速下功率相等,因此柴油机在 n_B 转速下稳定运转,此时柴油机的输出功率 P_{eB} 与外界负荷相适应。若在外界负荷不变的情况下增加柴油机的循环喷油量,使其速度特性曲线变为 I',则在喷油量增加的瞬时,柴油机的输出功率 $P_{eB'}$ 大于原转速 n_B 下的阻尼功率 P_{eB},柴油机的转速升高,当到达转速 n_B' 时,柴油机的输出功率 $P_{eB'}$ 与阻尼功率达到新的平衡,即柴油机重新在较高的转速 n_B' 下稳定运转。反之,若在外界负荷不变的情况下减少柴油机的循环喷油量,则柴油机重新在较低的转速下稳定运转。可见,在外界负荷不变的情况下,改变柴油机的循环供油量可以有效地对柴油机进行调速。

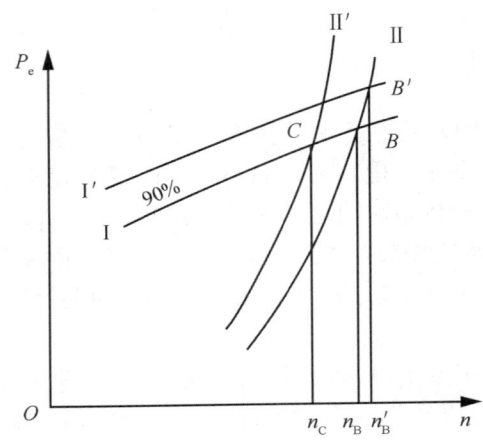

图 2-12　船舶主机与螺旋桨的配合工作特性曲线

若柴油机喷油量不变,外界负荷(如装载等)变大,则螺旋桨特性曲线变为 II',柴油机维持在 n_C 转速下稳定运转,此时柴油机的输出功率与外界阻尼功率相等。反之,若柴油机喷油量不变,外界负荷(如装载等)变小,则柴油机重新在较高的转速下稳定运转。可见,船舶推进主机具有自动调节转速以适应外界负荷变化的能力。所以,如不要求柴油主机恒速运转,则无须装设调速器。推进主机在特殊航行(如螺旋桨出水、断轴、掉桨等)情况下转速会大幅度上升,并远远超过标定转速 n_B,造成柴油机飞车,因此根据我国有关规定,必须装设可靠的调速器

第二章 船舶动力装置与推进装置

（限速器），使主机转速不超过 115% 标定转速。但是现代船舶主柴油机为避免外界负荷变化所引起的转速波动，以及由此对柴油机工作的不良影响(如可靠性、经济性等)，通常都装设全制式调速器。

2. 发电柴油机

船舶发电柴油机在外界负荷(用电量)变化时应能保持恒定的转速运转，以保证发电机的电压和频率恒定，即要求柴油机按负荷特性工作。若在喷油量不变的情况下外界负荷减少，柴油机的功率就会大于外界负荷而使转速升高，转速升高后又会进一步导致柴油机的功率不平衡，使转速继续升高直至发生飞车；反之，若在喷油量不变的情况下外界负荷增加，柴油机的功率就会小于外界负荷而使转速下降，转速降低后会导致柴油机的功率进一步下降，使柴油机功率和外界负荷更加不平衡，使转速继续下降直至最终导致停车。所以，发电柴油机与推进主机不同，它自身没有自动调速性能，为保证在外界负荷变化时仍能保持恒速稳定运转，必须装设定速调速器。

（二）调速器的类型

调速器因用途、结构、原理不同，其型式多种多样，船用柴油机调速器按以下方法分类：

1. 按调速调节范围分类

（1）极限调速器（限速器）

极限调速器（限速器）只用于限制柴油机的最高稳定转速，使其不超过某规定值，在转速低于此规定值时不起调节作用。此种调速器仅应用于船舶主机，目前已很少单独使用。

（2）定速（单制）调速器

定速（单制）调速器在负荷变化时能使柴油机转速保持在规定范围内。此种调速器应用于发电柴油机。

（3）双制式调速器

双制式调速器能维持柴油机的最低转速并可限制其最高转速。其中间转速由人工手动调节。此种调速器应用于对低速性能要求较高或带有离合器的中小型船用主机。

（4）全制式调速器

全制式调速器在从最低稳定转速到最高稳定转速的全部运转范围内，均能自动调节喷油量以保持任一设定转速运转。此种调速器广泛应用于船舶主机及柴油发电机组。

2. 按执行机构分类

（1）机械式（直接作用式）调速器

机械式（直接作用式）调速器的执行机构依靠转速感应元件直接移动油量调节机构。其主要特点是结构简单可靠，维修方便，常与高压喷油泵组合在一起。图 2-13 所示为机械式调速器工作原理图。柴油机运转时，飞重架和转轴一同旋转，飞重便产生离心力，通过推脚向上作用在滑动套筒 4 下端，滑动套筒 4 的上端受调速弹簧向下的张力作用。当柴油机发出的功率与外界负荷刚好平衡时，其转速稳定，飞重的离心力与弹簧张力相等，柴油机稳定运转。

当外界负荷减小时，柴油机的输出功率会大于外界负荷而使转速增大，这时飞重离心力将大于弹簧的预紧力而使滑动套筒 4 上移，通过直角形杠杆迫使油量调节机构向减油方向（右）移动（如图中虚线所示）。随着喷油量的减少，柴油机的转速下降，飞重离心力减小，直到其离心力与调速弹簧张力又平衡为止，此时柴油机又重新稳定运行。另外，可以通过转速调节螺钉

— 27 —

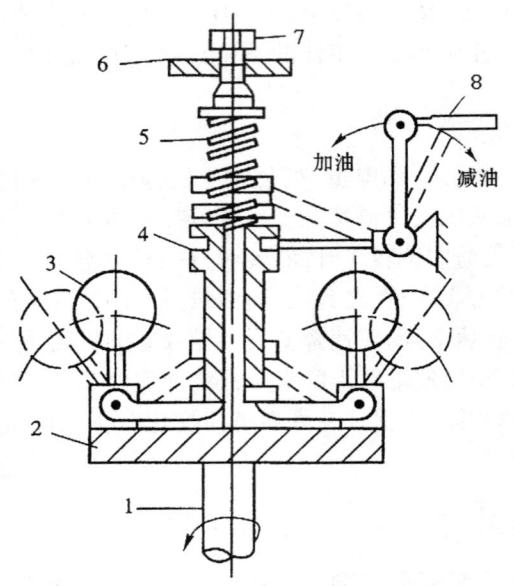

图 2-13 机械式调速器工作原理图

1—转轴；2—飞重架；3—飞重；4—滑动套筒；5—调速弹
簧；6—本体；7—转速调节螺钉；8—油量调节杆

7 的位置改变柴油机的稳定转速，如向下旋转螺钉使调速弹簧 5 的张力增大，使油量调节机构左移加油，稳定转速就会升高。同理也可向上旋转螺钉使柴油机稳定转速降低。

由于机械式调速器是利用感应机构所产生的离心力直接移动油量调节机构的，因而其工作能量较小，一般只适用于中小型柴油机。

（2）液压式（间接作用式）调速器

液压式（间接作用式）调速器通过液压伺服器将飞重产生的离心力放大，再使用放大后的动力移动油量调节机构。

（3）电子调速器

电子调速器是转速信号监测和执行机构采用电气方式进行检测和调节的调速器。

四、柴油机的操纵系统

1. 对操纵系统的要求

操纵系统是将启动、换向、调速等各装置联结成一个整体并可集中控制柴油机运行的机构。为保证操纵系统工作可靠，它应满足下列基本要求：

（1）能够迅速而准确地执行启动、换向、变速、停车和超速保护等动作，并应满足船舶规范的相应要求。

（2）要有必要的连锁装置，以避免操作失误和事故；必须设有必要的监视仪表、安全保护与报警装置。

（3）操纵系统中的零部件必须灵活可靠，不易损坏，操作、调节方便，维护简单。

（4）便于实现遥控和自动控制。

2.操纵系统的类型及特点

按操纵方式,操纵系统可以分为:

(1)机旁手动控制:操纵台设在机旁,采用相应的控制机构操纵柴油机,使之满足各种工况下的需要。

(2)机舱集控室控制:在机舱的适当位置设置专用的控制室,以实现对柴油机的工况进行控制和监视。

(3)驾驶室控制:在驾驶室的控制台上由驾驶员直接控制柴油机。

其中,机旁手动控制是整个操纵系统的基础。机舱集控室控制和驾驶室控制统称遥控,即指远距离操纵。

按遥控系统使用的能源和工质,遥控系统可以分为:

(1)电动式遥控系统

电动式遥控系统以电作为能源,它通过电动遥控装置和电动驱动机构进行控制。

(2)气动式遥控系统

气动式遥控系统的能源是压缩空气,它通过气动遥控装置和气动驱动机构进行控制。

(3)液力式主机遥控系统

液力式主机遥控系统以液压为能源,通过液压传动装置和液压驱动机构对主机进行一定距离的控制,一般仅限于机舱范围内。

(4)混合式主机遥控系统

混合式主机遥控系统采用电-气混合式和电-液混合式对主机进行遥控,即从驾驶台到机舱采用电传动,机舱系统采用气动或液动。目前,这种系统在船上应用较为广泛。

(5)微型计算机控制系统

微型计算机控制系统用微型计算机来控制主机,通过程序实现对主机的多个操纵步骤的控制,并使其达到最佳状态和最经济控制的状态。

第四节　柴油机运行管理

一、柴油机的备车、启动和机动操纵

备车和机动操纵是指船舶在开航前和开航后尚未定速航行前,使主机及其一切辅助设备能随时启动、停止和进入各种运行状态,准备执行驾驶室的各种指令的状态。

（一）备车

柴油机长期停车或短期停车后,在开航前应进行备车,当船舶在特殊水域或特殊气象条件下航行时,也需要根据船长的指令进行备车,其目的是使船舶动力装置处于随时可启动和运转状态。其基本内容除校对时钟、车钟、舵机外,还有以下几个方面:

1.暖机

暖机是指对柴油机冷却、润滑系统进行预热,并开启冷却水循环泵、滑油循环泵,实现机体

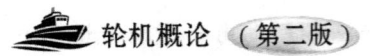

各部件加温,并向各摩擦表面提供润滑油。

暖机的目的是通过对气缸各部件的预热,减小启动后由于温度的突变产生的热应力,改善启动性能和发火性能,减少气缸内的低温腐蚀。主机气缸可以发电副机的冷却水循环加热,也可以通过蒸汽或电加热直接对淡水系统加温预热。主机滑油系统常用滑油分油机分油加热,也可用蒸汽直接对滑油循环油柜加温。

2. 供电准备

备车时,启动大功率的设备较多,如空压机、辅助鼓风机、淡水泵等,用电量迅速增加。因此,应视需要启动备用发电柴油机、合闸并电等。

3. 各系统的准备

(1)润滑系统的准备

检查滑油循环柜、透平油柜、轴系中间轴承和艉轴承的液位。开启滑油泵,调压至规定值,以便将滑油送到各摩擦面,使滑油的杂质在开车前就有时间汇集到滤器中,减少启动及低速运转的摩擦和磨损。

(2)冷却系统的准备

检查膨胀水箱水位和系统中各阀门的位置是否正常,并启动淡水泵,让淡水在循环中驱逐系统中的气体,同时可进行暖机。对水冷却活塞,需检查水柜水位和各缸冷却水量是否均匀。对独立冷却系统的喷油器,应启动喷油器冷却泵,检查冷却器冷却柜的液位,必要时可对其加温预热。

(3)燃油系统的准备

检查轻油日用柜和重油日用柜的油温和油位,油位较低时应补油至规定油位,放残水,并对其加温至规定范围。启动低压燃油泵,驱除系统中的空气,调至规定压力。并使燃油在燃油日用柜和高压油泵间循环,对高压油泵预热。

(4)压缩空气系统的准备

按规定将所有空气瓶充气至规定压力,并泄放气瓶内的残水和残油,打开空气瓶出口阀、主停气阀或使自动主启动阀处于“自动”位置。应将汽笛空气瓶充满,并打开出口阀,以备随时使用。

4. 转车、冲车、试车

(1)转车

暖机后,利用盘车机带动主机转动几圈。其目的是检查各运动部件和轴系的回转情况及缸内有无大量积水。同时人工向气缸注油润滑,适当加大注油量,以便所有润滑表面都得到充分润滑。

(2)冲车

在转车确认正常后脱开盘车机,利用启动系统压缩空气使主机转动。其目的是利用压缩空气将气缸内的杂质、残水和积油从示功阀中冲出,并检查启动系统工作是否正常。冲车过程中,若有油或水等从示功阀中冲出,则应查明原因并排除故障后才能进行试车。冲车情况正常后,关闭示功阀。

(3)试车

冲车正常后,正、倒车交替启动主机,供油发火,各运转数圈。试车的目的是检查启动系统、换向系统、燃油系统、油量调节机构及调速器等的工作是否正常,还应检查各缸发火是否正常和运转中有无异常声响。

试车完毕后将车钟手柄置于"停车"位置,即各设备均处于随时可启动状态,等待驾驶室的指令。对采用驾驶台遥控方式的设备,试车完毕后,将操纵手柄转至"驾控"位置。此后值班轮机员不应远离操纵台。

（二）启动和机动操纵

船舶在进出港、靠离码头、港内航行时运动状态变化频繁。轮机管理人员应严格执行车令,正确操纵并及时对各系统的压力、温度、流量等进行监控与调整,以确保柴油机的安全运转。

1. 机动操纵时的操纵

（1）启动并控制空气瓶,以便随时补足压缩空气。

（2）使用轻质燃油,以提高机动性和操纵可靠性。

（3）保持冷却水和滑油温度稳定,减少空冷器海水量。

（4）启动时如给油过多会导致爆缸,加油门时应随油格增大而减慢加油速度。

（5）在港内或浅水区航行时,为防止吸入海底的泥沙污物堵塞冷却系统,应换用高位海底阀。

（6）启动有油气并进和油气分进两种方式,油气并进有利于启动。采用油气并进方式时,在缸内发火后应切断启动空气;采用油气分进方式时,在达到启动转速后应切断启动空气。

2. 机动操纵时的安全事项

（1）在进行主机启动操作时,应尽量做到一次启动成功,油门不能给得过大,防止柴油机发生冷爆、损伤机件或增加不必要的磨损。

（2）在船舶起航和加速过程中,不应加速太快,以防柴油机的热负荷、机械负荷过大。

（3）机动操纵时应快速越过转速禁区,防止机器发生剧烈振动。

（4）在进行倒车操纵时,应控制油门,避免主机超负荷。

3. 机动操纵时的管理

（1）机动操纵所设定的车速应当是机动操纵转速或港速或系泊试验转速。

（2）当值轮机员除处理紧急故障外,不得远离操纵台和离开集控室。

（3）机动航行期间,轮机长应在集控室监督轮机员进行各种操作,监控各设备运行状态,及时与驾驶台取得联系,处理各种突发事件,直至机动操纵结束方可离开集控室。

（4）机动操纵期间,船舶航行状态多变,要随时注意配电板各仪表的工作情况,注意观察和调节冷却水、滑油的温度和压力,保持空气瓶压力在允许范围内,保持正常的扫气温度和压力,注意各缸排气温度的变化和各主要设备的工作状态。

二、柴油机运转中的管理

船舶定速航行后,轮机人员应按时进行巡回检查,使柴油机及其装置的各种技术参数处于正常范围之内。为了保证柴油机及其装置始终处于正常技术状态,在柴油机运转中应做好以下工作。

1. 航行值班的交接工作

交班前,当值人员应做好运转设备的清洁工作,对运转设备做全面、仔细的检测,并将主要技术参数,本班所发生的问题、处理方法、处理结果,轮机长的命令和专门指示,驾驶台的通知等记入轮机日志。将油舱和油柜的预热加温、驳运、净化分离,以及舱底水水位、污油水舱(柜)液位和防污染设备的使用情况向接班人详细交代。

接班人员在进入机舱之前,要观察排气颜色、舷外水的排出情况和海面情况,进入舵机间检查舵机及其附属设备。进入机舱后按最合理巡检路线检测设备。最后查看轮机日志、听取交班人员的情况介绍。经接班人同意后,交班人员方可离开机舱。

2. 热力检查

热力检查的目的是检查和确定柴油机各缸燃烧情况及负荷分配均匀程度,主要包括热负荷和机械负荷的检查。热负荷主要体现在冷却水温度、滑油温度和排气温度上。机械负荷则主要体现在最高燃烧压力和平均指示压力上。

热负荷可通过检查排气温度、观察排气颜色以及打开示功阀观看火焰的喷射情况等方法来检查,从而判断喷油设备的技术状态。

机械负荷可以通过测取示功图来确定最大燃烧压力和平均指示压力,并用以分析、判断各缸负荷的大小和分配情况。

3. 机械检查

机械检查的目的是保证柴油机各机件及系统始终处于正常的技术状态。听、看、摸是管理人员最直接、简便的手段。机械检查主要查看运转中柴油机有无异常声响,有无零件松动,有无油、水、气等的泄漏,有无机件异常过热现象等。系统检查内容包括冷却系统检查、滑油系统检查、燃油系统检查、排气系统检查、增压系统检查等。

三、柴油机常见故障与应急处理

1. 封缸运行

船舶航行期间,当主柴油机的任意一个或两个缸发生不能工作的故障而一时无法排除时,采取的停止有故障气缸运转,确保主机继续运转的措施称为封缸运行。

根据造船规范的要求,6 缸及以下的柴油机,在停掉 1 个气缸的情况下应能保证主机继续运转。缸数超过 6 的主柴油机,在停掉 2 个气缸的情况下应能保证其继续工作,使船舶能继续航行。

2. 停止增压器运转

废气涡轮增压器是高速回转机械,当其在运转中发生损坏时,应立即停车,尽可能降低增压器损坏的程度。停车后经检查如发现增压器轴承损坏、叶片断裂等使增压器无法运转又不能在短时间内修复的问题时,应立即使增压器停止运转。在机动航行、紧急避碰的状况下是不允许柴油机停车的,只能让柴油机短时间在低负荷下继续运行。这时,柴油机应无明显的异常振动,同时控制排烟温度不超过限定温度值。当船舶处于安全状态时,再停车处理增压器故障。

3. 拉缸现象

拉缸是指活塞环、活塞裙与气缸套在相对往复运动的过程中因表面相互作用而造成的表面损伤。这种损伤有刮痕、烧伤和咬死等,故可划分为划伤、拉缸和咬缸,在广义上我们统称为拉缸。

4. 敲缸现象

柴油机在运行中发出有规律的不正常声响或敲击声称为敲缸。敲缸常分为燃烧敲缸和机械敲缸两种。

5. 扫气箱着火

大型低速柴油机扫气箱着火是较常见的故障之一，通常是在某一缸扫气口下方首先发生着火并很快蔓延至整个扫气箱。扫气箱着火是一种危害较大的灾害事故，可能会造成活塞杆和扫气箱箱体严重损坏，还会造成缸壁、活塞、活塞杆填料函损坏以及贯穿螺栓预紧力下降。

6. 曲轴箱爆炸

曲轴箱爆炸是指曲轴箱发热异常，有油焦气味或出现从透气管冒出大量油气的现象，严重时会将曲轴箱防爆门冲开，甚至造成机损、火灾事故和人身伤害。曲轴箱爆炸事故的破坏力是双重的，既会引发火灾也会导致冲击破坏。

造成曲轴箱爆炸的原因主要是曲轴箱内油气浓度达到爆炸极限。同时曲轴箱内高温热源的存在也是引起爆炸的决定性因素。

7. 烟囱冒火

烟囱冒火是指从烟囱大量地、连续地喷出火花的现象。柴油机烟囱冒火，通常是由未烧尽的燃油或含油积存物随废气带出烟囱遇到空气再燃烧导致的。

8. 紧急刹车

船舶航行遇到避碰等紧急情况时，为使船舶尽快停止前进或变为倒航而对主机进行制动并迅速倒车的操作过程称为紧急刹车。

紧急刹车时操作的注意事项：

（1）必须保证空气瓶压缩空气压力，压力过低不能有效地进行刹车；

（2）当船速、主机转速较高时，采取分段刹车措施，即在启动刹车位置停一下再拉回操纵手柄，然后将操纵手柄推至启动刹车位置，刹车基本成功，否则再进行一次刹车；

（3）当主机刹车成功时，立即将操纵手柄拉至零位，待主机转速降至零后，迅速倒车启动并供油，以最短的时间使主机倒车转动；

（4）主机倒车转动后，应避免一下子将油门加得过大，防止主机超热负荷、机械负荷，随着倒航船速的加快，可逐渐增大油门，从而增加供油量；

（5）必须掌握所在船舶紧急刹车的有利时机，即船全速前进至倒车的过程，在哪一个准确的转速下，能一次或两次刹车成功并能迅速开出倒车；

（6）采用遥控系统的主机，均按程序自动完成，不必考虑操纵手柄的位置。平时应对集控室操作、机旁操作、遥控操作的转换加强管理，防止遥控系统出现故障而不能进行紧急刹车。

四、柴油机的停车和完车

正常情况下的停车应保持各系统正常运转，动力装置处于随时可用状态。而当船舶要停泊作业时，轮机员在接到"完车"指令后，说明主机不再动车。在停车后还应做好以下工作：

（1）关闭启动空气系统的主停气阀、主启动阀和气瓶出口阀，并将空气瓶补至规定压力。

（2）打开示功阀，合上盘车机，盘车15～30 min，并人力驱动气缸注油器几十下，使气缸壁上布油。

（3）关闭主海水泵进出口阀以及通往冷却器的进口阀。

（4）关闭燃油输送泵及其进出口阀的阀件，然后将燃油日用柜的出口阀关闭。

（5）主机滑油泵、淡水泵继续运转 30 min，使机件逐渐均匀散热。待降温后再停泵关闭进出口阀，喷油器冷却水泵也应运转一段时间后关闭。

（6）打开扫气箱、涡轮端排出管等处的放残阀门，用防尘罩将压气机消音滤网罩好，以防灰尘积存。

（7）如需用副机对主机继续暖缸，则应在水温未降低前关闭淡水冷却泵和相关阀门，打开通向副机暖缸管系的有关阀门，使主机与副机淡水组成循环回路对主机暖缸。

（8）如需长期停车，应定期转车，天气寒冷时要注意防冻。

第五节　电子控制柴油机

随着电子技术的发展，尤其是微型电子计算机的运用，传统柴油机的控制方式逐步被电子控制方式代替，如电子注油器取代机械注油器，电子调速器取代机械调速器、液压调速器，燃油电子喷射取代传统机械传动式喷射等。燃油喷射在经历了位置控制方式、时间控制方式、蓄压共轨时间控制方式三个阶段的发展后演变为目前的电子控制柴油机。

电子控制柴油机又称智能柴油机或电喷柴油机。电子控制柴油机取消了传统柴油机的凸轮轴以及相关的机械控制零部件，燃油喷射，气阀启闭，以及柴油机的启动、换向、停车，气缸润滑等功能全部由电子控制实现。它可以通过对相关参数的设定和修改，调整主机的运行状态和工作参数，达到使柴油机保持在最佳状况下工作的目的。此外，它还可以对柴油机的运行情况和零部件的状况进行实时监控，并与船上的控制系统、报警系统相连接，对柴油机进行全方位的控制。目前，电子控制柴油机在船舶上得到了广泛应用，并逐步成为船舶柴油机的主流机型。

一、电子控制柴油机的原理

电子控制柴油机的原理：发动机管理系统的核心功能由电控单元来实现。传感器为电控单元提供发动机的当前工况信息，电控单元对传感器的信号进行分析以后，根据预定的控制策略对执行器发出控制信号，控制喷油量、喷油始点、增压压力、进排气阀正时等，对发动机进行闭环控制，使燃烧更精确。

二、电子控制柴油机的特点

船用电子控制柴油机是在 2000 年后才正式装船使用的，与传统的机械控制式柴油机相比，有很强的运转适应性、足够的可靠性、各种操作模式、完善的状态监测和控制系统等特点。

1. 有很强的运转适应性

（1）能够自由地选择喷射压力。根据不同工况可确定所需的最佳喷射压力，从而优化柴油机综合性能，降低柴油机在部分负荷时的油耗。

（2）精确地控制燃油喷油量。柴油机由电磁阀控制喷油，其控制精度高，高压油管压力稳定,在柴油机运转范围内,循环喷油量变动小,各缸供油均匀,柴油机工作稳定。

(3)可独立控制喷油正时和喷油速率变化,实现预喷射和多次喷射,具有理想的喷油规律,配合高的燃油喷射压力,既可降低柴油机的燃油消耗率,又能保证良好的动力性和经济性,同时还能将柴油机的排放控制在较小的数值范围内,以满足排放要求。

(4)燃料适应性好。对于不同的燃油,特别是劣质燃油,可根据燃烧需要改变喷油正时和气阀定时,并且保证在任何负荷条件下工作均无可见的排烟。这些对于凸轮驱动的机械机构几乎是不可能实现的。此外,冷却系统、增压系统和气缸注油系统也具有很强的运转适应性。

2. 足够的可靠性

足够的可靠性是指发动机具有更长的使用寿命和维修周期,在整个发动机使用过程中具有很低的故障率和良好的维修性能,并且在整个使用期间发动机的性能维持不变。如瓦锡兰公司的 RT-flex 系列柴油机的吊缸周期可延长至三年,MAN B&W 公司的低速柴油机吊缸周期可以延长至五年。

3. 各种操作模式

各种操作模式是指可以根据不同的要求由操作者选择机器的运转模式,如经济性模式、排放控制模式、低负荷运转模式等,并保证发动机一直处于最优运转状态。

4. 完善的状态监测和控制系统

完善的状态监测和控制系统包括一体化的速度控制设备、在线柴油机故障诊断系统、活塞工作和燃烧可靠性的监测系统及对气缸注油的优化系统等。其能够在线监测柴油机的运转状况,确保各缸的负荷均匀分布,防止发动机超负荷,保证在故障发生前能早期报警并启动处理程序。

目前,船用智能低速柴油机的主要机型是瓦锡兰公司的 Sulzer RT-flex 系列柴油机和 MAN B&W 公司的 ME 系列柴油机,其结构和控制方式有所不同。

第六节　船舶推进装置系统

船舶推进装置的任务是把船舶内部的动力转变为推进力,并把推进力传递给船体,推动船舶前进。大多数船舶的推进装置由螺旋桨、轴系和传动装置组成,部分船舶还有侧推器等控制船舶方向的推进装置。

一、船舶推进装置的传动形式

(一)船舶推进装置的组成

推进装置也称主动力装置,是船舶动力装置中最重要的组成部分。它包括主机、传动设备和推进器等。其作用是将主机发出的功率,通过传动设备传递给推进器,从而推动船舶航行。

(二)船舶推进装置的传动形式及其特点

按传动功率方式不同,常见的船舶推进装置的传动可分为直接传动、间接传动、Z 形传动、电力传动等。

1. 直接传动

直接传动是将主机的动力直接通过轴系传给螺旋桨的传动方式,如图 2-14(a)所示。在这种传动方式中,主机和螺旋桨之间除了传动轴系外,没有减速器和离合器等设备,运转中螺旋桨和主机始终具有相同的转向和转速。直接传动的主要优点是:

(1)结构简单,维护管理方便。只要安装时定位正确,平时管理中注意润滑冷却,一般不会出现大问题。

(2)经济性好,传动损失少,传动效率高。主机多为耗油率较低的大型低速柴油机。螺旋桨转速较低,推进效率较高。

(3)工作可靠,使用寿命长。

直接传动的缺点是:整个动力装置的重量、尺寸大,要求主机具有可反转的性能,非设计工况下运转经济性差,船舶低速航行速度受到主机最低稳定转速的限制。

2. 间接传动

间接传动是主机和螺旋桨之间的动力传递除经过轴系外,还经过某些专门设置的传动设备(如离合器、减速器及联轴器等)的一种传动方式,如图 2-14(b)所示。

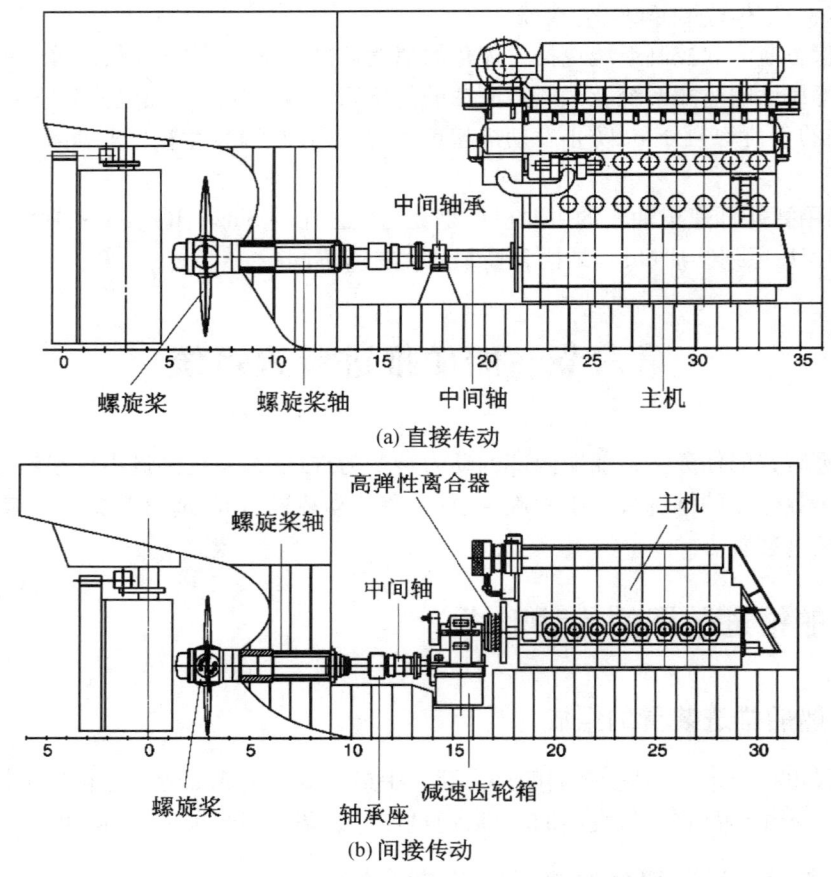

(a) 直接传动

(b) 间接传动

图 2-14 典型的船舶推进装置

　　根据所采用的传动设备的不同,间接传动又可分为只带减速齿轮箱的间接传动、只带高弹性离合器的间接传动、同时带有减速齿轮箱和高弹性离合器的间接传动三种。

　　间接传动方式的主要优点是:

　　(1)主机转速可以不受螺旋桨要求低转速的限制。只要适当选择减速比,就可使主机的转速适应螺旋桨的转速要求。

　　(2)轴系布置比较自由。主机曲轴和螺旋桨轴可以同心布置也可以不同心布置,以改善螺旋桨的工作条件。

　　(3)在带有倒顺车离合器的装置中,主机不用换向,因而主机结构简单、工作可靠、管理方便、机动性高。

　　(4)有利于多机并车运行,并且可以设置轴带发电机。

　　间接传动的主要缺点是轴系结构复杂,传动效率较低。这种传动方式多用于中小型船舶以及以大功率中速柴油机、汽轮机和燃气轮机为主机的大型船舶。

　　3. Z 形传动

　　Z 形传动装置又称为悬挂式螺旋桨装置。图 2-15 所示为 Z 形传动装置的结构原理图。主机 1 的功率经联轴器 2、离合器 3、带有万向节的传动轴 4、上水平轴 8、上部螺旋锥齿轮 9、垂直轴 12、下部螺旋锥齿轮 14 及下水平轴 15 传递给螺旋桨 13,从而推动船舶前进。

　　Z 形传动方式最显著的特点是螺旋桨可绕垂直轴做 360°回转。当启动一个电动机带动蜗轮蜗杆装置 10 运动时,涡轮带动旋转套筒 16 在支架 17 上回转,同时使螺旋桨 13 绕垂直轴 12 在 360°范围内做平面旋转运动。由于螺旋桨可绕垂直轴做 360°回转,因此 Z 形传动具有以下优点:

　　(1)螺旋桨的推力方向可以自由变化,因而船舶操纵性能优于其他传动方式,特别是采用两台主机,而每台分别带动一个 Z 形传动装置时,可以使船舶原地回转、横向移动、快速进退以及微速航行等。

　　(2)船尾形状简单,可以省掉舵、艉柱和艉轴管等结构,使船体阻力减小。

　　(3)可以使用重量小、体积小的中高速柴油机,而不需要单独的减速齿轮装置,不要求主机有换向机构,可以延长柴油机的使用寿命。

　　(4)这种传动装置垂直悬挂在船尾,可由船尾部甲板开口处吊装,检修不用进坞,可大大缩短修理时间。

　　尽管如此,由于结构上的原因,Z 形传动的传递功率受到一定限制,因而仅适用于小型船舶,特别适用于港作船和在狭窄航道中航行的船舶。

　　4. 电力传动

　　电力传动是主机驱动主发电机,将发出的电供到主配电板,再由主配电板供电给主电动机,进而驱动螺旋桨运转的一种传动方式。这种传动方式的优点是:

　　(1)主机和螺旋桨之间没有机械联系,机舱布置灵活;

　　(2)主机转速不受螺旋桨转速的限制,可选用中高速柴油机,并可在柴油机恒定转速下调节电动机转速,使螺旋桨转速得到均匀、大范围的调节;

　　(3)螺旋桨反转是靠改变主电动机(直流)电流方向来完成的,倒车功率大、操纵容易、反转迅速,使船舶机动性能提高;

　　(4)主电动机对外界负荷的变化适应性好,甚至可以短时间堵转。

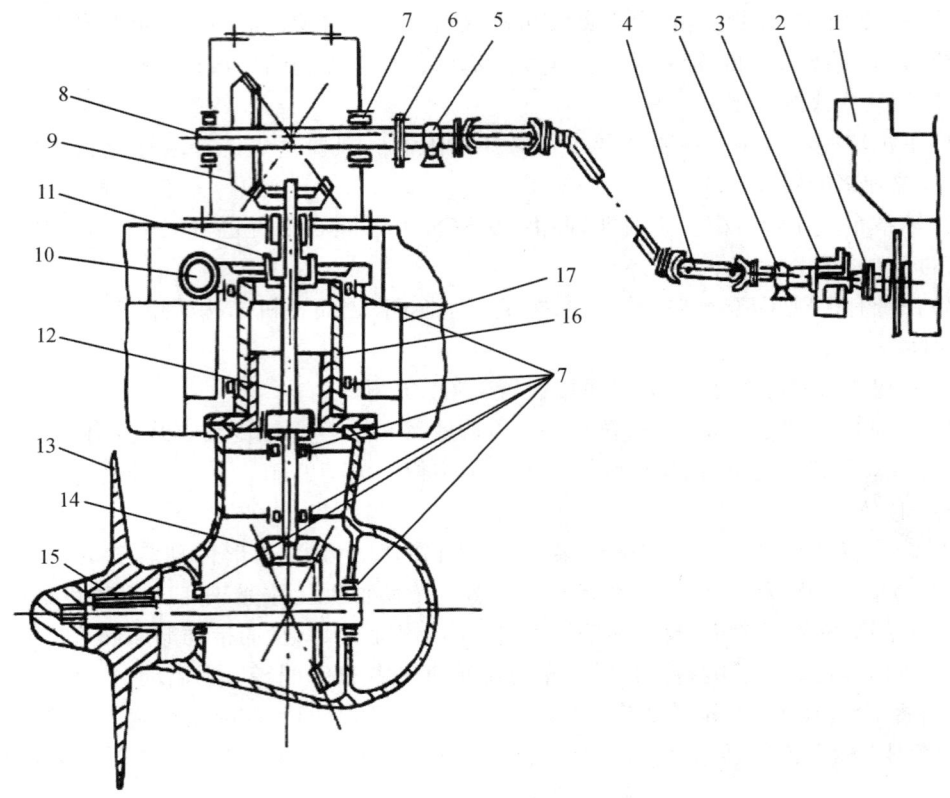

图 2-15　Z形传动装置的结构原理图

1—主机；2—联轴器；3—离合器；4—带有万向节的传动轴；5—滑动轴承；6—弹性联轴节；7—滚动轴承；8—上水平轴；9—上部螺旋锥齿轮；10—蜗轮蜗杆装置；11—齿式联轴器；12—垂直轴；13—螺旋桨；14—下部螺旋锥齿轮；15—下水平轴；16—旋转套筒；17—支架

电力传动的缺点是：

(1)需要经过机械能转换成电能、电能转换成机械能两次能量转换，相对于直接传动效率低；

(2)由于采用了主发电机及主电动机，动力装置总的重量和尺寸都增大，造价和维护费用提高。

电力传动主要用于破冰船、拖船、渡船等类型船舶。电动机直接受到周围海水的冷却，冷却效果好、尺寸紧凑、效率高、操纵方便、功率范围较大，近年来在超大型豪华旅游船和大型滚装客船上的应用逐渐增多。

二、轴系的组成与特点

（一）传动轴系的布置

如图 2-16 所示，传动轴系通常是由位于同一直线上的轴连接起来的，这种位于同一直线上的轴中心线称为轴线。商船轴线的数目一般不超过 3 根。远洋货船往往用 1 根，一些船速较快、经常进出港口的客船或集装箱船往往用 2 根。

（二）轴系的组成

轴系位于主机（或其他传动装置）的输出法兰和螺旋桨之间，如图 2-17 所示。它由传动轴（包括推力轴、中间轴和艉轴）、支撑传动轴的轴承（包括推力轴承、中间轴承和艉轴承）和轴系附件（包括密封、润滑及冷却等设备）组成。

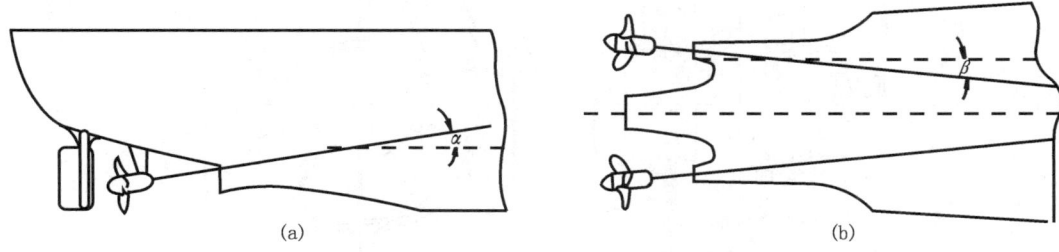

图 2-16　轴线布置图

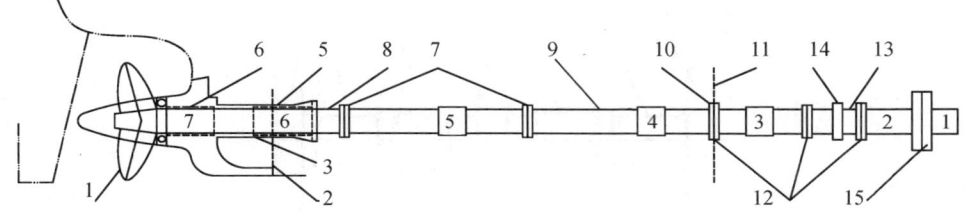

图 2-17　轴系的组成

1—螺旋桨；2—艉尖舱壁；3—艉轴管；4—艉轴管前密封；5—艉轴管首密封；6—艉轴管尾密封；7、12—连接法兰；8—螺旋桨轴；9—中间轴轴颈；10—隔舱壁填料函；11—隔舱壁；13—推力轴；14—推力环；15—飞轮或减速齿轮

（三）轴系的作用与工作条件

船舶轴系的作用是把动力装置的动力矩传递给螺旋桨，以克服螺旋桨在水中转动的阻力矩，同时又把螺旋桨产生的推力传给推力轴承，进而推动船舶航行。

从轴系的作用可知，轴系承受着很大的扭矩、推力和由此产生的扭应力和压应力。另外，轴系和螺旋桨的重量、货物装载以及其他附件的作用，使轴系产生弯曲应力。同时，安装误差、船体变形、轴系的扭转振动、横向振动、纵向振动，以及螺旋桨的不均匀水动力作用等还会在轴系中产生附加应力。上述诸力和力矩往往还是周期变化的，这更增加了它们的危害性。在工作中，轴系的轴颈和轴承会发生摩擦，当用海水作艉轴承润滑剂时，艉轴管和轴颈还会受到腐蚀。

由此可知，轴系的工作条件恶劣，往往会出现损伤，甚至断裂。鉴于轴系工作的特殊性，修理时必须进坞，这也造成船舶营运的经济损失，故对轴系有严格的要求。一般来说，对轴系的要求有：足够的强度和刚度、传动损失少、对船体的变形适应性好、工作中不发生轴的扭转和共振、具有良好的密封性、润滑和冷却性能良好、维护管理方便等。

（四）推力轴承与推力轴

推力轴承是船舶动力装置中不可缺少的重要组成部分，不仅承受螺旋桨产生的轴向推力，并将其传给船体,使船舶前后运动,还承担一部分径向负荷。对于直接传动的新型低速柴油机主机,推力轴承一般由主机自带,设在曲轴箱内。对于带有减速齿轮箱的推进装置,推力轴承往往设在其减速齿轮箱中。对于其他的船用主机,尤其是中速柴油机,因结构上的需要,推力轴承往往单独设置。推力轴承示意图和推力轴示意图分别如图 2-18 和图 2-19 所示。

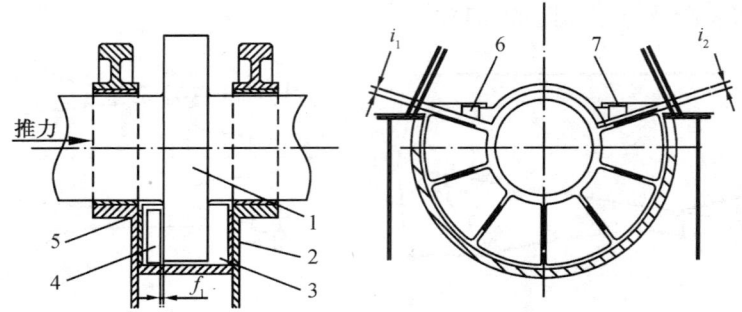

图 2-18　推力轴承示意图
1—推力环;2、5—调节圈;3、4—推力块;6、7—压板

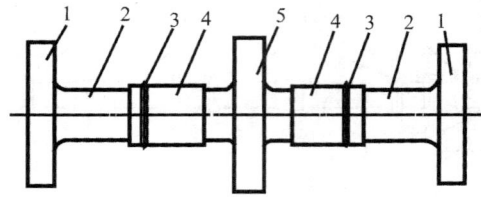

图 2-19　推力轴示意图
1—连接法兰;2—轴干;3—甩油盘;4—轴颈;5—推力环

　　如图 2-20 所示,中间轴用于连接推力轴和艉轴,并进行扭矩和推力(或拉力)的传递。中间轴的长度及轴段数量取决于主机布置位置与螺旋桨的距离。一般情况下,艉部机舱船舶的中间轴长度较中部机舱的短。

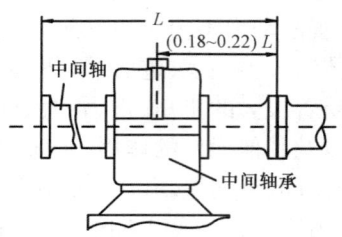

图 2-20　中间轴与中间轴承

　　中间轴承用来支承中间轴并在径向给予定位,每根中间轴多由 1 个中间轴承支承,少数有设 2 个的。中间轴承的位置、数量和间距对轴系工作的可靠性有很大影响。装载量的变化、航行中波浪的冲击,导致船体不可避免地发生不同程度的变形。船体变形时,会使轴承受到很大的附加负荷,造成发热和加剧磨损,有时甚至使轴在轴承中咬死,所以应尽量使中间轴承布置在船体刚性较强的部位。

　　中间轴承的间距和数量直接影响着轴承对轴线变形的牵制作用。轴承的间距越小,它对轴线变形的牵制作用越大,附加负荷也就越大。所以,轴承间距太小是不利的,特别是刚性结构比较弱的船舶,为提高其轴系对船体变形的适应性和增加轴系的柔性,轴承间距应该大一点。但是,轴承的间距也不能太大,因为过大的间距会给轴系的制造安装带来一定的困难。轴的挠度过大将造成轴承负荷不均匀,还易使轴系产生回转振动和横向振动。

（五）艉轴与艉轴管装置

1. 艉轴

艉轴是穿过艉轴管伸出船尾的轴。在单轴系船上,艉轴是轴系中最末的一段轴,其首端与最后一个中间轴由法兰相连,其尾端安装螺旋桨,这种艉轴也称为螺旋桨轴。艉轴的结构如图2-21所示,由法兰、轴干、轴颈,以及安装螺旋桨的锥部和螺柱等部分组成。

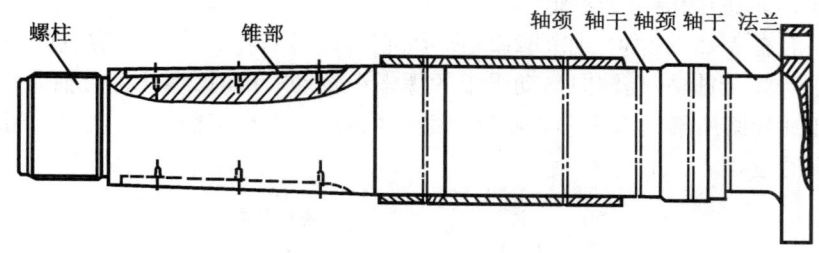

图 2-21 艉轴的结构

2. 艉轴管装置

艉轴管装置由艉轴管、艉轴承、密封装置、润滑和冷却系统组成。艉轴管将船舶的艉尖舱和艉轴分隔开,内部装设艉轴承以支承艉轴和螺旋桨,还装设艉轴密封装置,为艉轴运转提供了必要的条件。图2-22所示为整体式艉轴管的结构简图。整体式艉轴管由船内向船尾压入艉柱轴毂孔内,靠一定的装配过盈量固紧。整体式艉轴管的尾部车有外螺纹,用大螺帽固紧。

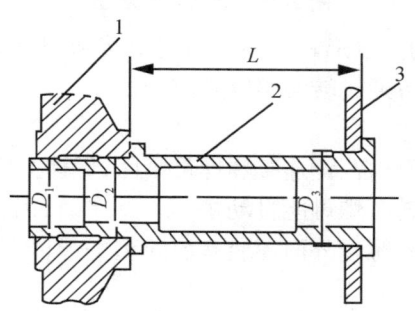

图 2-22 整体式艉轴管的结构简图
1—螺旋桨;2—艉轴管;3—隔舱壁

艉轴承是艉轴管装置中最重要的部分,分为水润滑的艉轴承和油润滑的艉轴承两大类型。水润滑的艉轴承材料有铁梨木、桦木层压板、橡胶等。油润滑的艉轴承有滑动轴承和滚动轴承。海船上应用最广泛的是铁梨木轴承和白合金轴承。

铁梨木轴承的优点是结构简单,工作可靠,管理方便,不污染海区;缺点是价格高昂。白合金轴承的优点是:抗压强度高,耐磨性好,散热快,摩擦损失少;缺点是结构复杂,管理工作多,若漏油则会污染海区,制造与修理要求都比较严格。

无论是铁梨木轴承还是白合金轴承,按规范的规定轴承数量一般为2个。但当艉轴管较短时,设后轴承者可不设前轴承,此时在艉轴的法兰端,一般要设一个中间轴承。铁梨木轴承的长度应不小于所要求的艉轴直径的 4 倍,白合金轴承不小于 2 倍。

值得注意的是,航行中不要排净艉尖舱内的淡水或者海水,以确保艉轴管的冷却。在寒冷季节航行时,艉尖舱内的水不要装满,停泊时应该将水排出,以防止舱内液体结冰损坏艉轴管。

三、定距桨与调距桨

螺旋桨是一种反作用式推进器,当主机驱动螺旋桨转动时,螺旋桨吸收主机发出的功率,克服螺旋桨转动的阻力矩,产生对水向后或向前的推力,并受到水的反作用力而产生对船舶向前或向后的推力,使船舶前进或后退。

螺旋桨一般有 3~5 片桨叶,如图 2-23 所示,它可以被看作具有多头螺纹的一段短而粗的螺杆,桨叶即螺纹。当螺杆在轴向运动受限的螺帽中转动一周时,螺杆将沿轴向移动一个螺距的长度。假如螺旋桨所推的海水静止不动,螺旋桨转动一周也将前进一个螺距的距离,并推动船舶产生相应的位移。

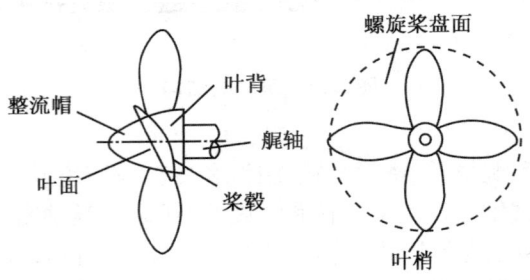

图 2-23　螺旋桨示意图

螺旋桨按照桨叶和桨毂的连接形式可以分为定距桨和调距桨,调距桨的桨叶螺旋面与桨毂可做相对转动,螺旋桨螺距可通过转动桨叶来改变。

1. 定距桨

螺旋桨与艉轴间采用锥面结合、键连接和螺母紧固,螺柱上螺母的旋紧方向与螺旋桨的正转方向相反,以便螺旋桨在正转时螺母能自动锁紧。倒车时,因使用的时间短,功率也比正车时小,所以采用了止动片防松。螺母外面还装有流线型的导流罩,且为水密,既可减少水力损失,又可防止螺纹锈蚀。

近年来,液压无键连接也越来越多地应用在螺旋桨和艉轴的连接上。在轴与桨毂锥面配合处施加油压,使桨毂产生弹性变形并被胀开的同时,液压螺帽中的油压推动螺旋桨向前移动至规定位置。油压泄放后,旋紧螺帽即可。同样,用液压也可拆卸螺旋桨。

当船舶在航行期间主机停止供油时,主机的转速会迅速下降。但是由于主机运动部件和轴系的摩擦力较小,螺旋桨的速度降至零所需时间较长,这一过程中船舶的惯性滑行距离可能是船长的 5~6 倍。这么长的滑行距离,对于船舶航行过程中的避碰是危险的。所以在紧急情况下,可在主机转速(n)降至 30%~40% 时,按倒车启动方式向主机注入压缩空气,对主机运动部件、轴系和螺旋桨进行强行制动,使它们较快停止转动。然后倒车启动主机,使螺旋桨倒转,尽快使船舶停止滑行,这一过程称为紧急制动。

在进行紧急制动时,船舶仍在前进。主机倒车方向旋转后,当转速为 $40\%n \sim 60\%n$ 时,扭矩已达标定值。若转速过高,主机和轴系可能发生严重超负荷。

船舶倒航时,船舶阻力比正航时大,且螺旋桨效率较低,为了保证倒航时主机不至超负荷,必须使倒车的最大转速不超过标定转速的 $70\% \sim 80\%$。具体转速应根据柴油机工作状况确定。

2. 调距桨

调距桨装置包括调距桨、传动轴、调距机构、液压系统、操纵系统五个基本组成部分,如图 2-24 所示。

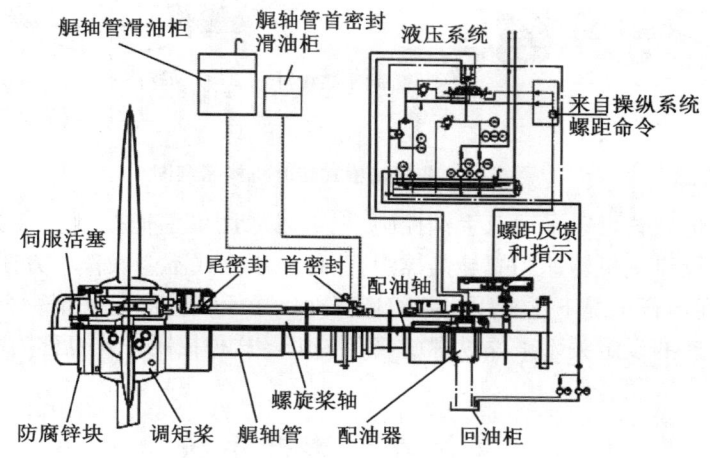

图 2-24　调距桨装置基本组成

调距桨的优缺点:

调距桨对船舶航行适应性好,在部分工况条件下动力装置的经济性能好。但是其缺点也比较突出:

(1)调距桨和轴系的构造复杂,制造工艺高,造价也较高。

(2)桨毂中的转叶机构零件较多,可靠性不如定距桨;并且这些部件难以维护保养,一旦损坏,船舶必须进坞,给营运带来损失。

(3)调距桨的毂径比 d/D 比定距桨大,在相同的设计工况下,调距桨比定距桨的效率低3%左右。

(4)调距桨桨叶根部由于受叶根法兰尺寸限制和布置固定螺栓的需要,叶根剖面宽度较小,为保证根部强度,叶根厚度相应增加,但容易使桨叶根部产生空泡。

3. 调距桨的操纵

调距桨转叶机构的作用是将往复运动转变为回转运动。老式调距桨转叶机构是一种曲柄连杆式机构。这种转叶机构的零件多,结构不紧凑,现在已改进为在十字头上开槽,并在槽中设滑块或在十字头上带销,并在曲柄上开槽。这两种方式都可将十字头的往复运动变为曲柄的回转运动。这种结构简单紧凑,传递扭矩能力大,应用广泛。图 2-25 所示为曲柄销槽式转叶机构示意图。

在调距桨装置中一般还设有应急锁紧桨叶装置,利用它可在应急情况下(例如液压系统失灵),将桨叶按在一定的正螺距值固定,使调距桨变为定距桨。

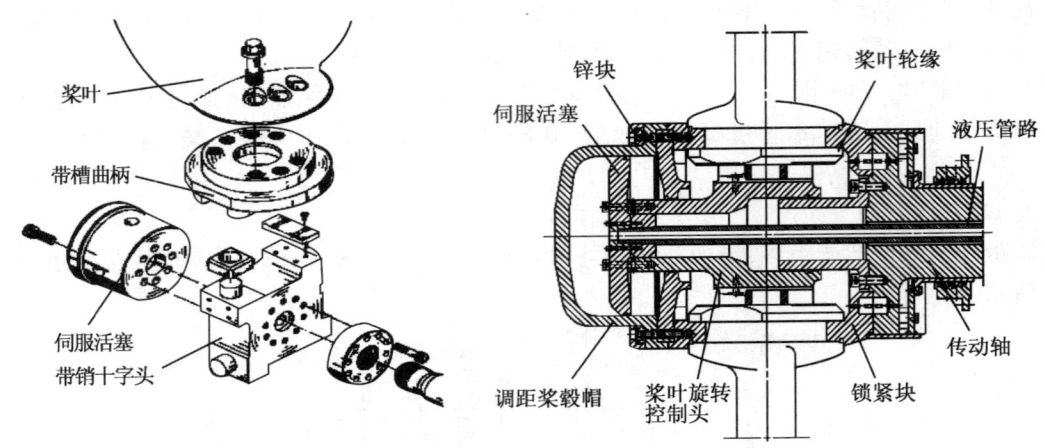

图 2-25　曲柄销槽式转叶机构示意图

调距桨的推进装置可以采用双手柄控制,也可以采用单手柄控制。双手柄控制是用两个操纵手柄分别地操纵主机转速和螺旋桨螺距,这种控制方式不但操作不方便,而且很难把工况调到最佳,甚至在运行工况下比采用定距桨还要差。单手柄控制是采用一个操纵手柄,按螺旋桨螺距与主机转速的设定关系来操纵螺旋桨和主机。这种控制方式也称为联合控制。

第七节　侧推系统

一、侧推器的作用和要求

侧推器是一种能产生船舶横向推力(侧推力)的特殊推进装置。它装在船首或船尾水线以下的横向导筒中,产生的推力大小和方向均可根据需要改变。

船舶在靠离码头、过运河、进出水闸、穿过狭窄航道和船舶拥挤的水域时,一是要慢速,二是要经常用舵改变航向。但船速越慢舵效越差,给船舶操纵带来困难,特别是受风面积大的集装箱船、滚装船、木材船等,在低速航行时,只靠舵效改变航向往往不能满足要求,不得不依靠拖船的帮助。

1. 侧推器的作用

(1)提高船舶的操纵性能,特别是船速为零或船速很慢时的操纵性能。

(2)缩短船舶靠离码头的时间,节省拖船费用。

(3)提高船舶机动航行时的安全性。

(4)可减少主机启动、换向次数,延长主机的使用寿命。

2. 对侧推器的要求

(1)装置结构简单,工作可靠,维护管理方便。

(2)应尽可能设在船的端部,以便在同样推力下获得更大的转船力矩。

(3)应有足够的浸水深度,以提高侧推器的工作效率。侧推器的螺旋桨轴线与水线的距离不得小于它的桨叶直径,以免空气进入螺旋桨,影响侧推器工作。

(4)对船体所造成的附加阻力要小,侧推装置本身的工作效率要高。

(5)能根据需要迅速改变推力大小和方向。

(6)在侧推器旁及驾驶台均能进行操作。

侧推器的类型很多,按布置位置不同有艏推、艉推、舷内式、舷外式;按产生推力的方法不同有螺旋桨推进式和喷水推进式;按原动机不同有电动式、电液式和柴油机驱动式;等等。

Z形传动推进装置实际上也可认为是一种舷外式艉侧推器。下面仅介绍一种螺旋桨推进式艉侧推器。

二、螺旋桨式艉推装置的应用

螺旋桨式艉推装置可采用定距桨也可采用调距桨。因为定距桨要求其原动机具有变速变向功能,而可变速变向的电动机控制系统复杂,操作也不方便,故应用较少。所以定距桨式侧推器多用液压马达带动。调距桨不需要驱动它的原动机换向,容易实现遥控,在匀速下靠桨叶角的变化就可改变推力大小。因此,由电动机驱动调距桨的侧推器型式应用得最为广泛。

图 2-26 所示为定距桨式艉侧推器的液压系统图。定距桨 1 通过联轴器与液压马达 2 相连,而液压马达的转向与转速由双向主泵(变量泵)7 来控制。主泵 7 的控制可通过辅泵 9 和

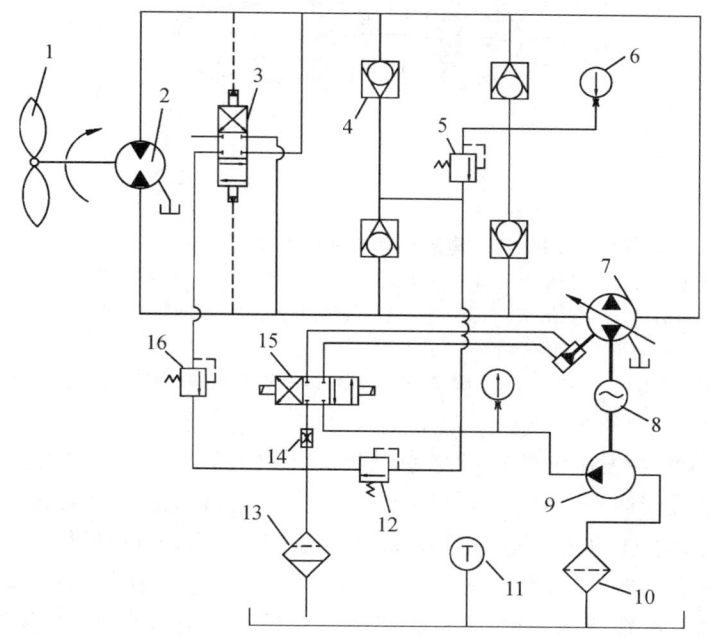

图 2-26　定距桨式艉侧推器的液压系统图

1—定距桨;2—液压马达;3—更油阀;4—补油单向阀;5—溢流阀;6—压力表;7—主泵(变量泵);8—电动机;9—定量泵(辅泵);10—吸入滤器;11—温度计;12—辅泵溢流阀;13—回油细滤器;14—可调节流阀;15—电磁三位四通阀(控制主泵的伺服变量机构);16—背压阀

电磁三位四通阀 15,借助主泵 7 中的变量伺服机构来实现。在系统工作时,由从液压马达 2 至主泵 7 的低压管路,一方面经更油阀 3、背压阀 16 和回油细滤器 13 将部分热油泄回油箱,另

一方面又从相应的补油单向阀 4 不断地以洁净的低温油液加以补充,以控制系统的油温。

图 2-27 所示为电动调距桨式艏推装置系统图。电动机通过传动轴 18、锥齿轮 17、螺旋桨轴 14 带动桨叶 9 运转。

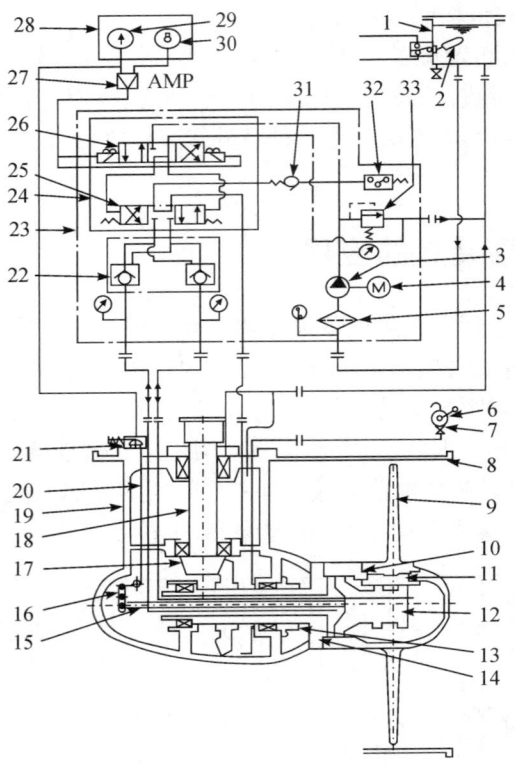

图 2-27　电动调距桨式艏推装置系统图

1—重力油柜;2—浮子开关;3—伺服油泵;4—伺服油泵马达;5—滤器;6—手摇泵;7—球阀;8—导筒;9—桨叶;10—动力油缸;11—曲柄;12—动力活塞(伺服活塞);13—密封装置;14—螺旋桨轴;15—活塞杆;16—反馈杆;17—锥齿轮;18—传动轴;19—齿轮箱;20—反馈链条;21—桨叶角发信器;22—锁闭阀;23—液压单元;24—控制阀单元;25—液控三位四通阀;26—电磁三位四通阀;27—放大器;28—操纵台;29—桨叶角指示器;30—操纵钮;31—止回阀;32—压力开关;33—安全阀

调距工况时,操纵台发出的调距指令通过放大器放大后,传给电磁三位四通阀 26。若此时指令信号使右电磁阀通电,三位四通阀工作在右位。重力油柜中的油通过滤器 5 由伺服油泵 3 加压后,经止回阀 31、液控三位四通阀 25 至锁闭阀 22,靠油的压力将锁闭阀中的两个止回阀同时打开。压力油经左止回阀、螺旋桨轴 14 中的油道进入动力活塞(伺服活塞)12 的左侧。伺服活塞右侧的油在活塞的推压下,经桨轴中的另一油道、锁闭阀的右单向阀(已由液力打开)回至齿轮箱 19,并由此回到重力油柜。伺服活塞在两侧压差作用下向右移动,同时通过曲柄滑块机构驱动桨叶回转。伺服活塞移动的同时,还通过活塞杆 15 驱动反馈杆 16、反馈链条 20,将转叶的动作传给桨叶角发信器 21,最后传至操纵台的桨叶角指示器 29。当达到要求的角度后,调距指令被取消,电磁阀失电,液控三位四通阀 25 回中位,锁闭阀关闭,这一调节过程结束。

稳距工况时,锁闭阀关闭后,伺服活塞两侧的油都被锁闭阀中的止回阀封闭在动力油缸

（伺服油缸）中,靠油液的不可压缩性将桨叶固定在所要求的位置上。这种稳距方式是静态稳距。工作中油压过高时由安全阀 33 泄压,过低时由压力开关 32 发出报警信号。重力油柜油位过低时由浮子开关 2 发出报警信号。系统中的油需要更换时由手摇泵 6 泵出。

三、调距桨式侧推装置的管理

1. 操作时的注意事项

（1）要有足够的发电机台数投入工作后方可使用侧推器。侧推器主电动机功率较大,使用前要确认电站的供电量是否能够满足要求。一般都设有发电机台数联锁装置,达不到规定工作台数(有的规定为 3 台)时侧推器启动不了。

（2）船速在 5 kn 以下方可使用侧推器。有的船舶在侧推器操纵台处就写明:当船速超过 5 kn 时,请勿使用侧推器。

（3）在转换操作位置前,要在确认主控制器和副控制器两者控制杆位置和负荷一致后才可切换。

（4）启动主电动机时要使螺距角置于"0"位。

（5）在最大推力工况下的连续使用时间不应超过规定的时间(一般为 0.5 h)。

2. 日常管理工作

（1）使用符合要求的液压油。所用液压油应能传递大的动力,能适应不同季节、不同海域的气温变化,有合适的黏度,有高的黏度指数,凝点要低(要在−30 ℃以下)。

（2）定期清洗滑油滤器。

（3）定期检查管系的泄漏。

（4）定期检查油位、油温、油压,注意观察各部分的振动情况和运转声音,发现异常及时处理。

（5）定期取样化验油质,及时更换不合格滑油。换新油时要将系统中的旧油彻底放净。

（6）侧推器间位置低、空气潮湿,应确保电气设备绝缘和进行供电加热除湿。

3. 坞内检查

（1）放掉桨毂内的滑油,观察是否有水进入油中。

（2）桨轴也设有密封装置,凡密封圈出现唇口有裂纹、严重磨损、老化等现象均应换新,注意检查密封性。

（3）检查桨叶、桨毂的固紧螺栓和螺栓防松装置。

（4）检查桨叶根部密封圈(一般使用 4 年应换新)。

（5）螺旋桨轴轴承、传动轴轴承都是滚动轴承,若发现它们锈蚀、剥蚀、护圈破裂、滚子严重磨损或转动不灵活、转动声音过大,应予以换新。

第三章　船舶辅助设备

第一节　船用泵简介

船上需要输送海水、淡水、污水、滑油和燃油等各种液体。泵就是用来输送液体的机械（有的也用来输送其他流体，如挖泥船的泥浆泵或抽送气体的真空泵等）。据统计，一艘柴油机货船，需要 36~50 台各种类型的泵，其数量占全船机械总数量的 20%~30%，其能耗占全船总能耗的 5%~15%，其造价为全船设备总费用的 4%~8%。

一、泵的分类

船用泵的数量很多，为了便于使用管理和维护保养，应对泵进行分类介绍。

（一）按用途分类

1. 主动力装置用泵

柴油机船的主动力装置用泵一般包括主海水泵、缸套冷却水泵、油头冷却水泵、滑油泵、燃油供给泵、燃油驳运泵、滑油驳运泵等。

2. 辅助装置用泵

辅助装置用泵主要包括柴油发电机组的海水泵和淡水泵、辅锅炉的给水泵和燃油泵、制冷装置的冷却水泵、海水淡化装置的海水泵和凝水泵、舵机或其他甲板机械的液压泵等。

3. 船舶安全及生活设施用泵

船舶安全及生活设施用泵主要包括压载泵、舱底泵、消防泵、日用淡水泵、日用海水泵、通用泵等。

4. 特殊船舶专用泵

某些特殊用途的船舶，还需设有为满足其特殊营运要求而专门设置的泵，例如油船的货油泵、挖泥船的泥浆泵等。

（二）按工作原理分类

1. 容积式泵

容积式泵是通过工作部件的运动使工作容积周期性增大和减小而吸排液体的泵,它靠工作部件的挤压使液体的压力能增加。根据运动部件的运动方式,容积式泵又可分为往复泵和回转泵两类。往复泵主要有活塞泵和柱塞泵。回转泵主要有齿轮泵、螺杆泵、叶片泵等。

2. 叶轮式泵

叶轮式泵靠叶轮带动液体高速回转而把机械能传递给所输送的液体。根据泵的叶轮和流道结构特点不同,叶轮式泵又可分为离心泵、轴流泵、混流泵和旋涡泵等。

3. 喷射式泵

喷射式泵靠工作流体产生的高速射流引射流体,然后通过动量交换而使被引射流体的能量增加。根据所用工作流体的不同,喷射式泵又可分为水喷射泵、蒸汽喷射泵和空气喷射泵等。

后两类非容积式泵(叶轮式泵和喷射式泵)亦称为动力式泵,是靠增加流体动能而使流体能量增加的泵。

船用泵除按用途和工作原理分类外,还可按泵轴方向分为立式泵和卧式泵;按吸口数目分为单吸泵和双吸泵;按原动机的种类分为电动泵、汽轮机泵、柴油机泵和机带泵;等等。

二、泵的性能参数

为了表明泵的性能,以便选用和比较,通常需要使用流量、扬程、转速、功率、效率和允许吸上真空度等参数,这些参数称为泵的性能参数。泵铭牌上标注的参数是额定工况(设计工况)下的数值。泵工作时性能参数不一定等于铭牌上的标注值,可参考说明书并根据泵装置的条件计算。

1. 流量

流量是指泵在单位时间内所输送的液体量,分为体积流量和质量流量。体积流量常用 Q 表示,单位是 m^3/s,常用单位还有 m^3/h(水泵)、L/min(油泵);质量流量常用 G 表示,单位是 kg/s,常用单位还有 t/h、kg/min。

质量流量和体积流量的关系为

$$G = \rho Q \quad kg/s$$

式中,ρ——液体的密度,kg/m^3。

2. 扬程

泵的扬程是指单位重力液体通过泵后所增加的机械能,常用 H 表示,单位是 m。

单位重力液体的机械能又称为能头,它包括压力能、位能和动能。因此,泵的扬程即为泵使液体所增加的总能头。泵铭牌上标注的扬程是额定扬程,即泵在设计工况时的扬程。

3. 转速

泵的转速是指泵轴每分钟的回转数,用 n 表示,单位是 r/min。大多数泵由原动机直接传动,其转速与电动机的转速相同。但电动往复泵需经减速机构传动,其转速比电动机的转速低。

4.功率和效率

泵的输出功率又称为有效功率，是指泵在单位时间内传给液体的能量，用 P_e 表示。泵的输入功率也称为轴功率，是指原动机传给泵轴的功率，用 P 表示。输出功率和输入功率之比称为泵的效率，用 η 表示。泵的配套功率是指所配原动机的额定输出功率，用 P_m 表示。原动机若是通过传动装置与泵连接的，还要考虑传动效率。另外，考虑到泵运转时可能超负荷等情况，泵的配套功率应大于额定轴功率。

泵的能量损失是由以下三种损失造成的：

（1）由于泄漏及吸入液体中含有气体等造成的流量损失；

（2）液体在泵内流动因摩擦、撞击、旋涡等水力损失造成的扬程损失；

（3）由运动部件的机械摩擦所造成的能量损失。

5.允许吸上真空度

泵工作时吸口处的真空度高到一定程度时，所输送液体就会因泵内最低压力降到其温度所对应的饱和蒸气压 p_v 而汽化，使泵不能正常工作。泵工作时所允许的最大吸入真空度即称为允许吸上真空度，用 H_s 表示，单位是 MPa。

泵的允许吸上真空度是泵吸入性能好坏的重要标志，也是管理中限制吸入真空度的依据。它主要与泵的类型和结构有关，因为不同的泵，液体进泵后压力进一步降低的程度不同，泵内压力降低小的泵允许吸上真空度就大。此外，大气压力 p_a 降低、液体温度升高（使饱和蒸气压 p_v 提高）或泵流量增大（使泵内压降增大），都会使允许吸上真空度减小。泵铭牌上标示的 H_s 是由制造厂在标准大气压（760 mmHg）下以常温（20 ℃）清水在额定工况下试验得出的。

第二节 齿轮泵

一、齿轮泵的结构和工作原理

齿轮泵是常见的回转式容积泵，其主要工作部件是互相啮合的齿轮。在船上，齿轮泵一般被用作滑油泵、驳油泵、液压系统辅泵等。

齿轮泵按其啮合的方式可分为外齿轮泵、内齿轮泵以及转子泵等；按齿轮的形式可分为直齿轮泵、斜齿轮泵以及人字齿轮泵等。

图 3-1 所示为外齿轮泵的工作原理图。主动齿轮 1、从动齿轮 2 的齿顶和两端面分别被泵体 3 和前、后端盖包围。由于相互啮合的齿轮轮齿 A、C 的分隔，吸口 4 和排口 5 彼此隔离。当齿轮按图示方向回转时，轮齿 C 逐渐退出啮合，其所占据的齿间的容积逐渐增大，则从吸口 4 吸入液体。随着齿轮的回转，一个个充满液体的齿间转过吸入腔，沿泵体 3 内壁转到排出腔，依次啮合。啮合时齿间容积减小，压力升高，液体经排口 5 排出。齿轮泵如果反转，其吸、排方向就相反。

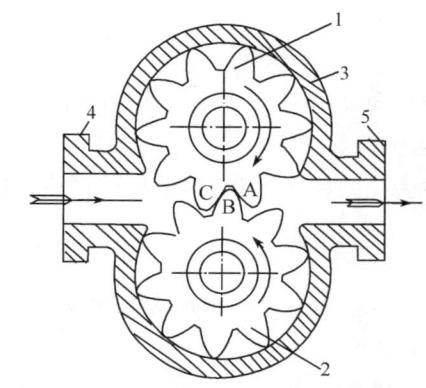

图 3-1　外齿轮泵的工作原理图

1—主动齿轮；2—从动齿轮；3—泵体；4—吸口；5—排口

二、齿轮泵的性能特点

（1）有自吸能力。

齿轮泵排气时密封性很差，故自吸能力不如往复泵。齿轮泵内部摩擦面多，启动前必须保证泵内有油，防止干转磨损并可改善密封性。

（2）理论流量与工作压力无关。

理论流量取决于工作部件的尺寸和转速。导致实际流量小于理论流量的因素包括：密封间隙、排出压力、吸入压力、油温和黏度等。密封间隙包括齿顶与泵体之间的径向间隙、齿轮之间的啮合间隙、齿轮与端盖之间的轴向间隙。其中，通过轴向间隙的泄漏量占总泄漏量的 70%～90%，对容积效率的影响最大。

齿轮泵的流量连续但有脉动。齿数越少，流量脉动率越大。中低压齿轮泵为提高流量的均匀性，其齿数多为 13～20；高压齿轮泵的齿数一般为 6～14。

（3）额定排出压力与流量无关。

额定排出压力主要取决于轴承的承载能力、密封性能、泵的强度及原动机的功率。齿轮泵按额定排出压力可分为：低压齿轮泵（<2.5 MPa）、中压齿轮泵（6.3～16 MPa）和高压齿轮泵（20～31.5 MPa）。为了防止齿轮泵的工作压力超过额定值，一般设安全阀。

（4）可由电动机直接传动，结构简单，易损件少。

（5）摩擦面较多，多用于运送油类。

三、齿轮泵的使用管理及维护

1. 注意转向正确

齿轮泵除专门设计成可逆转的情况外，一般不允许反转。其原因如下：

（1）吸口和排口的直径不同；

（2）采用非对称型式卸荷槽或单卸荷槽；

（3）设有单向作用的安全阀。

泵和电机应保持良好对中，联轴节不同轴度一般应不大于 0.05 mm。由于泵轴工作时有

弯曲变形,最好能使用挠性连接。

2. 不许干转

新泵或拆检后的泵启动前应向泵内灌油,严禁干转造成齿轮磨损。

3. 防止超出额定排出压力

齿轮泵超出额定排出压力会使原动机过载,轴承负荷过重,并使工作部件变形,磨损和泄漏增加,严重时甚至造成卡阻。

4. 防止吸入压力过低

当吸入真空度增加时,油中气体的析出量增加,容积效率会降低。若吸入真空度大于允许吸上真空度,会产生气穴现象。

不含轻馏分的油在工作温度范围内的饱和蒸气压很低,在正常吸入压力下不会汽化。但矿物油在常温和常压下溶有6%~12%的空气(水中仅2%)。当压力低于某数值时溶于油中的气体会大量逸出,该压力称为空气分离压。它随液体种类和空气的溶解量而异,温度高则空气分离压高。所以当吸入压力低至泵内最低压力并低于空气分离压时,油在低压区会析出许多气泡,使流量降低。当气泡随油来到高压区时,空气重新溶入油中,形成局部真空,四周的高压油就会以高速流过来填补,产生液压冲击,并伴随剧烈的噪声,这种情况称为气穴现象。

5. 防止吸入空气

吸入空气不但会使流量减少,而且会产生噪声,所以在泵工作过程中除保持吸入油面有足够高度外,还要防止吸入管漏气。如果泵工作时噪声很大,可在吸入管各接口处逐个浇油检查,如果噪声下降,则说明该处漏气。

6. 油液应保持合适的温度和黏度

油液的温度太高或油液的黏度太低,则泄漏增加,容易产生气穴现象。油液的黏度过高同样会使吸入困难,导致容积效率降低。

7. 保持适当的密封间隙

齿轮泵泄漏量与密封间隙的立方成正比,其主要的内泄漏是由轴向间隙造成的。使用中可改变端盖与泵体之间的垫片厚度来调整轴向间隙,间隙过大时可将泵体与端盖结合面磨去少许来进行调整。在日常维护中,通常采用压铅丝法来测量轴向间隙的大小。

8. 保持吸入滤器清洁

注意保持吸入滤器清洁。

第三节　离心泵

一、离心泵的工作原理

如图3-2所示,单级蜗壳式离心泵主要由泵壳3和叶轮1组成。螺线形的泵壳亦称蜗壳,包括涡室8和扩压管5两部分。叶轮通常由5~7个弧形叶片2和前、后圆形盖板构成,用键和固定螺帽7固定在泵轴6的一端。泵轴的另一端穿过填料函伸出泵壳,由原动机驱动右旋回转。固定螺帽7通常采用左旋螺纹,防止在启停过程中因惯性造成螺帽松动。

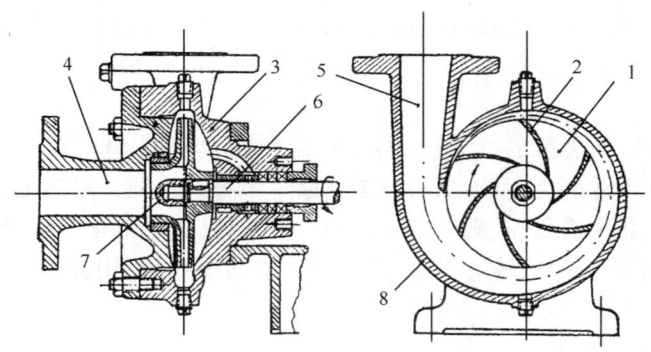

图 3-2　单级蜗壳式离心泵

1—叶轮;2—叶片;3—泵壳;4—吸入接管;5—扩压管;6—泵轴;7—固定螺帽;8—涡室

　　原动机带动离心泵高速旋转,预先充满在泵中的液体受叶片的推压,随叶轮一起高速回转,产生离心力,从叶轮中心向圆周甩出,在叶轮中心处形成低压,液体便在吸入液面压力的作用下,由吸入接管 4 吸入叶轮。从叶轮流出的液体,压力和速度都增大了许多,蜗壳将它们平稳汇聚并导向扩压管。在扩压管中液体流速降低,大部分动能变为压力能,然后进入排出管。叶轮不停地回转,液体的吸排便连续进行。

二、离心泵的特点

　　无论在陆上或船上,离心泵使用的数量和范围都远远超过了其他类型的泵。这是因为它有以下优点:(1)流量连续均匀且便于调节,工作平稳,适用流量范围大,一般在 $5 \sim 20\,000\ \mathrm{m^3/h}$;(2)转速高,可与高速原动机直联;(3)结构简单紧凑,尺寸和重量比同流量的往复泵小得多,造价也低许多;(4)对杂质不敏感,易损件少,管理和维护较方便。

　　但离心泵也有以下缺点:(1)泵本身没有自吸能力;(2)流量随工作扬程而变,一般流量随工作扬程增大而减小,故不适宜作液压泵;(3)所能产生的扬程由叶轮外径和转速决定,不适合小流量、高扬程,因为这种工况要求叶轮流道窄长,制造困难、效率太低。

　　另外,离心泵所能产生的最大排压有限,故不必设安全阀。目前,船用水泵和液货船的货油泵大多使用离心泵,也有个别新船将离心泵用作主机滑油泵。要求自吸的如压载泵、舱底泵、油船扫舱泵等,也可使用自吸式离心泵或加设抽气自吸装置的离心泵。

三、离心泵的使用管理及维护

(一)离心泵的使用维护要点

1. 运转前

检查电机接线,确认其正常,清除泵周围的异物。对新装、长时间停用或检修后初次使用的泵,需手动转动,以消除卡阻、过紧、松紧不均或不正常声响等异常现象,并确认轴承润滑剂正常。

2. 启动

小功率离心泵可直接启动进出口阀,大功率离心泵最好采用关闭排出阀的封闭启动,以减

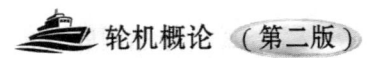

小启动电流和对电网的冲击。有几何吸高的离心泵要保证启动过程中自吸成功，避免干转造成轴封等部件过快损坏。

3. 运转中

确保电流和进出口压力等运行参数正常，在相应指示仪表上做好记号，以便比较分析。电机的冷却风机应运行正常，电机及轴承运行温度以手触微热为宜。油或水润滑的轴承润滑通路应正常，没有漏油、漏水或溅油、溅水现象。轴封应密封良好，设有填料函的水封管水流应畅通。电机、泵体和轴承等处的运转应平稳，用手摸没有明显振感，用探棒探听没有明显的异常声响。

4. 日常维护

根据离心泵运行时间，按照说明书或计划管理系统（PMS）的要求做好检修保养工作，发现损坏不能修复或影响正常运转的部件，如叶轮、泵轴、轴承、轴封、联轴节橡胶弹性垫及密封环等，要及时换新。

用润滑脂润滑的轴承，注意加油量应占轴承室容积的 1/2 左右，避免加油过多引起轴承过热，油脂溶化丧失。轴承内圈和轴采用过盈配合，用喷枪或焊枪加热轴承内圈，或在油里加热轴承，可轻松完成安装或拆卸，尽量避免因机械打击而造成损坏。对于装有两个止推轴承的立式泵，其轴承要"背靠背"安装，以分别承受向下和向上的轴向力，并实现良好的轴向定位。

船舶在污染严重、水中杂物较多的河道等水域航行时，应加强对冷却海水泵的巡视，勤洗海水总管及泵吸入滤器，避免泵轮淤塞。

根据船舶各离心泵的运行状况，对轴封、轴承等易损件要有必要的原厂备件储备。同时，换下来的旧件要分类存好，以备备件不足等紧急情况时拆分使用。

（二）离心泵常见故障分析

1. 启动后不能供液

离心泵不能供液可能是指泵不能吸入液体或不能排出液体，具体有以下几种情况：

（1）离心泵高于吸入液面而不能产生足够的真空度，无法吸入液体。

其原因可能有：自吸装置故障；吸入管或轴封漏气；吸入管露出液面。

（2）吸入真空度已大于允许吸上真空度，仍无法吸入液体。

其原因可能有：吸高过大；从真空容器吸入的泵流注高度太低或吸入液面真空度过大；吸入滤器堵塞使吸入管流阻过大；吸入阀未开等原因造成的吸入管堵塞不通；吸入液体温度过高，使允许吸上真空度过小。

（3）泵产生的封闭排压太低，无法排液。

泵已产生排压但不够高，小于管路静压，液体无法被排出，其原因可能有：叶轮松脱、淤塞或严重损坏；密封环间隙过大；转速太低或转向弄反。

（4）封闭排压正常，管路背压太高，无法排液。

其原因可能有：排出液面压力太大或排出阀未开（例如闸板阀与阀杆脱落），造成管路静压太大；另一台并联泵扬程过高。

2. 流量不足

泵的扬程特性曲线降低或管路特性曲线变陡或上移，都会使流量减小，其原因可能有：排出高度或排出液面压力增大使管路静压升高；排出管阻力变大；泵转速不够；密封环磨损使内部泄漏加大;叶轮破损或淤塞;吸入管或轴封漏气;液体温度高使泵发生汽蚀;转向弄反;等等。

3. 电机过载

电动离心泵过载时,过电流保护设备会因电流过大而自动断电停车,其原因可能有:电动机轴承或离心泵轴承损坏;泵轴弯曲使叶轮擦碰;叶轮中缠绕塑料袋等杂物;联轴节对中不良使轴承径向负荷加大;双吸叶轮装反,后弯叶片变成了前弯叶片,使泵负荷加大;电机缺相运转;等等。

4. 运转时振动过大和产生异常声响

离心泵振动和噪声异常可能是机械方面或液体方面的原因,具体如下:

(1)机械方面的原因

叶轮局部腐蚀、磨损或淤塞破坏动平衡;泵轴弯曲、电机或泵轴承损坏、叶轮与密封环擦碰;地脚螺栓松动、底座刚度不足而与泵发生共振;联轴节对中不良;管路连接松动。

(2)液体方面的原因

液体噪声通常是由泵的吸入性能恶化发生汽蚀现象引起的,可能原因有:吸入管较细,与设计不符;吸入管因生长海生物太多而变细;吸入滤器脏堵;吸入阀不能完全开启,有节流;管路阻力变小使泵流量变大偏离额定流量太多;被排液体温度较高;等等。

第四节　活塞式空气压缩机

空气压缩机(以下简称空压机)是产生压缩空气的机械。在以柴油机为主机的船舶上压缩空气的用途主要有以下几个方面:(1)主机启动与换向;(2)发电柴油机启动;(3)为气动辅机(如舷梯升降机、救生艇起落装置等)或其他需要气源的设备供气,如压力水柜、汽笛、离心泵自吸装置、自控系统等;(4)检修工作中用来吹洗零部件、滤器等;(5)为甲板敲锈用的气锤提供空气。

一般每艘船设有 $2\sim3$ 台排压为 3 MPa 的空压机向主空气瓶供气,而其他需要较低压力空气的场所由主空气瓶经减压阀供气。船舶还设有往复式应急空压机 1 台,可直接向辅空气瓶供气,以便启动"瘫船"。空压机按照工作原理分为容积式和动力式两种,其中容积式空压机通过直接对可变容积中的气体进行压缩,使该部分气体容积减小、压力升高。动力式空压机首先使气体流动速度提高,然后使气体流动速度有序降低,将动能转换成压力能。常见的动力式空压机有离心式、轴流式和旋涡式等。按照冷却形式,动力式空压机又可分为水冷和风冷两种。

一、空压机理论工作循环

活塞式空压机是利用活塞在气缸内往复运动,周期性地改变气缸的工作容积,以完成对空气的吸入、压缩和排出。图 3-3 所示为活塞式空压机的理论工作循环,理论工作循环假定:(1)气缸没有余隙容积,且密封良好,气阀启闭及时;(2)吸、排气过程中没有压力损失;(3)工作过程中气体与缸壁等无热交换;(4)被压缩气体是理想气体。

当活塞从上止点向下止点运动时,空压机处于吸气过程。气缸压力与吸入管中压力 p_s 相

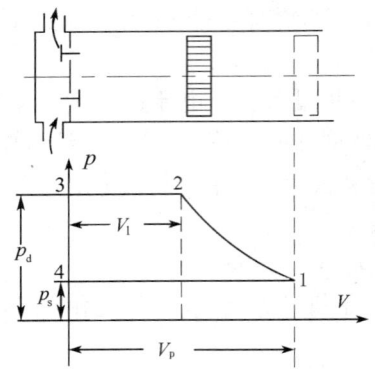

图 3-3　活塞式空压机的理论工作循环

等。吸气容积为气缸工作容积 V_p，在 p-V 图上，吸气过程由 4—1 表示。当活塞从下止点回行时，吸气阀关闭，气体在缸内被压缩。这时缸内气体体积被压缩至 V_1，在 p-V 图上，压缩过程由 1—2 表示。当气缸内气体压力升高到排出管中压强 p_d 时，排气阀打开，压缩过程结束，排气阀开启后缸内压力保持 p_d 不变，直到活塞行至上止点，全部气体被排出。在 p-V 图上，排出过程由 2—3 表示。

循环过程线 4—1—2—3 所包围的面积，代表每一循环耗功的大小。

二、多级压缩的意义、级数和级间压力的选定

船用空压机的排出压力较高，一般在 2.5～3.0 MPa。若采用单级压缩，普通空压机根本无法达到上述压力值，因此必须采用多级压缩才能完成。采用两级压缩后，每一级的压比将不大于 6。为提高空压机的经济性和输气量，通常都在级间采用中间冷却。图 3-4 所示为二级压缩式空压机的工作流程示意图。采用多级压缩中间冷却的优点是：

（1）减小压缩比和活塞上的作用力。

（2）增大输气系数。

（3）节省压缩功。级数越多，压缩过程线越接近等温过程线，耗功越少。

（4）降低排气温度，保证有效的润滑。

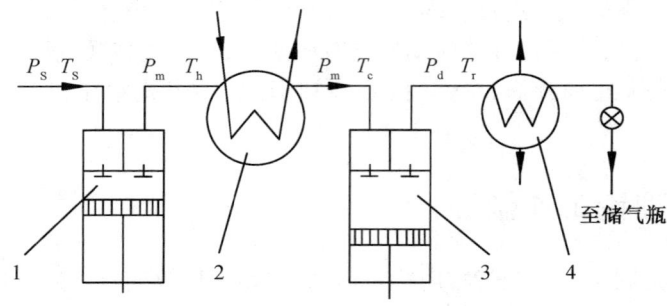

图 3-4　二级压缩式空压机的工作流程示意图

1—低压缸；2—级间冷却器；3—高压缸；4—后冷却器

三、活塞式空气压缩机的润滑和冷却

空压机的润滑方式有飞溅润滑和压力润滑两种,船用小型空压机多采用飞溅润滑,空压机在运转时连杆大端轴承盖上的击油勺击溅曲轴箱中的滑油,飞溅的油滴可润滑主轴承、连杆小端轴承和气缸下部工作面,同时一部分油沿油勺正面的小孔和连杆大端的导油孔去润滑连杆大端轴承。气缸上部靠低压级空气吸入管上的油杯每分钟滴入 4~6 滴油或通过连接管从曲轴箱中吸入部分油雾来润滑。曲轴箱门盖上装有测油位的油尺,并可由此加滑油。曲轴箱中的油位应适中:油位过低会造成润滑不良;油位过高会使飞溅量过大,不仅使功耗增加、滑油容易变质,而且过多的滑油进入气缸会影响空气品质,使气阀结焦、活塞环失灵。

冷却对空压机是十分重要的。冷却方式有水冷法和风冷法两种,船用空压机多采用水冷法,大多不自带水泵,所需冷却水来自机舱海水系统,有中央冷却系统的船舶可采用淡水循环冷却。空压机的冷却主要包括以下几个方面:(1)空气冷却、级间冷却、后冷却。(2)气缸冷却:缸壁温度比冷却水温高 15~20 ℃,通常气缸冷却水温以不低于 30 ℃ 为宜。(3)滑油冷却:螺旋管式滑油冷却器,一般要求油温保持在 50 ℃ 左右。

四、活塞式空气压缩机的维护与运行管理

（一）启动

1. 启动前的准备

对刚检修过或长时间未用的空压机,应盘车 1~2 转,检查相关部件是否运转正常。检查曲轴箱油位是否保持在油尺的规定刻度内,采用飞溅润滑时,以曲轴下止点油勺浸入油中 20~30 mm 为宜,油勺应离底 2~3 mm;对采用注油润滑的低压级气缸,油杯的油位应不低于 1/3,并保持注油量每分钟 4~6 滴。打开冷却水进出口阀,引入冷却水。打开从空压机到空气瓶的所有各阀,检查手动卸载是否置于卸载位置。检查空压机各泄放阀是否置于开启位置。

2. 启动

准备工作就绪后,先点动 1~2 次,若无异常则转入正常运行,启动过程中应注意观察电流变化情况,是否有异常声响等。等电流正常后,对自动卸载空压机应观察是否已自动上载,对手动卸载空压机应手动停止卸载,并由低至高关闭各级泄放阀。检查是否有漏气、漏水等情况,检查排气温度、压力及缸头温度是否正常。

（二）运行中的检查要点

1. 检查冷却情况

注意检查冷却水进出口温度,一般进出口温升在 10~15 ℃,冷却水进出口压力应保持在 0.07~0.3 MPa,流速在 1~2 m/s。当发现空压机在工作中已经断水时,必须立即停车,待其自然冷却后再检查是否造成损坏,若在气缸很热时立刻通入冷却水则会引起"炸缸"。

2. 检查润滑情况

吸气温度不超过 45 ℃ 时,水冷式空压机滑油温度应不超过 70 ℃,风冷式不超过 80 ℃。对压力式润滑,滑油压力应不低于 0.1 MPa,同时还应经常检查曲轴箱等油位。

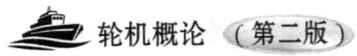

3. 检查排气压力和温度

注意观察空压机的各级排气压力变化情况，是否随空气瓶压力的升高而同步上升，进空气瓶的空气温度，水冷时应不超过进水温度加30 ℃，风冷时应不超过环境温度加40 ℃。

4. 定时泄水

对工作中的空压机每隔2 h泄水一次，泄水时应观察泄水中是否带有过多滑油。

（三）停车

对非自动控制空压机，应先手动卸载，再由高至低开启各级泄放阀，防止因缸内存气而在拆检时发生意外。

（四）空压机油的管理

空压机着火爆炸的原因是油在高温下分解形成的积炭沉淀物发生自燃。油渗入积炭和铁锈中就会滞留在排气通道中。若排气温度升高到一定值，吸收了油的积炭沉淀物氧化加剧，而氧化是放热反应，促使积炭沉淀物的局部温度进一步升高，就可能发生自燃。自燃并不一定要空气温度达到油的闪点，有时可能在180~200 ℃或更低时发生。自燃加剧了油的蒸发，空气中油的浓度达到一定值就可能爆炸。防止着火与爆炸的措施是：

(1)选用抗氧化性好、黏度和闪点适当的滑油。

(2)防止排气温度过高，必须保证空压机工作温度低于滑油闪点20 ℃。

(3)完全避免油的氧化和分解是不可能的，因此，应及时清除气道中的积油、积炭。积炭厚度不大于3 mm被认为是安全的。

(4)消除其他触发自燃的因素。例如：空压机应接地，避免静电积聚引起电火花；不允许运动部件异常摩擦和咬死；不允许容器和管道零部件松动而产生撞击；不应采用可燃性密封材料；不允许气阀严重漏气；不允许活塞环严重漏气导致曲轴箱高温，否则若箱内运动部件局部过热，可能引起曲轴箱爆炸。

(5)防止空气中油分达到爆炸浓度。为此，空压机空转的时间不可过长，否则油气集聚浓度增长较快。

五、活塞式空气压缩机的常见故障分析与处理

1. 排气温度过高
(1)气阀泄漏：检修或更换气阀；
(2)冷却不良：改善冷却条件；
(3)吸气温度过高：检查原因并排除故障。

2. 排气量下降
(1)转速下降：调节转速；
(2)泄漏：检查原因并排除故障；
(3)余隙容积过大：调整余隙容积；
(4)冷却不良：加强冷却；
(5)吸气滤器脏堵：清洗滤器。

3.异常敲击声
(1)轴承间隙过大:调整间隙;
(2)紧固件松动:重新上紧;
(3)气缸余隙过小:调整余隙;
(4)液击:检查液击原因;
(5)曲柄与气缸对中不良:重新校正;
(6)异物进入气缸:检查并取出异物。
4.级间压力过低
(1)级间冷却器泄漏:查漏并修复;
(2)前级排气量减少:检查原因并排除故障。
5.级间压力过高
(1)级间冷却不良:加强冷却;
(2)后级排气量减少:检查原因并排除故障;
(3)活塞环密封不良:换活塞环。

第五节 船舶海水淡化装置

一、概述

船舶每天都需要消耗相当量的淡水,以满足船员、旅客和动力装置的需要。一般淡水的含盐量低于 1 000 mg/L。远洋船舶为增加载货吨位,不宜携带过多淡水,一般船上都设有海水淡化装置(俗称造水机)以降低从港口购买淡水的费用,并增强船舶的续航能力。

海水是一种含有 80 多种盐类的水溶液,其中含量超过 1 mg/L 的有 11 种。海水含盐量与所在海区的地质、降雨量、入海河流流量和海水蒸发量等有关。不同海域的海水含盐量虽然不同,但各种主要盐类所占比例基本不变。海水中部分盐类的含量如表 3-1 所示,其中含量最多的是 NaCl 和 $MgCl_2$。

表 3-1 海水中部分盐类的含量

盐类	NaCl	$MgCl_2$	$MgSO_4$	$CaSO_4$	K_2CO_3	$CaCO_3$	$MgBr_2$	总计
含量(g/L)	27.2	3.8	1.7	1.2	0.9	0.1	0.1	35
所占比例	77.7%	10.9%	4.8%	3.4%	2.6%	0.3%	0.3%	100%

船上淡水主要用于柴油机和其他辅机的冷却、锅炉水的补给、生活洗涤、甲板冲洗和饮用。机器冷却淡水只要是清洁淡水即可。洗涤用水一般要求氯离子浓度小于 200 mg/L、硬度小于 7 mgN/L。饮用水要求不含有害健康的杂质、病菌和异味,含盐量为 500~1 000 mg/L,氯离子浓度为 250~500 mg/L,pH 值为 6.5~8.5。造水机生产的淡水所含矿物质太少,也不能杀灭病菌,所以实际上船上的饮用水一般在港口补充供应,其他用途的淡水由海水淡化得到。船舶对

淡水水质要求最高的是锅炉补给水,因此,一般船用海水淡化装置对所造淡水含盐量都要求以锅炉补给水的标准为依据。我国船用锅炉给水水质标准规定补给蒸馏水的含盐量应小于10 mg/L(NaCl)。

船舶对淡水的需求量是:生活用水每人150~250 L/d;动力装置用水以主机功率计,柴油机船每千瓦需0.2~0.3 L/d;辅锅炉的补水量按照蒸发量的1%~5%计。中高压锅炉的补水量按蒸发量的1%~3%计;一般主机功率为7 500 kW左右的柴油机货船,造水机的容量大多为20~25 m³/d。对于船舶机舱设备采用中央淡水冷却系统、船舶厕所采用淡水冲洗的货船,淡水消耗可能比较大,要求造水机的容量大一些。

二、海水淡化方法与原理

海水淡化的目的就是大幅度降低海水的含盐量。目前,海水淡化的主要方法有蒸馏法、电渗析法、反渗透法和冷冻法。

船用海水淡化主要采用蒸馏法,这一方法利用了盐分几乎不溶于低压蒸汽这一原理,先让海水蒸发,再将所产生的蒸汽冷凝,进而将盐分分离出去,得到几乎不含盐分的蒸馏水。蒸馏法又可分为真空沸腾式和真空闪发式两种:前者海水加热和蒸发都是在蒸发器内进行的;后者海水加热和蒸发在不同的地方进行,即海水在加热器内被加热,再经喷雾器喷洒到蒸发器内部,使海水迅速汽化,产生蒸汽。真空闪发式海水淡化装置在船上已很少应用,本节只介绍真空沸腾式海水淡化装置。

现代船用真空沸腾式海水淡化装置中,海水的蒸发和水蒸气的冷凝都是在高真空度下进行的。真空度高,则水的沸点比较低,便于利用船舶柴油机缸套冷却水的余热。例如,当真空度为90%时,对应的海水蒸发温度为45 ℃,因此可以将温度为80 ℃左右的柴油机缸套冷却水作为海水淡化的加热工质,从而提高了船舶动力装置的经济性。另外,采用比较低的加热温度和蒸发温度可以使蒸发器换热面上的结垢减少并便于清除。图3-5所示为船上广泛使用的壳管式换热器真空沸腾式海水淡化装置。

真空沸腾式海水淡化装置的主要部分是蒸馏器,它主要由两个换热器即蒸发器和冷凝器组成。蒸馏器1下部为竖管式蒸发器,上部为横管式冷凝器。造水机海水泵2所排海水中的一小部分,经给水调节阀3进入蒸发器竖管内,自下而上流过。加热介质(主机缸套冷却水)从竖管外横向往复多次流过,对海水加热。被加热的海水达到沸点后开始汽化,产生的蒸汽(称为二次蒸汽,以区别于某些造水机用来加热的蒸汽)逸出后,绕过横置在蒸发器上方的汽水分离器,从冷凝器壳体上部的开口进入冷凝器。冷却海水在冷凝器管内流过,将管外的蒸汽冷凝成为淡水,集聚在冷凝器底部,由凝水泵4抽送至淡水柜。在蒸发器内,海水汽化后剩下的盐水由排盐泵5不断排出舷外。当工况稳定时,给水量等于产水量与排盐量之和,蒸发器内的水位保持不变。

现在采用的板式换热器真空沸腾式海水淡化装置由于传热系数高、结构更紧凑、清洁方便,已经逐渐取代了壳管式换热器真空沸腾式海水淡化装置。

三、影响淡化水产量的因素

采用蒸馏法所得的淡化水产量,主要取决于蒸发器蒸发量,因而与蒸发器的传热量,即与

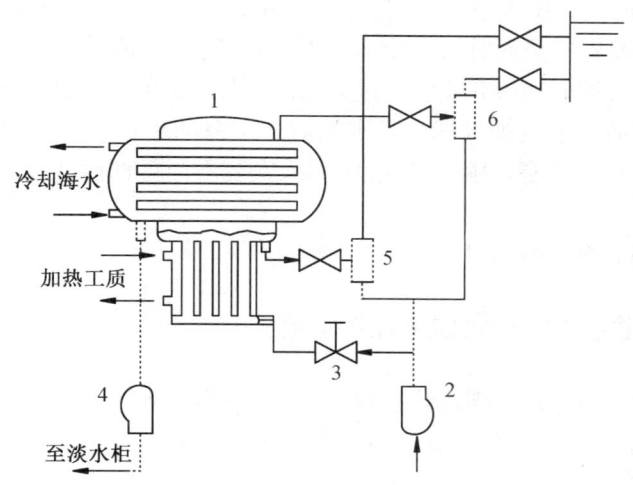

图 3-5　壳管式换热器真空沸腾式海水淡化装置
1—蒸馏器；2—造水机海水泵；3—给水调节阀；4—凝水泵；5—排盐泵；6—真空泵

其传热系数、换热面积、加热水的平均温度、海水的沸点和海水的进水温度等因素有关。在使用中，淡化水产量不足的原因有：

（1）蒸发器换热面脏污结垢，使其传热系数减小。

（2）加热水侧发生气塞，影响加热水流动而妨碍换热。

（3）真空度不足，导致海水的沸点升高。

（4）进蒸发器的海水量不足（例如板式蒸发器的部分海水进孔堵塞），壳管式蒸发器内最适当的水位是正好达到上管板的位置。

（5）加热水流量不足或温度太低，致使加热水平均温度降低。

（6）海水给水量过大或给水温度低，使更多的热量消耗于预热阶段或被盐水带走。

（7）回流电磁阀关闭不严，部分所产淡水漏回舱底。

在日常运行管理中，对海水淡化装置能否生产出淡水及产水量多少影响最大的因素：一是能否建立和保持合适的真空度；二是蒸发器加热面是否结垢、脏污。产水量突然减少或中断的原因往往是前者，淡化产水量逐渐减少则大多是因为后者。

四、影响蒸馏器真空度的因素

船用真空沸腾式海水淡化装置真空度大都要求为 90%～94%，对应的蒸发温度为 25～45 ℃。也有的真空沸腾式海水淡化装置真空度为 80%～90%，对应的蒸发温度为 45～60 ℃。工作中若真空度比设计值低，则蒸发温度相应升高。若蒸发器的传热温差减小，产水量就会降低。真空度过高，则蒸发温度降低，会导致蒸发器海水沸腾过于剧烈，使二次蒸汽携带水珠量增加，从而使所产淡水的含盐量增加。

真空蒸馏式海水淡化装置刚启用时，真空度的建立是靠真空泵抽除装置内的空气来实现的。当通入加热介质并产生蒸汽后，冷凝器使产生的二次蒸汽及时冷凝，并由凝水泵将凝水不断抽出。这时真空泵应继续工作，将海水中逸出的不凝性气体和装置密封处漏入的空气抽走，维持适当的真空度。使蒸馏式海水淡化装置内保持足够真空度的条件是：

（1）有足以与蒸发量相适应的冷凝能力。如果冷凝器换热能力下降,例如冷却水温度升高或水流量不足、冷凝器换热面脏污或冷却水侧气塞、凝水水位过高,就会使装置的真空度降低。如果蒸发量过大,例如加热介质流量过大、温度过高,同样也会使装置的真空度降低。

（2）真空泵应具备足够的抽气能力。水喷射真空泵的工作水压力不足或水温过高、排出背压过高（排出管路或阀堵塞）、喷嘴磨损、堵塞或安装不当等都能使真空泵的抽气能力降低,导致真空度不足。

（3）装置应具备良好的气密性。

五、影响蒸发器加热面结垢的因素

蒸发器加热面结垢量增加,则传热系数减小,传热能力下降,装置的产水量就会减少。蒸馏装置加热面水垢生成的速度和成分取决于下面几个因素:

1. 海水的沸点

当装置的真空度降低时,海水的沸点升高,难溶盐的溶解度降低,水垢的生成速度加快。

2. 盐水的含盐量

在同样的工作压力和传热温差下,盐水的含盐量越大,难溶盐的含量就越高,生成的水垢就越多。

盐水浓度大还表明:给水倍率小,盐水流经加热器的时间延长,盐更容易在加热器表面形成水垢;给水倍率大,盐水的浓缩率就小。增大给水倍率虽然可以减少盐水的含盐量,减轻结垢程度,但同时也会因排盐泵和海水泵流量增加,使装置的热损耗和电损耗增加,导致产水量减少。船用真空沸腾式海水淡化装置适宜的给水倍率为3~4。

3. 传热温差

当加热介质的温度升高、加热温差增大时,加热面附近的海水汽化浓缩加剧,结垢量增加。因此以蒸汽为加热介质时,通常是先用蒸汽加热淡水,然后用热淡水作为海水淡化装置的加热介质。

船用真空沸腾式海水淡化装置中由于蒸发温度不高,加热温差不大,只要保持适宜的给水倍率,加热面的结垢就比较少。为了能更有效地防止水垢生成,便于清除水垢,往往在造水机工作时投入化学防垢剂和除垢剂。

六、影响所产淡水含盐量的因素

从管理角度来看,所产淡水含盐量过高的主要因素有:
（1）蒸发量过大,沸腾过于剧烈,可能是加热介质的流量过大、温度过高或真空度过高。
（2）竖管式蒸发器的盐水水位太高,造成汽水分离高度不足。
（3）盐水含盐量太大,以致细小水珠的携盐量增加。
（4）冷凝器泄漏致使冷却海水进入淡水侧。

七、船用海水淡化装置管理

一般情况下,离岸20 n mile以外的水域,海水受人类活动污染的可能性小,这时才启用造水机。

1. 给水倍率的控制

给水倍率一般控制在 3~4。给水倍率太低,则盐水浓度高,易结垢;给水倍率太高,则热量损失大,产水量低。一般保证给水压强在 0.3~0.4 MPa,即可保持适当的给水倍率。另外,保证排盐泵的工作正常也是保持适当的给水倍率的必要条件。

2. 凝水水位的控制

凝水水位取决于冷凝器的冷凝能力与凝水泵的流量。凝水水位一般保持在冷凝器观察镜的 1/3~1/2 高度。冷凝器的冷凝能力可以通过调节冷却海水流量进行调节,凝水泵的流量由其排出管路上的压力调节阀控制,凝水泵的正常背压应保持在 0.12~0.16 MPa。

3. 真空度的控制

船用真空沸腾式海水淡化装置的真空度一般控制在 90%~94%,对应的蒸发温度在 35~45 ℃,但目前也有的装置真空度在 80%~90%,对应的蒸发温度在 45~60 ℃。可根据说明书的要求控制真空度。装置的真空度是通过调节冷凝器的冷却水流量来控制的。一般冷却海水流量控制在使冷却海水温度升高 5~6 ℃。真空度的大小取决于冷凝器的冷凝能力、蒸发器的产汽量的大小及真空泵工作状态的好坏。

4. 产水量的控制

海水淡化装置的产水量主要靠调节进入海水淡化装置的加热淡水的流量来控制,关小旁通阀,加大加热淡水的流量,产水量增加,反之则减少。通常,加热淡水流经蒸发器后温度降低 6~9 ℃。

当海水温度比较高时,冷凝器的传热温差减小,冷凝能力下降,工作水温升高还会降低真空泵的抽气能力,使装置的真空度下降,此时可以通过加大冷却水流量来保持足够的真空度。当海水温度较低时,为使真空度不至于太高,可以减小冷却水流量或者稍开真空破坏阀,避免盐水沸腾过于剧烈,造成淡水含盐量增加。

八、装置的保养

1. 真空沸腾式海水淡化装置的保养

其工作主要有:

(1)为保证装置维持足够高的真空度,应适时清洗冷凝器换热板,避免冷凝器的换热能力下降,同时注意检查和保持装置的气密性。

(2)当装置工作条件正常,只因使用过久而使淡化水产量减少时,应及时对蒸发器进行除垢。有的装置对给水进行连续投药处理,不仅可以预防结垢,还能提高淡水质量。

(3)当所产淡水含盐量过高而又非操作方面的原因时,应检查和消除冷凝器泄漏。

(4)应定期维护装置所用水泵和盐度检测报警设备的工作状况,应对盐度传感器定期清洗除垢。

(5)定期对蒸馏器中的防腐锌板进行检查,耗蚀过半应予以换新。为了减少加热表面结垢,同时延长装置内部化学清洗周期,一般造水机正常工作时,应向造水机内部进行投药处理。

2. 换热器(蒸发器和冷凝器)的保养

对换热器的保养工作主要是清洁。在装置工作一段时间后,真空度和淡化水产量均有一定的下降,说明换热器的换热板结垢较多,已经影响了装置的正常工作,需要清洁。

板式换热器的清洁工作比较简单。打开前盖,分别把蒸发器和冷凝器的换热板拆下,放入足够大的容器内,用专用的化学药剂与淡水按一定的比例混合成的溶液浸泡,然后用清水冲洗干净即可。

造水机造出的淡水为蒸馏水,不含任何杂质,如果发现淡水浑浊,应立即彻底清洗淡水舱和日用水柜。

造水机在特殊情况下可以通过蒸汽加热进行造水。但是,在抛锚期间用锅炉产生的蒸汽会消耗大量的燃油,其成本非常高。另外,锚地的水较脏,所以尽量不要使用造水机。

第六节　船舶制冷与空调

一、船舶制冷的概念和工作原理

所谓制冷,就是人为从制冷对象中移走热量,以使其温度降低到环境温度以下。船舶制冷装置主要指伙食冷藏装置。远洋船舶在两个港口之间需要航行几天甚至几十天,为保证船员的正常生活,船上就必须储藏足够的食物,像鱼、肉、蔬菜和水果等。但一般食物的储藏时间很短,这就需要把这些食物分别储藏在不同温度的库内,鱼、肉应储藏在-20 ℃的库内,蔬菜和水果应储藏在5 ℃的库内。根据不同伙食的储藏区域设置制冷装置,并使其温度保持在适当的范围内。

制冷的方法有多种,蒸汽压缩式制冷是现今应用最广泛的机械制冷方法,也是船舶所用的主要制冷方法,该制冷装置的工作原理如图3-6所示。它选择在常压时沸点很低的液体作制冷剂,经膨胀阀节流进入蒸发器的盘管中,在较低的蒸发压力(相应的蒸发温度也低)下吸热汽化,吸收冷库中食物发出的热量,从而实现制冷。为了在蒸发器中维持低压,需用压缩机将制冷剂蒸气不断抽出,压送到冷凝器中去。冷凝器中的冷凝压力及相应的冷凝温度较高,这样就可用海水使制冷剂气体冷却、冷凝并重新液化,然后经膨胀阀节流送入蒸发器汽化吸热,从而连续不断地制冷。

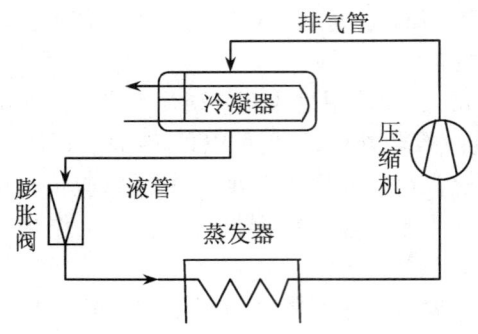

图3-6　蒸汽压缩式制冷装置的工作原理图

二、伙食冷库的制冷装置

（一）制冷装置的组成部件

1. 压缩机

压缩机是制冷装置中的关键部件，它的功用是：抽吸蒸发器内的制冷剂蒸气并将其压送到冷凝器中。

2. 油分离器

油分离器装在压缩机排出端，用来分离排气带出的滑油，使之返回压缩机曲轴箱（或吸气管），既能避免压缩机失油过快，又能避免滑油随制冷剂进入蒸发器过多，使制冷量减少。

3. 冷凝器

冷凝器的功用是将压缩机排出的气态制冷剂液化成液态，供系统循环使用。

4. 储液器

储液器是装在冷凝器后面用来储存液态制冷剂的容器。其作用是：（1）储备一定量的制冷剂，当制冷装置的热负荷减少，蒸发压力降低，蒸发器等低压管路中制冷剂量减少时，可防止冷凝器中液位太高而妨碍气体冷凝，以致排气压力过高。而当热负荷增加，蒸发压力升高，低压管路中制冷剂量增加时，或者系统泄漏时，可以防止膨胀阀供液不足。（2）装置检修或者长期停用时，将系统中制冷剂收存在其中，减少漏失。

5. 蒸发器

蒸发器的功用是让制冷剂在其中汽化，从被制冷的对象中吸热。蒸发器分为直接冷却式和间接冷却式两种，船舶氟利昂制冷装置大多数采用直接冷却式。

（二）对制冷剂的要求

制冷剂是制冷装置中用来完成热力循环的工质，应根据所用制冷机的型式和要求的制冷温度选用合适的制冷剂。压缩式制冷装置所用制冷剂的热力性质和热物理性质应满足以下要求：

（1）用环境温度下的水或者空气冷却时，冷凝压力不太高，对设备和管路耐压要求不高；

（2）在标准大气压下的标准沸点比蒸发温度低，从而蒸发压力高于大气压，空气不易漏入系统；

（3）压缩机的排气压力与吸气压力的比值不太大，从而输气系数不致过低；

（4）汽化潜热大，气体比容小，因而单位容积制冷量大，在制冷量确定时制冷剂的容积流量小，可使容积式压缩机和管路的尺寸减小；

（5）压缩终点温度不宜过高，以免降低滑油的性能和缩短滑油的使用寿命；

（6）热导率大，可以减小换热器尺寸；

（7）黏度较低，管路流动的阻力损失小。

此外，还要求制冷剂的化学稳定性和安全性好，毒性低，与所用材料相容，而且对大气臭氧层的损耗作用和温室效应都比较轻微。

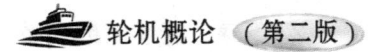

（三）常用制冷剂的性质

R12（二氟二氯甲烷，CCl_2F_2）的标准沸点为−29.8 ℃，是曾经广泛使用的制冷剂，因其属于 CFCs，1996 年起已被禁用。

R717（氨，NH_3）价格低廉，标准沸点为−33.4 ℃。其黏度比氟利昂低不少，热导率也大许多，与大多数材料（除铜及磷青铜以外的铜合金）相容。其主要缺点是有强烈的刺激性气味。氨作为制冷剂，目前主要用于陆地冷库和某些水产品加工船。

R22（二氟一氯甲烷，$CHClF_2$）的标准沸点为−40.8 ℃，排气压力适中，适合船舶冷库和空调制冷装置的要求，是目前船上使用最广泛的制冷剂，它属于 HCFCs。它的特点有无毒、不燃、不爆、微溶于水、条件性溶油、电绝缘性较差、渗漏性很强、对装置的气密性要求高。

三、船舶制冷装置的管理

（一）制冷装置的验收

新装或大修后的制冷装置应该进行气密试验，然后抽空系统。同时为了检查冷库的保温性能，应对其做隔热实验。

（二）制冷装置的日常操作

1. 充加制冷剂

系统经气密试验和抽空干燥后即可充加制冷剂。在系统运行中，若发现制冷剂量少，需随时补充制冷剂。充加制冷剂一般通过系统的充剂阀进行，充加制冷剂应使制冷剂通过干燥器，以吸收制冷剂中的水分。正常补充制冷剂时为了避免充注过量，应该根据储液器液位判断充剂量是否充足。正常运行时，储液器液位应为 1/3 ~ 1/2 高。

若系统中充加制冷剂过多，液态制冷剂可能过多地浸没冷凝器冷却水管，会使冷凝压力升高，这就需要取出部分制冷剂。当装置需要大修或准备长期停用时，需要取出全部制冷剂。

2. 检漏

氟利昂无色无味、渗漏性强，所以应定期对装置检漏。当制冷装置初次投入使用或拆卸检修之后或系统中制冷剂减少较快时，应及时检漏。泄漏主要发生在系统中各设备的连接处、阀杆填料处和压缩机轴封等部位，必要时也要对冷凝器和安全阀进行检查。对氟利昂装置进行检漏常用的方法有皂液检漏、油迹示漏、检漏灯检漏、电子检漏仪检漏等。

3. 滑油的更换和添加

应按说明书的规定对制冷压缩机定期换油。如果发现滑油老化、污浊、变黑或黏度下降15%以上，应该及时换油。在系统正常工作时，滑油会逐渐减少，应适当补充滑油。

4. 排出不凝性气体

系统中不凝性气体的存在会妨碍传热，使排气的压力和温度升高；同时，会增加压缩机功耗，降低制冷量，使滑油的使用寿命缩短。所以应设法排出不凝性气体。

5. 融霜

若蒸发器的管外壁温度低于 0 ℃，空气中的水蒸气就会在其表面结霜。由于霜层的热导率低,蒸发器结霜后吸热能力显著变差,蒸发量减少,蒸发压力和蒸发温度就会降低,导致装置制冷量减少,性能系数下降。冷风机霜层较厚还会堵塞肋片间通道,使通风量减少,对制冷效果的影响更严重。故蒸发器上的霜层达到一定厚度的时候(盘管霜厚一般不宜超过 3 mm),就要开始融霜,融霜方法按照热源不同有淋水冲霜、电热融霜和热气融霜等几种,现在船舶多采用电热融霜。

四、制冷装置常见故障

1. 冰塞

制冷系统中的氟利昂含水较多时,若节流降压后温度降到 0 ℃ 以下,水的溶解性显著降低,即会因析出而结冰,在流道狭窄处形成冰塞。膨胀阀是节流降压元件,阀孔通道处狭窄,最容易发生冰塞。有时液管上滤器脏堵或膨胀阀前后的开度不足等,也可能节流而导致冰塞。

冰塞以预防为主,工作中要及时更换失效的干燥剂。拆修元件和日常操作时要防止湿气和水分进入系统。在补充制冷剂和拆修元件后需用干燥器吸收可能进入系统的水分。

2. 排气压力或排气温度过高

排气压力过高会使压缩机的输气系数减小,造成装置的制冷量和制冷系数降低,还会使排气和滑油温度升高,甚至导致高压控制器停车。排气压力过高的主要原因有排气截止阀没开足、冷却水进水温度高、系统中不凝性气体太多和冷凝器冷凝能力不足等。

3. 吸气压力过低

制冷装置的吸气压力过低会使制冷量和制冷系数降低,严重时还会使低压控制器在冷库温度未达下限、电磁阀未关时就停车。常见的原因有系统中制冷剂不足,冷凝压力过低,低压管路冰塞、脏堵、油堵,进入系统的滑油过多,以及蒸发器结霜过厚等。

4. 压缩机启停频繁

伙食冰机一般以每小时启停 4 次为宜,若压缩机启停频繁,就会影响装置的正常工作。压缩机启停频繁的主要原因有供液电磁阀启闭频繁、低压继电器下限调得太高或幅差太小、高低压端之间泄漏等。

五、对船舶空调的要求

船舶航行于各个海域,气象条件复杂多变。为了能在舱室内创造适宜的人工气候,给船员、旅客提供舒适的工作和生活环境,现代船舶大都设有空气调节装置。

船舶空调大多是为满足人们对工作和生活环境舒适和卫生的要求,属于舒适性空调。它与某些生产场所为满足工艺或精密仪器的要求所用的恒温、恒湿空调不同,对温度、湿度等空气条件的要求并不十分严格,允许在稍大的范围内变动。其具体条件如下:

1. 温度

一般人体感到舒适的温度条件冬季为 19~24 ℃,夏季为 21~28 ℃。我国船舶空调舱室设计标准是冬季室温为 19~22 ℃,夏季室温为 24~28 ℃,室内各处温差为 3~5 ℃,夏季室内与室外温差为 6~10 ℃。

2. 湿度

人对空气的湿度不十分敏感。相对湿度以 50% 左右为宜,但相对湿度在 30%~70% 时人都不会感觉明显不适。但如果湿度太低,人会因为呼吸失水过多而感到口干舌燥。湿度太高,则汗液难以蒸发,人也不舒服。室内湿度一般控制在 40%~60%。冬季靠喷湿来提高室内湿度,实际湿度可控制在 30%~40%,以便减少人体水的消耗。

3. 新鲜程度

新鲜程度是指空气清洁(粉尘和有害气体含量低)和新鲜(有足够的含氧量)的程度。如果只是满足人对氧气的需要,新鲜空气的最低供给量达到每人 $2.4~m^3/h$ 即可。然而要使空气中有害气体的浓度在允许的程度以下,新风量就需达到每人 $30~50~m^3/h$。

4. 气流速度

室内活动区域要求空气能有轻微的流动,以使室内湿度、温度均匀且不使人感到气闷。室内气流速度以 $0.15~0.20~m/s$ 为佳,不应超过 $0.36~m/s$,否则人会感到不适应。

六、船舶空调系统的分类

船舶空调大多采用集中式和半集中式。下面以集中式单风管系统和集中式双风管系统为例说明船舶空调的型式。

1. 集中式单风管系统

集中式单风管系统的送风由中央空调器统一处理,然后通过单风管送到各个舱室,如图3-7 所示。由于各舱室的送风参数相同,所以对各舱室空气参数的个别调节就只能靠改变布风器风门的开度,即通过改变送风量来实现。这种系统比较简单,初置费较低,在货船上用得最普遍。但变量调节的幅度不宜过大,否则难以保证舱室的新风供给量和室内空气参数基本相等。此外,采用变量调节时还会对其他舱室的送风量产生干扰。

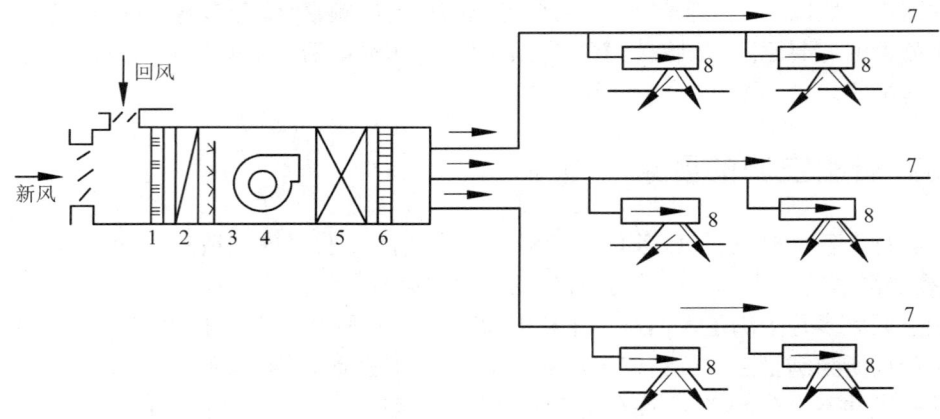

图 3-7　集中式单风管系统

1—空气滤器;2—空气加热器;3—加湿器;4—风机;5—空气冷却器;6—挡水器;7—主风管;8—布风器

2. 集中式双风管系统

集中式双风管系统由前、后两部分组成,一部分送风经空调器前部预处理后即经中间分配室送至舱室布风器成为一级,其余部分送风则经空调器后部再处理后经中间分配室送至舱室布风器成为二级,如图 3-8 所示。这种系统能向舱室同时供送温度不同的两种空气。因此通过调节布风器两个风门的开度,改变两种送风的混合比,即可调节舱室温度,冬、夏都可变质调节。与集中式单风管系统相比这种系统相对灵敏。

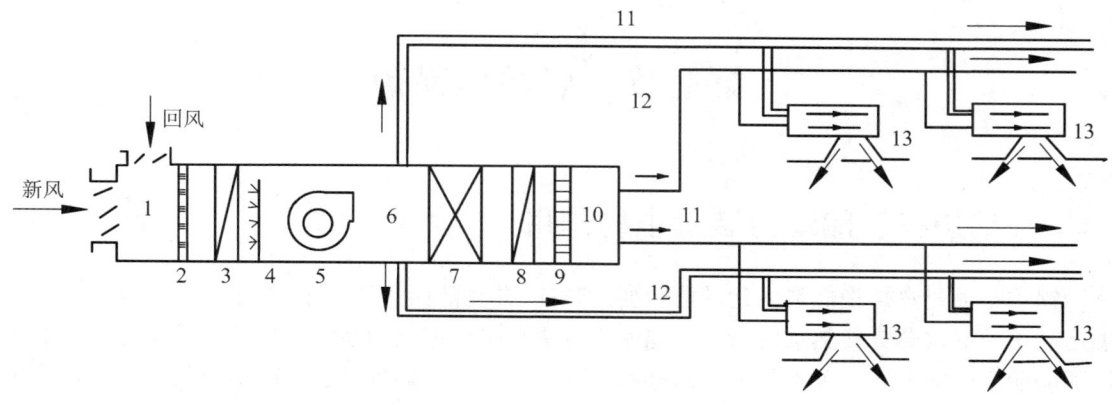

图 3-8　集中式双风管系统

1—空气滤器;2—空气预冷器;3—空气预热器;4—加湿器;5—风机;6—中间分配室;7—再冷却器;8—再加热器;9—挡水板;10—后分配室;11—预处理送风器;12—再处理送风管;13—布风器

七、船舶空调装置的自动调节

1. 降温工况的自动调节

降温工况是指空气冷却器对空调送风进行冷却除湿的工况。在降温工况时,空调装置的热负荷受外界气候的影响很大,为了保持舱室合适的温度,必须进行相应的自动调节。在降温工况时,只要保持空冷器的壁面温度足够低,便有足够的除湿效果,所以无须对送风湿度做专门的调节。

2. 取暖工况的温度自动调节

取暖工况的温度自动调节可以通过控制送风温度、典型舱室的温度或者回风温度来实现。

3. 取暖工况的湿度自动调节

取暖工况的湿度自动调节可以通过控制送风的相对湿度、含湿量、控制回风或者典型舱室的相对湿度来实现。

4. 系统的静压的自动调节

送风系统的静压的自动调节方法有主风管节流法和主风管放气法两种。

八、船舶空调装置的管理要点

(1)保持合适的回风比例。在满足空气新鲜的前提下,采用较高的回风比例,可以节省空调耗能,但回风比例一般不宜超过 30%。

(2)空调使用期间,走廊通外界和机舱的门应随手关闭。

(3)注意风机的开启程序。在降温工况时,应先开风机,然后启动制冷装置。在取暖工况时,应先使加热器投入工作,然后启动风机。

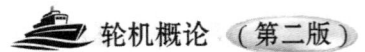

（4）注意加湿阀的启闭程序。在取暖工况时，应先使空气加热器投入工作，再开加湿阀。停用时先关加湿阀，半分钟后再停风机。

（5）加湿工作期间，应严格控制加湿量，防止发生结露等情况。

第七节 船舶辅锅炉

一、锅炉在船舶动力装置中的作用

锅炉是通过燃烧把燃料的化学能转变为热能，并将热能传递给水，产生一定量并具有一定温度和压力的水蒸气或热水的设备。船舶蒸汽锅炉是船舶动力装置的重要组成部分。它的作用随船舶主机的型式和种类的不同而有所差异。蒸汽动力装置已有 200 多年的历史。若产生的高温高压过热蒸汽用于驱动主蒸汽轮机，以推动船舶航行，则这种锅炉称为主锅炉。在柴油机动力装置的船舶上，锅炉产生的饱和蒸汽仅用于驱动蒸汽辅机，加热燃油、滑油及满足日常生活的需要，这种锅炉称为辅锅炉。在柴油机干货船上，一般装设一台压力为 0.5～1.0 MPa，能产生饱和蒸汽的辅锅炉，其蒸发量为 0.4～2.5 t/h。在柴油机油船上，因为加热货油、驱动汽轮货油泵等蒸汽辅机以及清洗货油舱等都需要大量蒸汽，所以一般都装设 2 台辅锅炉，蒸发量常在 20 t/h 以上。在大型柴油机客船上，一般也装设 2 台辅锅炉以满足日常生活所需的大量蒸汽，且可以防止一台损坏时影响船员和旅客的日常生活。

船舶辅锅炉可分为火管锅炉和水管锅炉。若燃烧产生的高温烟气在受热面管中流动，管外是水，则这种锅炉称为火管锅炉。若在受热面管中流动的是水，管外是高温烟气，则这种锅炉称为水管锅炉。

二、锅炉的主要性能指标

锅炉的主要性能指标有：蒸发量（产汽量）、蒸汽参数、锅炉效率、受热面积及蒸发率、炉膛容积热负荷等。选择燃油锅炉的主要依据是蒸发量和蒸汽参数。

1. 蒸发量

在设计状态下，锅炉每小时产生的蒸汽量称为蒸发量，通常用符号 D 表示，单位是 kg/h 或者 t/h。

2. 蒸汽参数

蒸发量相同的锅炉，当蒸汽参数不同时，蒸汽所具有的能量亦不同。因此，除用蒸发量表示锅炉的容量外，还必须同时标明锅炉供汽的参数。当锅炉供应饱和蒸汽时，蒸汽参数用蒸汽的工作压力（单位为 MPa）来表示。当锅炉向外供应过热蒸汽时，用蒸汽工作压力和蒸汽温度来表示。锅炉一般标注名义工作压力，使用的工作压力范围上限可稍超过它，但不应超过锅炉的最大许用工作压力（设计压力）。

3. 锅炉效率

锅炉从给水变为蒸汽所得到的有效热量与向锅炉内提供的热能之比叫作锅炉效率。

4.受热面积

锅炉的受热面积不光蒸发受热面积,还包括过热器、空气预热器、经济器(预热给水)等附加设备的受热面积,单位是 m^2。辅锅炉通常不设上述附加设备,其受热面积即为蒸发受热面积。

5.蒸发率(产汽率)

锅炉的蒸发率表示单位蒸发受热面积每小时产生的蒸汽量,单位为 $kg/(m^2 \cdot h)$。蒸发率用于表征锅炉蒸发受热面的平均传热强度。蒸发率越高,锅炉结构越紧凑。

6.炉膛容积热负荷

炉膛容积热负荷表示每单位炉膛容积在单位时间内燃料燃烧放出的热量,单位为 J。

三、锅炉的结构及附件

在柴油机动力装置的船上,辅锅炉应以结构简单、维护操作方便为选型的主要参考依据。

图 3-9 所示为 D 形水管锅炉的结构图。D 形水管锅炉以其本体形状类似英文字母“D”而得名。其本体由汽包(又称上锅筒)1、水筒 2(又称下锅筒)、联箱 3、炉膛 4、水冷壁 5、蒸发管束(又称沸水管束)6 和 7、过热器 11、经济器 12 及空气预热器(位于经济器后面的烟道中,实际使用时过热器、经济器和空气预热器可选择安装)等部件组成。现对其主要部件介绍如下:

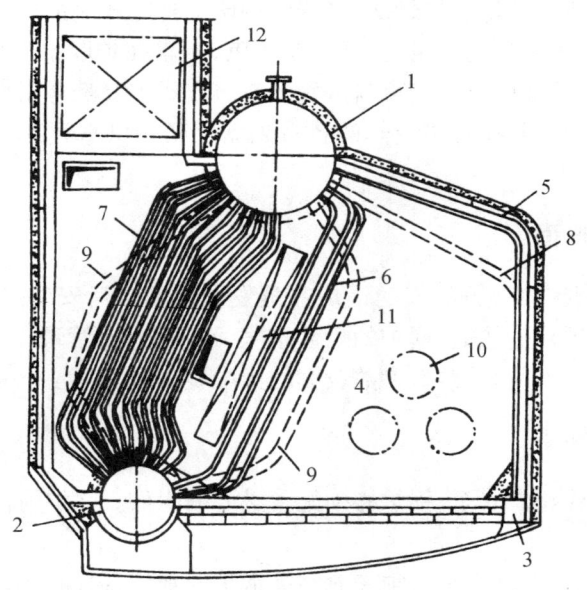

图 3-9　D 形水管锅炉的结构图

1—汽包;2—水筒;3—联箱;4—炉膛;5—水冷壁;6、7—蒸发管束;8—联箱供水管;9—水筒供水管;10—燃烧器;11—过热器;12—经济器

（一）炉膛、炉墙和炉衣

炉膛是燃油燃烧的场所,它的作用是提供足够的燃烧空间,使燃油得以充分燃烧。

烟气在 D 形水管锅炉炉膛内的理论燃烧温度可达到 1 700 ℃左右。烟气离开炉膛后,流到蒸发管束中去。炉膛出口烟气温度不宜太高,以免高于烟气中灰分的熔点温度,使灰分溶解,黏附在蒸发管束的管壁上形成积渣;但又不能太低,以免燃烧过程进行得不充分。D 形水管锅炉炉膛出口烟气温度为 1 100 ℃左右。

炉墙或炉衣将锅炉的各种受热面包围以形成炉膛和烟道,它们起隔热和密封作用。对于不同部位和不同工作条件的炉墙和炉衣,其性能和结构也是不同的。

烟气温度在 900 ℃以上的炉膛和高温部分的烟道应能耐高温和抵抗灰渣侵蚀,并有很好的隔热性能。为了防止外界空气漏入炉膛或烟气漏至炉舱,还需保持气密。

我国《钢质海船入级规范》规定,炉墙和炉衣外表面温度不应大于 60 ℃,以免烫伤工作人员,亦可避免散热损失过大。

（二）水冷壁、沸水管和下降管

水冷壁是垂直布置在炉膛壁面上的密集管排,组成水循环回路的上升管。它是锅炉的主要辐射受热面,吸收的辐射热约占全部受热面传递热量的1/3。同时它还起到保护炉墙不致过热烧坏的作用。通过增减布置在炉膛中的水冷壁受热面积可以控制炉膛的出口烟气温度,使炉膛在一定温度下既能保证良好燃烧,又能对炉墙起到冷却保护作用。

沸水管式连接上、下锅筒的管束,也称蒸发管束,布置在炉膛出口侧。除前排受火焰直接照射的属辐射换热外,后面的沸水管束与烟气的换热方式主要是对流换热。

汽包与联箱和水筒之间还有不受热的各自独立的联箱供水管 8、水筒供水管 9 作为自然水循环的下降管。

（三）尾部受热面

在 D 形水管锅炉烟道的后面,有的锅炉在蒸发受热面之后安装经济器,使锅炉效率得以提高。但由于安装了尾部受热面,锅炉的尺寸增大、造价增加,管理工作也随之增加。所以尾部受热面一般只用于蒸发量大、蒸汽参数较大的大中型锅炉。

（四）锅炉附件

为保证锅炉的工作正常安全,锅炉必须配备必要的附件。锅炉附件主要有:

1. 水位计

当锅炉工作时,轮机管理人员必须随时掌握锅炉的水位,以确保锅炉的安全工作。每台锅炉都规定有最高工作水位、最低工作水位。锅炉正常工作的时候,锅炉水位应位于最高工作水位与最低工作水位之间。

2. 安全阀

当锅炉负荷减小或炉内燃烧过于强烈时,锅炉气压就会上升。为了防止气压过高对锅炉造成损伤,锅炉一定要装设安全阀,当气压超过一定限度时开启,使大量蒸汽排入大气,以免气压继续上升。

每台锅炉应装设 2 只安全阀。蒸发量小于 1 t/h 的锅炉可装 1 只安全阀。锅炉安全阀的开启压力可大于实际允许工作压力的 5%，但不应超过锅炉的设计压力。过热器上的安全阀的开启压力应低于锅炉安全阀的开启压力。安全阀开启后应能顺畅地排出蒸汽，以保证在蒸汽阀关闭和炉内充分燃烧的情况下，烟管锅炉在 15 min 内，水管锅炉在 7 min 内气压的升高值应不超过锅炉的设计压力的 10%。同时，安全阀应确保动作准确并保持严密不漏。

此外，锅炉还装有至少 2 个压力表和压力表阀、2 个给水阀以及停汽阀、表面排污阀、底部排污阀、空气阀等。

四、锅炉的蒸汽、给水、凝水和排污系统

辅锅炉和废气锅炉所产生的蒸汽，通过管道输送至船舶各处，用于驱动蒸汽辅机，加热燃油和滑油，以及供空调装置、热水压力柜和厨房等使用。绝大部分蒸汽在工作之后凝结成水，由凝水系统流回到热水井，后泵回锅炉。由于少量蒸汽被直接消耗和泄漏，流回热水井的凝结水量要少于锅炉向外的供汽量，所以经常需要由炉水舱向热水井补充给水。

另外，锅炉工作一段时间之后底部可能聚集泥渣，投放除垢药物后也会产生沉淀物。因此在锅炉底部需装设底部排污阀，以便定期进行下排污将它们排除。同时，若发现炉水碱度、含盐量过高，或者漂浮在水面上的油污、泡沫和悬浮物太多，可通过锅筒上部的表面排污阀进行上排污。

五、船舶辅锅炉的运行和维护管理

锅炉是在高温条件下工作的压力容器，保障它的安全可靠是至关重要的。工作中要注意以下几点：

1. 锅炉的运行管理

锅炉在运行时，最主要的是要保证安全生产、燃烧质量良好和维持蒸汽参数的稳定。为此，值班人员应随时注意水位、气压、油压、油温、风压、炉内的燃烧情况和排烟颜色，锅炉给水和炉水水质的分析与处理，油泵、风机及其他附件的工作情况等，工作时需保证锅炉处于正常状态。

2. 锅炉的水质控制

在锅炉的管理维护过程中，定期对给水和炉水水质进行化验与处理是不可忽视的。水质控制得好，可显著减少水垢的生成，防止发生腐蚀和汽水共腾。锅炉的水质控制直接影响锅炉工作的安全、可靠、经济和使用年限。

辅锅炉工作中需要化验炉水的硬度（或过剩磷酸根含量）、碱度和含盐量。大型海船上都有专门负责化验的轮机员，根据化验结果对炉水进行投药处理，保证炉水的水质符合要求。同时，船上携带的淡水和造水机所造淡水必须满足锅炉用水的要求。

3. 锅炉停用时的保养

锅炉在较长时间停用时亦需要加以保养，否则其腐蚀程度甚至比工作时还要严重。辅锅炉与废气锅炉停炉时的保养，可根据停用的时间长短分为满水保养法（一般不超过 1 个月）和干燥保养法。

4. 锅炉的检验

锅炉的检验内容不仅包括锅炉本体及其主要部件,还包括主要的附件和指示仪表,如水位计、安全阀、压力表等。检验的目的不仅是找出腐蚀、变形、损坏的部位,还要研究腐蚀、变形、损坏的原因和以后如何妥善地维护管理,同时还要确定是否要修理和修理的范围。

根据规定,设计压力大于 0.35 MPa 且受热面积大于 4.65 m^2 的锅炉,船龄在 8 年以内者,每 2 年要进行一次检验;超过 8 年者,每年检验一次。检验由专职的验船师完成。

第四章 船舶液压与甲板设备

船舶甲板机械主要包括舵机、起货机、锚机、绞缆机、吊艇机、舷梯升降机、舱盖板启闭装置等。在一些专用船舶上,还设有其他专用的甲板机械。甲板机械按所用动力可分为气动、蒸汽、电动、液压等多种。气动甲板机械虽然结构简单、无污染,但因泄漏多而效率低,仅用于吊艇机、舷梯升降机等小功率甲板机械。蒸汽甲板机械因散热损失大和管理不便的原因,商船上已基本不采用。液压传动的优点很多,现代吨位稍大的船舶,几乎全部采用电动液压舵机。其他液压甲板机械作为电动甲板机械的主要竞争对手,应用也相当普遍。

第一节 液压元件

液压传动利用液压泵输出的高压液体的压力能来驱动液压缸或液压马达,从而带动工作机械运转。液压传动系统的组成部件包括:

(1)动力元件:液压泵,其作用是将机械能转换为液压油的压力能。

(2)执行元件:液压缸或液压马达,其作用是将液压能转换为带动工作部件运动的机械能。

(3)控制元件:各种液压控制阀,其作用是控制液压系统中液压油的流向、流量和压力,以满足工作部件对运动方向、速度和输出力(力矩)的要求。

(4)辅助元件:如油箱、滤油器、蓄能器、压力表、热交换器、连接件、密封件等。

相对于直接以电动机通过机械传动带动工作机械的电动甲板机械,液压传动系统主要有以下优点:

(1)在同等的体积下,液压装置可以比电动装置产生更大的动力。由于液压传动系统中的压力能比电枢磁场中的磁力大 30~40 倍,故在同等的功率下,液压装置的体积小、重量轻、结构紧凑。而液压马达的体积和重量只有同等功率电动机的 1/6 左右。

(2)液压装置工作比较平稳。由于重量轻、惯性小、反应快,液压装置易于实现快速的启动、制动和频繁的换向。液压装置的换向频率,在实现往复回转运动时可达 500 次/分钟,实现往复直线运动时可达 1 000 次/分钟。

（3）液压装置操作性能好。液压装置可以在大范围内实现无级调速（调速比可达 2 000：1）和微速运动（转速在 1 r/min 以下），还可以在运行的过程中进行调速，频繁启停、换向等，且对电网冲击很小。

（4）液压装置便于带负荷启动。启动扭矩最高可以达额定扭矩的 98%。

（5）液压传动系统容易实现自动化。液压传动系统容易对液体压力、流量或流动方向进行调节或控制。如与电气控制、电子控制或气动控制的功能相结合，整个传动装置能实现很复杂的顺序动作，并接受远程控制。

（6）液压装置易于实现过载保护。液压缸和液压马达都能长期在失速状态下工作而不会过热，这方面优于电动装置和机械装置。

（7）液压系统一般采用矿物油为工作介质，相对运动面可自行润滑，使用寿命长。

液压传动系统具有以下几方面的缺点：

（1）液压传动系统不能保证严格的传动比。这是由液压油液具有一定的可压缩性和泄漏等原因造成的。

（2）液压传动系统在工作过程中常有较多的能量损失（摩擦损失、泄漏损失等），长距离传动时能量损失更明显。

（3）液压传动系统对油温变化比较敏感。它的工作稳定性很容易受到温度的影响，因此它不宜在很高或很低的温度条件下工作。

（4）液压元件为了减少泄漏，在制造精度上的要求较高。因此它的造价较高，而且对油液的污染比较敏感。

（5）由液体流动造成的泄漏，如果处理不当，不仅会污染场地，而且可能引发火灾事故。

液压系统按其额定压力（亦称公称压力）通常分为：低压系统（额定压力在 6.3 MPa 以下），中压系统（额定压力在 6.3~10 MPa），中高压系统（额定压力在 10~20 MPa），高压系统（额定压力在 20 MPa 以上）。随着制造工艺和管理水平的提高，目前船用甲板机械普遍采用高压系统。额定压力高则要求设备和管路的重量、尺寸较小，效率较高，同时对制造和管理的要求也更高。

本章将介绍基本的液压元件和舵机、起货机、锚机、绞缆机等普遍应用的甲板机械。

一、液压控制阀

在船舶液压系统中，为了保证各执行机构按照要求正常地工作，必须对液体的压力、流量和液流方向进行调节与控制。这种对液压油进行调节和控制的液压元件统称为液压控制阀。

液压系统中使用的液压控制阀按其用途可分为以下三类：

（1）方向控制阀：用于控制液压系统中的油流方向，包括换向阀、单向阀等。

（2）压力控制阀：用于控制液压系统中的油压，包括溢流阀、减压阀、顺序阀等。

（3）流量控制阀：用于控制液压系统中油的流量，包括节流阀、调速阀等。

上述三类阀相互组合又可合成各种复合阀。

随着液压技术的发展，能用电信号对油的流向、压力、流量进行远距离控制的比例控制阀也在船舶液压甲板机械中普遍使用。近年来，液压元件集成化的程度越来越高，常将若干控制阀和截止阀组合在一个集成块中构成集成阀块，或进一步将它们和液压泵或液压马达集于一体,使结构更紧凑。此外,某些高压、大流量的船用液压设备还使用了插装阀。

选用液压阀应注意以下参数:

(1)公称通径 D_g(mm):阀进出油口的名义通径,表示阀规格的大小。公称通径大,则允许流量也大。但阀的实际进出口直径及管路公称通径(内径)和阀的公称通径通常有差别。

(2)公称压力 P_g(MPa):阀连续工作时所允许的工作压力。

液压阀的连接方式除传统的螺纹连接、法兰连接或板式连接外,在集成块的基础上还发展了插装连接和板式叠加阀。

(一)方向控制阀

方向控制阀是控制液压系统中液压油流动方向的液压元件,用来对液压系统中各个回路的液流方向进行通、断的切换,以适应工作需求。

1. 单向阀

单向阀的功用是使油只能单向流过。单向阀有直通式和直角式之分,阀芯较多采用导向性和密封性较好的锥阀,小流量的阀也可采用结构简单的球阀。

图 4-1 所示为采用直通式锥阀结构的单向阀,直通式锥阀结构的单向阀一般做成螺纹连接形式,故又称为管式。

当压力油由 A 口进入时,油压力 P_1 克服弹簧 3 的张力和阀芯 2 的摩擦阻力、惯性力,使阀芯开启,油流向 B 口。而当压力油由 B 口进入时,弹簧力使阀芯迅速关闭,截断油路,形成油的单向流动。单向阀的弹簧有不同规格供选用。若仅用来控制油单向流动,可选用较软的弹簧,以减少油正向流动的压力损失(P_1-P_2)。这种单向阀的开启压力一般为 0.03~0.05 MPa,在允许流量范围内压力损失通常不大。

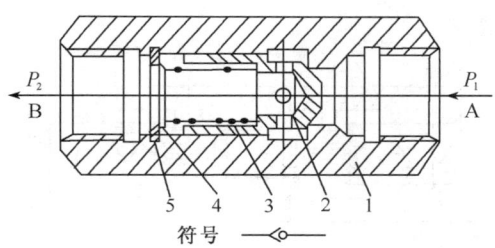

图 4-1　采用直通式锥阀结构的单向阀
1—阀体;2—阀芯;3—弹簧;4、5—挡圈

单向阀也可以装设在回油管路中作背压阀使用,以使回油保持一定的压力。此外,单向阀还可与细滤器、冷却器等并联,作安全阀使用,在这些元件因脏堵而压降过大时开启旁通。在这些场合,单向阀被当成压力控制阀使用,这时需换用刚性较强的弹簧。此时背压阀开启压力一般为 0.2~0.6 MPa,而细滤器的安全旁通阀开启压力一般不超过 0.35 MPa。

普通单向阀的阀芯也可以用钢球式的结构,这种结构制造方便,但密封性较差,一般用于小流量的管路。

普通单向阀的主要性能参数有阀的额定流量、正向最小开启压力、正向流动时的压力损失以及反向泄漏量等。

2. 液控单向阀

图 4-2 所示为液控单向阀,当控制油口 X 无压力油供入时,该阀与普通单向阀一样,仅允

许油由 A 流向 B。当需要油由 B 流向 A 时,则须控制油口 X 通入压力油,推动控制活塞 1 顶开主阀芯 3。

液控单向阀因控制活塞泄油方式的不同而有内泄式和外泄式两种,上述液控单向阀的控制活塞另一侧的泄油与 A 口相通,称为内泄式,其控制油口 X 的开启压力受 A 口压力的影响。若 A 口不是直通油箱,而是串联有其他元件,则其压力 P_A 较高,回油阻力较大。若采用内泄式,要求 X 口有较高的控制油压。若采用外泄式,则应减小回油压力。

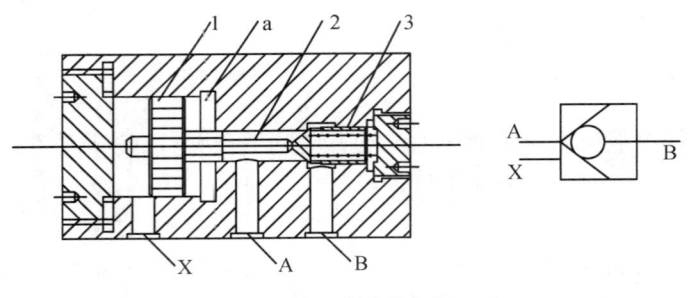

图 4-2　液控单向阀

1—控制活塞;2—顶杆;3—主阀芯;a—液压油空间

3. 液压锁

液压系统中还常使用一种布置在同一阀体中的双联液控单向阀,亦称液压锁。图 4-3 所示为带卸荷阀芯的液压锁。在 A 口或 B 口一侧有压力油通入时,不仅能将该侧单向阀芯顶开,让油通过,而且可借控制活塞 2 先使另一侧的卸荷阀芯 3 开启,然后使单向阀芯 4 开启,允许回油流过。当 A 口、B 口皆无压力油进入时,两侧单向阀芯在弹簧作用下皆关闭,可使油路锁闭。

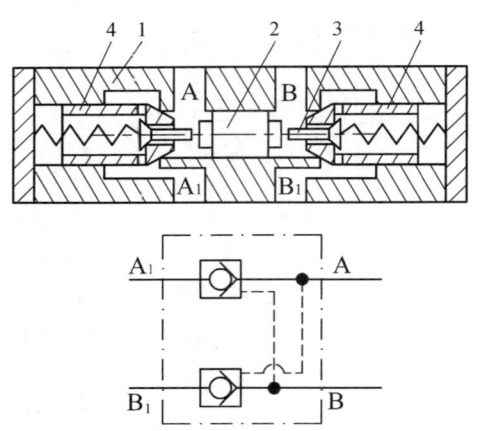

图 4-3　带卸荷阀芯的液压锁

1—阀体;2—控制活塞;3—卸荷阀芯;4—单向阀芯

4. 换向阀

换向阀的功用是利用阀芯相对阀体的位移,改变通过阀的油路的沟通情况。换向阀按控制方式可分为手动式、机动式、电磁式、液动式和电液式;按阀芯工作位置可分为二位、三位和四位;按控制油路的数目可分为二通、三通、四通;等等。

换向阀符号中,方块的个数表示滑阀的"位"数,方块内的箭头表示相应两油口连通,箭头方向为液流方向;方块内的截断符号表示相应油口在阀内被封闭。通常将阀与液压系统中油路相连通的油口数叫作"通"。为了叙述方便,常将阀与系统供油油路连通的进油口用字母"P"表示,将阀与系统回油路连通的回油口用字母"T"或"O"表示,将阀与执行元件连通的工作油口用字母"A"或"B"表示。

换向阀可分为电磁换向阀、电液换向阀和液动换向阀等。下面依次介绍电磁换向阀、电液换向阀的结构和工作原理。

(1)电磁换向阀

如图4-4所示,阀体1内有三条沉割槽,中间为进油腔P。与进油腔P相邻的是出油腔A和B。两端还有两个互相连通的回油腔T。阀芯2两端分别装有弹簧座3、弹簧4和推杆5,阀体两端各装一个电磁铁。

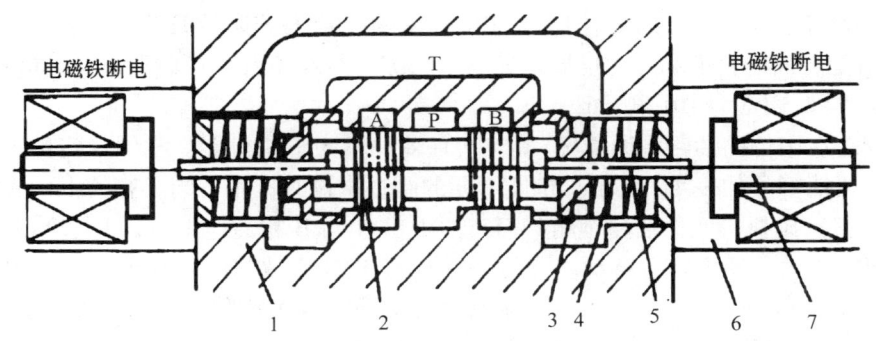

图 4-4　电磁换向阀的工作原理

1—阀体;2—阀芯;3—弹簧座;4—弹簧;5—推杆;6—铁芯;7—衔铁

当两端电磁铁都断电时,阀芯2处于中间位置,使P、A、B、T各油腔不相通。

当左端电磁铁通电时,电磁铁力推动阀的衔铁和磁芯的吸合芯向右移动,使P和B连通,A和T连通。电磁铁断电后,在右边复位弹簧4的作用,阀芯2可回到中间位置,恢复原来四个油腔相互封闭的状态。

当右端电磁铁通电时,衔铁通过推杆使阀芯向左移动,呈现P和A连通、B和T连通的状态。电磁铁断电,在弹簧的作用下阀芯也回到初始的中间位置。

电磁阀所配电磁铁有交流电磁阀、直流电磁阀(包括自带整流装置的"本整型")两类。电压波动范围一般不应超过额定电压的±10%。交流电磁阀价格较低;其衔铁吸上前容抗低,启动电流是正常吸持电流的4~10倍,故初吸力大,吸、放时间很短(约10 ms),换向冲击大;当阀芯卡死而衔铁不能吸合时,激磁线圈会因电流过大而烧坏。此外,交流电磁阀的操作频率不宜超过30次/分钟;工作寿命较短,为数十万次(干式)至数百万次(湿式)。直流电磁阀则不会因衔铁不能吸合而烧坏,其操作频率可达120次/分钟以上,吸合动作约比前者慢10倍,故换向平稳、工作可靠、使用寿命较长,可吸合数千万次以上。

理想情况下阀芯所受的液压径向力应是平衡的。但实际上阀芯和阀孔在制造时难免存在几何精度偏差,使阀芯四周的径向液压力分布不均。此外,油中有杂质附在阀芯端部或端部有毛刺时,后面的油流将产生较大的压降。这些都会使径向液压力不平衡,阀芯被压向一侧,从而使摩擦阻力显著增大。阀芯在某位置停留一段时间(约5 min)后,若在不平衡径向力作用下偏移,移动阻力便会异常增大,称为卡紧现象。这种液压卡紧力的大小与阀芯台肩直径、长度和压降成正比。

为了减小阀芯的不平衡径向力,通常都在阀芯凸肩上开数圈环形的均压槽(一般宽0.3~0.5 mm,深0.8~1 mm)以使阀芯四周液压大致相等。开三条均压槽即可使液压卡紧力降到不开槽时的6%左右。

此外,滑阀开启时由于液流径向流入阀腔,斜向流出,动量的轴向分量增加,对阀芯产生的反作用力称为液动力。换向滑阀的液动力大多是使阀口关闭,这会增大滑阀离开中位的阻力。尺寸既定的换向阀工作压降越大、流量越大,则液流的动量变化越大,液动力也就越大。

公称通径既定的换向阀流量增大,则压力损失呈平方关系地迅速增大。在一般使用范围内,压力损失为0.3~0.5 MPa,这是为了避免液动力过大妨碍换向。不同公称通径的换向阀都相应规定有允许的最大流量。工作压力较高时,允许的最大流量应相应减小。

换向阀的密封是靠阀芯的圆柱形台肩与阀体的配合间隙来保证的,间隙通常为0.01~0.03 mm,对配合面的精度和光洁度要求较高。间隙密封难免有少量内泄漏,不同规格换向阀的内泄漏量不同,通常为10~30 mL/min。

根据阀芯在中位的油路沟通情况,换向阀有多种不同中位机能。我国规定的三位四通换向阀的中位机能型号如表4-1所示。机能不同的阀在中位时作用不同。有的中位A与B隔断(如O与M型),则执行元件油路锁闭。而有的中位A与B相通(如Y、P、U型),则执行元件浮动——可在外力作用下随意移动。有的中位P与T相通(如H、K、M型),油泵卸荷。而有的中位P与T不通(如O、Y、J、N、U型),油泵不能卸荷。X型中位油泵与回油口节流相通,仍保持一定压力(部分卸荷),可向控制油路供油。

表4-1 三位四通换向阀的中位机能型号

润滑类型	符号	中位油口状况、特点及应用
O 类型		P、A、B、T全封闭,液压泵不卸荷,液压缸闭缸,可用于多个换向阀的并联工作
H 类型		四油口全中通,活塞处于浮动状态,在外力作用下可移动,泵卸荷
Y 类型		P封闭,A、B、T相通,活塞处于浮动状态,在外力作用下可移动,泵不卸荷
K 类型		P、A、T相通,B封闭,活塞处于闭锁状态,泵卸荷
M 类型		P与T相通,A与B皆封闭,活塞闭锁不动,泵卸荷,也可多个M型换向阀并联工作

续表

润滑类型	符号	中位油口状况、特点及应用
X 类型		四油口处于半开启状态,泵基本上卸荷,但仍保持一定压力
P 类型		P、A、B 相通,T 封闭,泵与缸两腔相通,可组成差动回路
J 类型		P 与 A 封闭,B 与 T 相通,活塞停止,但在外力作用下可向一边移动,泵不卸荷
C 类型		P 与 A 相通,B 与 T 皆封闭,活塞处于停止位置
N 类型		P 与 B 皆封闭,A 与 T 皆封闭,活塞处于停止位置
U 类型		P 与 T 皆封闭,A 与 B 相通,活塞处于浮动状态,在外力作用下可移动,泵不卸荷

（2）电液换向阀

电液换向阀由一个普通的电磁阀和液动换向阀组合而成。电磁阀作为导阀,可用于改变控制油液的流向。液动换向阀是主阀,它在控制油液的作用下,改变阀芯的位置,使油路换向。由于控制油液的流量不必很大,因而可实现用小容量的电磁阀来控制大通径的液动换向阀。

图 4-5 所示为带阻尼器的电液换向阀。当导阀右端的电磁线圈 5 通电时,导阀阀芯 4 左移,控制油经阻尼器(单向节流阀)的单向阀 7 进入主阀阀芯 8 的右端控制油腔,主阀左端的控制油则经节流阀(即阻尼器)2 流回油箱,于是主阀阀芯在弹簧力和移阀阻力的作用下移到左端。反之,电磁阀左端电磁线圈 3 通电时,主阀阀芯则移到右端。由于节流阀对回油形成阻尼,主阀换向速度减慢。故调整节流阀,即可调整换向时间。

（二）压力控制阀

1. 溢流阀

溢流阀的作用是在系统油压超过调定值时泄放油液。溢流阀根据动作原理可分为直动型和先导型。下面以直动型溢流阀为例说明溢流阀的工作原理。

图 4-6 所示为力士乐公司采用插装连接的 DBD 型锥阀式直动型溢流阀和我国规定的直动型溢流阀或溢流阀的一般图形符号。用调节手轮 4 可调节弹簧 5 的张力,从而改变调定压力。当 P 口油压超过调定值时,锥阀 2 被顶开,从 T 口溢油回油箱。锥阀外端的阻尼活塞 3 起导向和阻尼作用,可提高阀的稳定性。

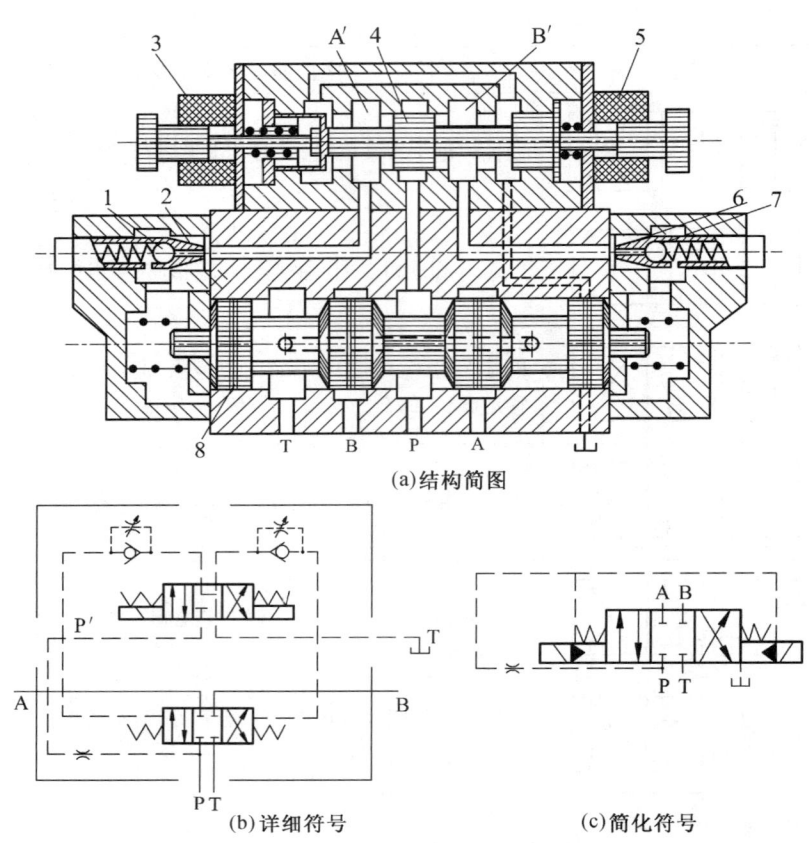

(a)结构简图

(b)详细符号　　　　　　　　(c)简化符号

图 4-5　带阻尼器的电液换向阀

1、7—单向阀；2、6—节流阀；3、5—电磁线圈；4—导阀阀芯；8—主阀阀芯

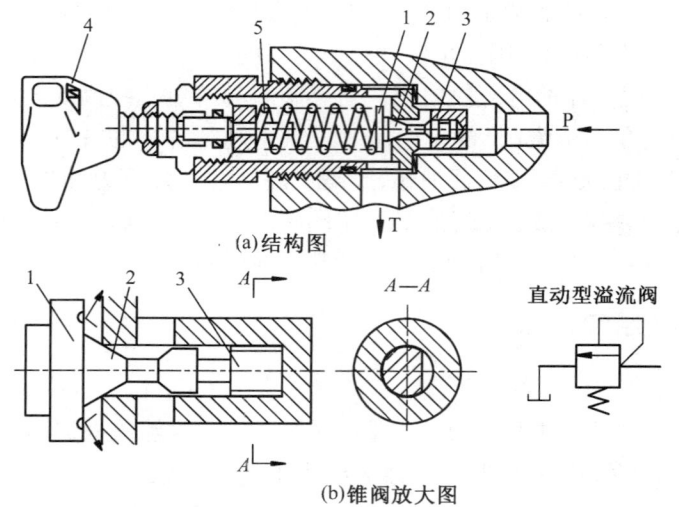

(a)结构图

直动型溢流阀

(b)锥阀放大图

图 4-6　DBD 型锥阀式直动型溢流阀和直动型溢流阀或溢流阀的一般图形符号

1—偏流盘；2—锥阀；3—阻尼活塞；4—调节手轮；5—弹簧

直动型溢流阀大多适用较小流量。因为流量大则阀芯尺寸也大,必然需要较硬的弹簧。这样阀芯开度变化时弹簧的张力变化大,相应的工作油压就会变化太大。但 DBD 型锥阀式直动型溢流阀经过精心设计,锥阀 2 后面的偏流盘 1 不仅可充当弹簧座,而且盘上开有环形槽,可改变锥阀出口液流的方向,产生与弹簧力相反的液动力。阀开度增大时流量增大,液动力也增大,可抵消增大了的弹簧张力,使工作油压变化不大。这种阀最大工作压力可达 31.5～63 MPa,允许最大流量可达 330 L/min。

2. 减压阀

当液压系统只有一个泵源,而不同的工况所需压力不同时,则使用减压阀。例如,船舶克令吊上供起升电动机使用的主油路需要较高的压力时,控制制动器和离合器的油路则需要较低的压力,这就可以从主油路接装减压阀来获得低压油路。

图 4-7 所示为国产高压 JF 型先导型减压阀的结构及直动型、先导型减压阀的符号。它也由先导阀和主阀两部分组成。主阀中 A 为压力油进油口,B 为减压后出油口,从进油口来的压力为 P_1 的高压油经主阀芯 7 的减压口节流后,压力降为 P_2,由出油口流出。降压后的油经阀内通道被引到主阀下方的油腔,再通过主阀的阻尼孔 9,到达主阀上方油腔,该处油压为 P_3,然后经上盖中的通孔引至导阀 3 的前腔。正常工作时,压力 P_3 超过导阀开启压力,导阀常开,少量油液经阻尼孔 9 和导阀 3 从泄油口 L 泄出,泄油流量一般为 1.5～2 L/min。主阀上腔的油压 P_3 因阻尼孔 9 的节流作用,低于下腔油压 P_2。

如果 P_2 升高,则主阀上下油压差增大,主阀就会克服主阀弹簧 10 的张力上移关小节流口,以阻止 P_2 升高。反之,如果 P_2 降低,主阀就会下移开大节流口,以阻止 P_2 降低。

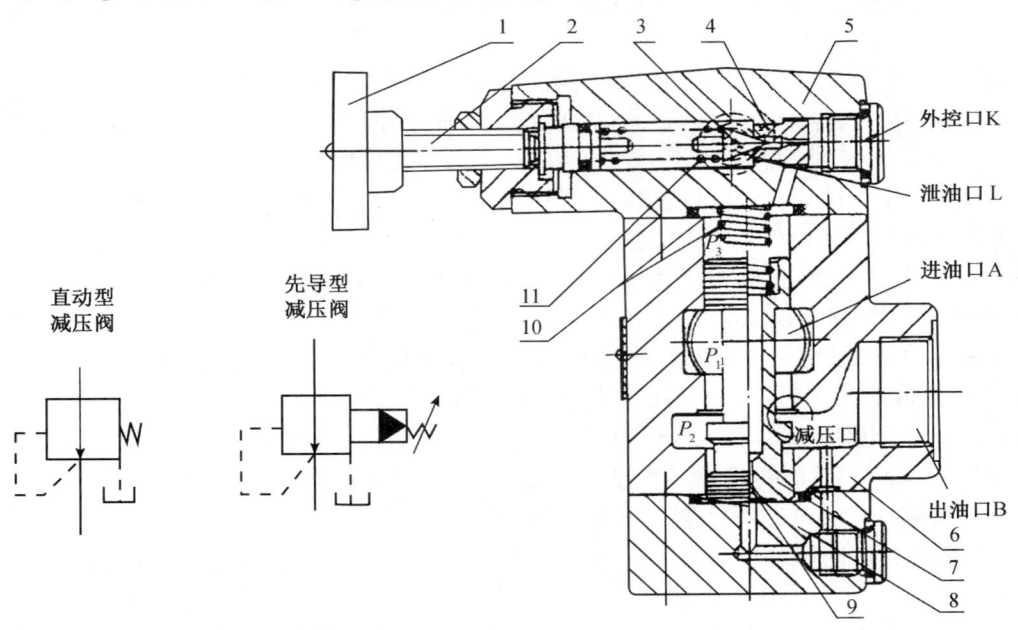

图 4-7　JF 型先导型减压阀的结构及直动型、先导型减压阀的符号
1—调压手轮;2—调节螺钉;3—导阀;4—导座;5—阀盖;6—阀体 7—主阀芯;
8—端盖;9—阻尼孔;10—主阀弹簧;11—调压弹簧

由于导阀较小,移动距离短,其调压弹簧 11 较弱,故 P_3 的压力变化很小。主阀弹簧 10 仅

需帮助主阀克服移动阻力,而无须与 P_2 平衡,故刚度也不大,轴向力 F_s 变化也不大。这样,依靠主阀自动调整节流口的开度,即可使 P_2 基本稳定于调定压力。转动调压手轮 1,改变导阀调压弹簧 11 的张力,即可改变减压阀的调定压力。当然,如果阀后的压力 P_2 过低,致使导阀关闭,则主阀上、下腔油压相等,主阀就会在弹簧的作用下下移至全开位置,这时减压阀无法再维持出口压力恒定。

减压阀的泄油口须直通油箱(外泄),这与溢流阀(内泄)不同。先导型减压阀也有外控口 K,可实现远程控制。若将图中先导阀左端的堵头换接为远程调压阀,减压阀即可实现远程调压。

3. 顺序阀

顺序阀是用来控制液压系统中的执行元件进行顺序动作的压力控制阀。

顺序阀根据控制方式,可分为直控式和液控式两大类。直控式又名内控式,它直接利用顺序阀进口油路本身的压力来控制阀的动作。液控式又叫远程式或外控式,它利用外部控制油液的压力,对阀的动作进行控制。顺序阀根据其组成结构来分,与溢流阀一样,也分为直动型和先导型两种。这两种顺序阀的结构与相应的溢流阀均十分相似。所不同的是溢流阀出油口直接通油箱,而顺序阀的出油口一般连接着下一级执行元件。顺序阀进、出油口都有压力,所以它的泄油口要单独接回油箱。此外,还要求顺序阀的阀芯和阀体间封油长度与溢流阀相比要长一些。

当顺序阀控制压力(如为内控,即为阀进口处压力)未达到调定压力之前,此阀关闭。当达到调定压力后,阀门打开,油液经过此阀进入下一级执行元件,并使其动作,从而达到顺序动作的目的。如将该阀的出油口直接与油箱接通,则可作为卸荷阀使用。此外,顺序阀与单向阀组合可构成单向顺序阀和平衡阀。

图 4-8 所示为 XF 型直动式高压顺序阀的结构。由于阀的进口腔油压较高,为避免弹簧 1 设计得过于粗硬,控制油不直接通入阀芯 2 的底部,而是作用于阀芯下端处直径较小的控制活塞 4 上,以减小油压对阀芯的作用力和与它相适应的弹簧作用力。

顺序阀的工作原理:当进口油压低于顺序阀调定的压力时,控制活塞 4 下端的油压作用力小于弹簧 1 对阀芯 2 的作用力,阀芯处于如图 4-8 所示最下端位置,阀口封闭,油液不能通过顺序阀。而当进口油压达到或超过顺序阀的调定压力时,阀口打开,阀的进、出油口之间形成通路,油液可从顺序阀出口流出。

这种阀的控制方式:当下端盖 5 按如图 4-8 所示的方法在阀体 3 上安装时,控制油直接取自阀的进口油腔,故称为直动式内控顺序阀,其图形符号如图 4-8(a)所示。若将顺序阀的下端盖 5 拆下后,相对于阀体旋转 180° 或 90° 后安装,则阀的进口油液被下端盖 5 堵住,通不到控制活塞 4 的下端,这时再将螺堵 6 拧下。在该处接上控制油管并通入控制油,阀的启闭便可由外部的控制油控制,故称为外控顺序阀,其图形符号如图 4-8(b)所示。

外控顺序阀的阀口开启与进油腔压力无直接关系,弹簧力可采用得很少,只需克服摩擦力,以保证阀芯 2 及时复位关闭即可。所以,引入外部控制油的压力可以较低。

无论直动式内控顺序阀还是外控顺序阀,因其出口腔有压力,故弹簧腔泄油应单独接回油箱。

（三）流量控制阀

流量控制阀是靠改变阀的开度以改变通流面积,从而控制流量的一类控制阀。它多用在

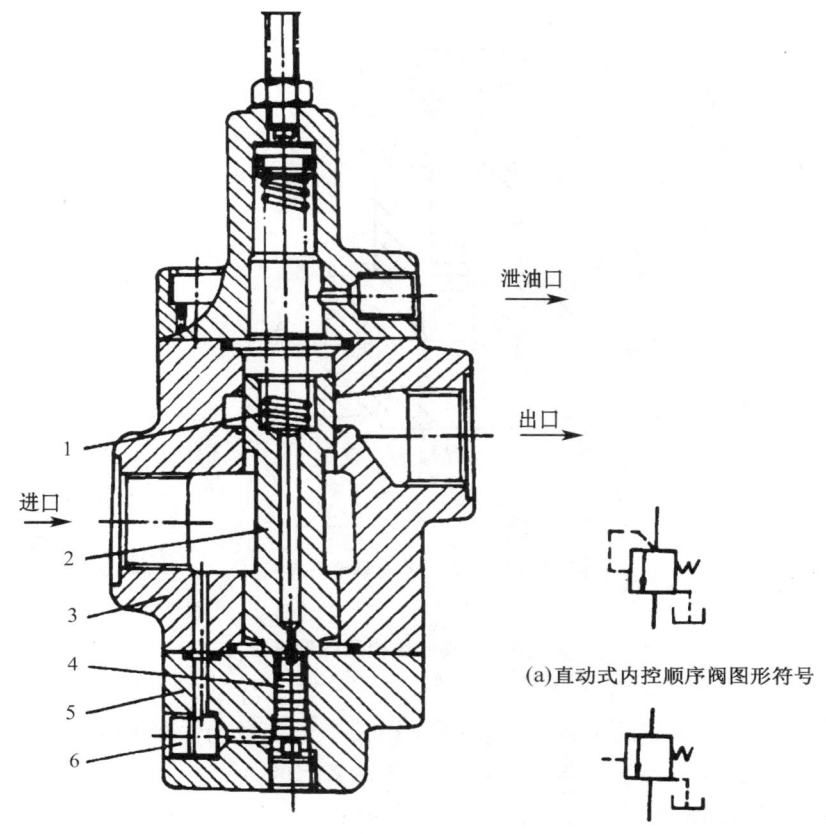

泄油口

出口

1

进口

2

3

4

5

6

(a)直动式内控顺序阀图形符号

(b)外控顺序阀图形符号

图 4-8 XF 型直动式高压顺序阀的结构
1—弹簧;2—阀芯;3—阀体;4—控制活塞;5—下端盖;6—螺堵

定量泵系统中以控制执行元件的运动速度。

节流阀是靠移动或转动阀芯来改变阀口的通流面积,从而改变流阻的阀。它装在定压液压源后面的油路中或定量液压源的分支油路上,可起到调节流量的作用。

图 4-9 所示为 LF 型节流阀的结构及图形符号。压力油自 A 腔流入,经过阀芯 2 下部的节流口,从出油腔 B 流出。调节流量时,旋动调节手轮 3,使阀芯 2 做轴向移动,改变节流口的通流面积,从而改变 B 口的流量。

节流阀结构简单,但流量波动受该阀两端压力差的影响很大,一般应用于流量调节要求不高的场合。这种阀进油腔的压力油直接作用在阀芯 2 的下端承压面积上,因此,当油液压力较高时,手轮的调节就很困难,甚至无法调节,故节流阀又称为带载不可调节式节流阀。

节流阀的流量特性可用以下特性方程来表示:

$$Q = KA\Delta Pm$$

式中:Q——通过节流口的容积流量;

K——节流系数,由节流口形状、油液性质及流动状态决定;

A——节流口的通流面积;

ΔP——节流口前、后的压差;

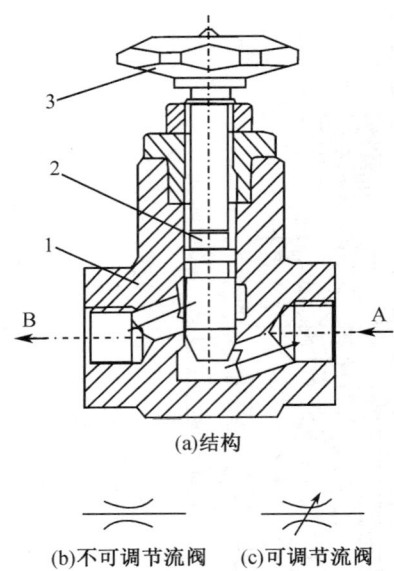

(a)结构

(b)不可调节流阀   (c)可调节流阀

图 4-9　LF 型节流阀的结构及图形符号
1—阀体；2—阀芯；3—调节手轮

  m——由节流口形状决定的指数，薄壁小孔（孔长小于孔径的一半）$m=0.5$，细长孔（孔长远大于孔径）$m=1$，一般节流口 m 介于两者之间。

  对开度既定的节流阀来说，影响流量的主要因素有：

  （1）节流口前、后的压差 ΔP

  当负载改变时，阀后油压随之改变，则节流阀的流量将改变，从而使执行元件的速度相应改变。节流口越接近薄壁小孔，m 值越小，Q 受 ΔP 变化的影响就越小。

  （2）油温

  油温变化会引起油黏度变化。对细长孔来说，节流系数 K 与动力黏度 μ 成反比，故黏度减小时流量会增加；而对薄壁孔来说，一般处于紊流状态，流量与黏度无关，只有当压差和流通截面较小，雷诺数低于临界值时，流量才受黏度影响。通常节流口多接近薄壁孔，故除非流量很小，一般情况下油温对流量的影响不大。

  （3）节流口阻塞

  当油液受压、受热或老化时，易产生带电的极化分子，而节流口的金属表面也带有正电荷，故油液会在节流口处形成 $5\sim10$ μm 的吸附层。该吸附层会周期性地遭到破坏，造成流量不稳定。此外，油中含有机械杂质或油氧化析出的污垢也会造成节流口阻塞。实践表明，采用薄壁孔可普遍提高抗堵塞能力。

  对节流阀的主要要求有：（1）流量调节范围宽，调速比（最大流量与最小稳定流量之比）一般要在 50 以上；（2）调定后流量受负载（出口压力）和油温的影响尽可能小，小流量时不易堵塞；（3）调节时流量变化均匀，微调性能好；（4）在油压力达到公称值时且节流阀全关的情况下，出口的泄漏量要小（一般为 $0.01\sim0.03$ L/min），全开时流过公称流量的压力损失要小（一般小于 0.4 MPa）。由前面的分析可知，节流口越接近薄壁孔性能越好。

当只需单方向控制流量时,可采用单向节流阀。图 4-10 所示为 LA 型单向节流阀内部结构。压力油自 A 腔进入阀内后,通过下阀芯径向小孔作用在下阀芯 4 下面的承压面积上,A 腔压力油还通过阀体 5 内小孔通入上阀芯 3 上部容腔,这样阀芯两端的液压几乎平衡(下端总压力略大于上端总压力),因此,调节手轮时所需力矩很小,操作轻便。工作时,A 腔压力油向 B 腔正向流动,阀芯在复位弹簧 6 和上推液压力的共同作用下,下阀芯 4 通过上阀芯 3 抵在调节螺杆上,压力油通过阀口的节流口流入 B 腔。当 B 腔压力油升高,而反向流向 A 腔时,B 腔压力油压缩复位弹簧 6,下阀芯 4 向下移动,阀口打开,B 腔压力油便畅通地通过形成的单向阀流入 A 腔。

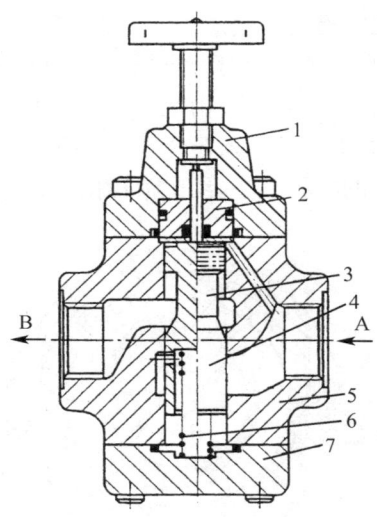

图 4-10　LA 型单向节流阀内部结构

1—顶盖;2—导套;3—上阀芯;4—下阀芯;5—阀体;6—复位弹簧;7—底盖

二、液压泵

在液压机械中,液压泵的作用是将原动机的机械能转变为液压油的压力能,为液压系统供给足够流量和足够压力的油液去驱动执行元件。

容积式泵能产生较高的压力,且流量受工作压力的影响较小,故适合作液压泵。常用的液压泵有齿轮泵、螺杆泵、叶片泵和柱塞泵。本章以叶片泵和柱塞泵为例进行介绍。

叶片泵主要用于中低压系统,其单位功率的重量是所有液压泵中最小的。柱塞泵特别适用于高压系统,容积效率可达 95% 以上,总效率可超过 90%。但其结构较复杂,价格较高,对液压油的清洁程度要求也较高。

柱塞泵与普通往复式柱塞泵在结构上有明显不同,故为了满足提高转速(减小体积)和供液均匀的要求,采用了多作用回转油缸,并取消了泵阀。这类泵可设变向变量机构,能在转速和转向不变的情况下改变油流的方向和流量。柱塞泵按柱塞布置的方向分为径向柱塞泵和轴向柱塞泵之分,后者又分为斜盘泵和斜轴泵两类。径向柱塞泵因尺寸大、转速低,性能参数较差,在船用液压机械中已少有采用。本节只介绍斜盘式和斜轴式柱塞泵。

（一）叶片泵

叶片泵按每转吸排油次数分为双作用和单作用两类。

1. 双作用叶片泵的工作原理和结构

图 4-11 所示为双作用叶片泵的工作原理图。定子 2 内腔的型线是由两段长半径（R）圆弧和两段短半径（r）圆弧以及连接它们的过渡曲线组成的。装在转轴上的圆柱形转子 1 与定子 2 同心，其上开有若干叶槽，槽内装有叶片 3。当转子旋转时，叶片受离心力及液压力（叶片底部空间一般由排出腔引入压力油）作用，始终向外顶紧定子内壁。随定子内壁与转子中心距离的改变，叶片在转动的同时在叶槽内往复滑动。定子和转子的两侧紧贴着配流盘，每个配流盘上有两对吸排窗口。配流盘与定子的相对位置由定位销固定。这样，在定子、转子、叶片和配流盘之间就形成了若干叶间腔室。当叶片由定子的短半径处向长半径处转动时，叶间腔室的容积逐渐增大、压力降低，经配流盘的吸入窗口从泵的吸入管吸油；当叶片由定子的长半径处向短半径处转动时，叶间腔室的容积减小，经配流盘的排出窗口向泵的排出管排油。

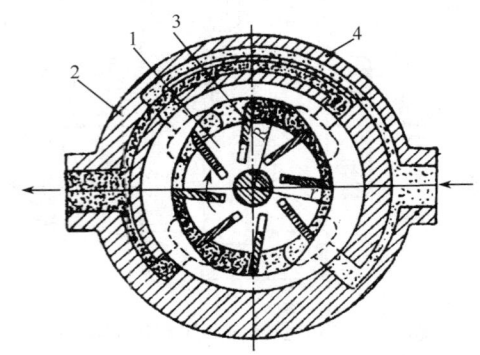

图 4-11　双作用叶片泵的工作原理图
1—转子；2—定子；3—叶片；4—泵体

图 4-12 所示为 IHI 液压克令吊所用的美国丹尼逊（DENISON）公司生产的 T6EC 型双联叶片泵，其额定排压为 17.5 MPa。如图所示，吸入口 S 设在泵体 8 上，排出口 P_1、P_2 分别设在前端盖 5 与后端盖 9 上。有 2 个圆筒形组件由吸入侧配流盘 10、定子 1、排出侧配流盘 11、转子 2 及 10 个径向安置的叶片 3 和柱销 4 组成。配流盘和定子用 4 个螺栓组装在一起，彼此间有定位销精确定位。2 个转子由支承在轴承 7 上的泵轴 6 驱动。叶片顶部加工成弧形槽，槽内有 2 个通孔使叶片顶部与底部相通，故叶片上、下端油压始终保持平衡。每个叶片底部被柱销顶住。柱销截面积约为叶片底面积的 20%，可在转子的柱销孔内滑动，与孔的配合间隙约为 0.005 mm。有油道将排出腔液压油引至柱销底部转子的环形油室中，迫使柱销将叶片顶紧在定子曲面上，又不致使在吸入区顶紧叶片的液压力太大。这是高压叶片泵防止吸入区定子曲面过度磨损的方法之一。

2. 单作用叶片泵的工作原理和结构

单作用叶片泵的工作原理如图 4-13 所示。它与双作用叶片泵相似，也由转子 1、定子 2、叶片 3 以及侧面 2 个配油盘等零件组成。不同之处是，定子 2 的内表面是圆柱形的，且安装时与转子 1 有一个偏心距 e。当转子转动时，转子径向槽中的叶片在离心力的作用下被甩出，使

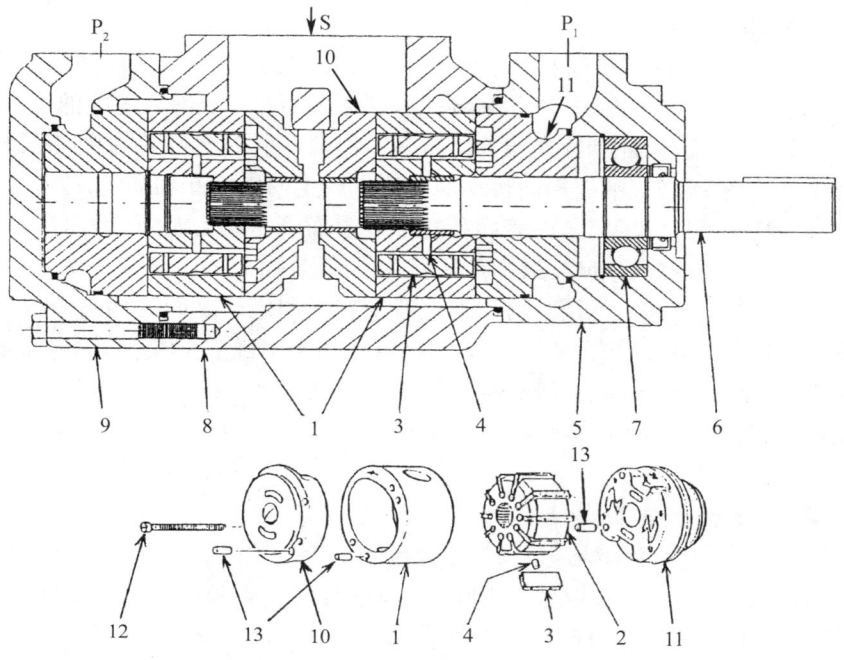

图 4-12　T6EC 型双联叶片泵

1—定子;2—转子;3—叶片;4—柱销;5—前端盖;6—泵轴;7—轴承;8—泵体;9—后端盖;
10—吸入侧配流盘;11—排出侧配流盘;12—连接螺栓;13—定位销

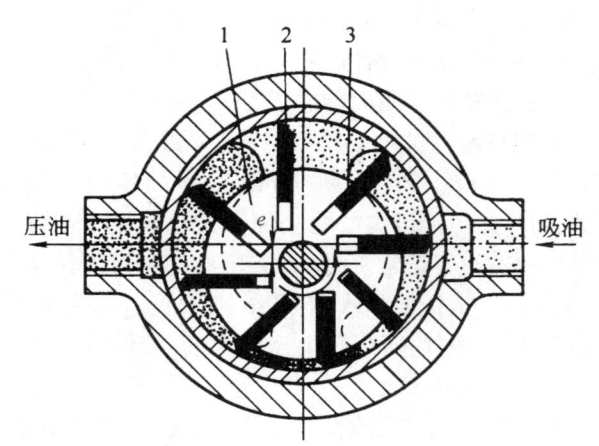

图 4-13　单作用叶片泵的工作原理
1—转子;2—定子;3—叶片

叶片顶部紧靠在定子内表面上,在两侧配油盘内有吸油窗口和排油窗口,分别与吸油腔和排油腔连通。在吸油窗口和排油窗口之间的区域(其夹角应等于或稍大于 2 个叶片间的夹角)就是封油区。它把吸油腔和排油腔隔开。处在封油区的 2 个叶片与转子外圆、定子内表面以及侧面 2 个配油盘形成左、右 2 个密封工作腔。当转子按图 4-13 所示方向旋转时,右边密封工作腔的容积逐渐增大,通过配油盘上的吸油窗口将液压油吸入,而左边密封工作腔的容积逐渐减小,通过排油窗口将液压油压出。转子每转一转,每 2 个叶片间的密封工作腔实现一次吸油和排油,故称单作用叶片泵。

如图 4-13 所示,转子受到压油腔的单向液压作用力,使转子轴轴承承受很大的径向载荷,所以单作用叶片泵也称为非卸荷式叶片泵。通常这类泵的叶片底部通过配油盘上的通油槽与叶片所在的工作腔相连。因此叶片在压油区时,叶片底部通高压,叶片在吸油区时,叶片底部通低压,从而使叶片顶端和底端因径向运动而对流量产生的影响互相抵消,故叶片的厚度对泵的流量无影响。但由于封油区定子内表面和转子外表面不是同心圆弧,因而产生流量脉动且倒灌现象难以避免,故非卸荷式叶片泵一般不宜用在高压系统中。

单作用叶片泵的优点是它的流量可以通过改变转子和定子之间的偏心距(e)来调节。当 e 增大时,密封工作腔的容积变量增大,因而输出流量增大。随着 e 减小,输出流量相应减小;当 e 减小到零时,转子和定子同心,密封容积不产生容积变化,因而输出流量为零。此外,还可以通过改变偏心的方向来调换单作用叶片泵的进、出油口,从而改变单作用叶片泵的输油方向。

3. 叶片泵的特点及使用要点

(1)运转平稳,噪声低,流量均匀,仅次于螺杆泵。

(2)结构紧凑,体积小,尤其是双作用叶片泵,在所有液压泵中单位功率重量最轻。叶片泵与柱塞泵相比结构较简单,零件少得多,制造、装配、维修较方便。

(3)叶片泵的叶片有安装倾角,故转子只允许单向旋转,不能双向使用,否则会使叶片折断。

(4)双作用叶片泵所受径向液压力平衡,轴承的使用寿命长,内部密封性也较好,容积效率通常为 80%~90%。总效率一般可达 75%~95%,稍逊于柱塞泵。压力不大于 7 MPa 时,总效率常高于其他类型的泵。目前,特殊设计的中高压叶片泵和高压叶片泵,采用各种方法限制吸入区叶片底部的油压力,以减轻定子曲面的磨损,输出压力最高已可达 20~30 MPa。

(5)叶片泵比齿轮泵和螺杆泵对油液污染敏感,但对滤油精度要求不如柱塞泵要求高。

(6)许用转速范围较窄,一般在 600~2 000 r/min。为了使叶片泵可靠地吸油,其转速必须符合产品规定。转速太低则叶片可能因离心力小而不能压紧定子表面,转速太高则吸入时易造成泵的吸空现象,造成泵的工作不正常。另外,液压油的黏度要适当,黏度太大会造成吸油阻力增大。液压油黏度太低会造成泄漏增大,容积效率降低,会对系统造成不良影响。

(7)叶片泵不允许采用皮带、链轮等会产生径向力的传动方式。叶片泵与电机直联时要保证同轴度小于 0.05 mm。

单作用叶片泵因径向液压力不平衡,故泵的工作压力和使用寿命都受到限制,容积效率要低些,一般为 58%~92%。单作用叶片泵的流量均匀性比双作用叶片泵也稍差,但它易于实现无级变量。

（二）斜盘式轴向柱塞泵

图 4-14 所示为斜盘式轴向柱塞泵的工作原理图。泵轴 1 通过键与缸体 3 相连。缸体上沿圆周均匀分布有若干个轴向油缸,各油缸底部有腰形配油孔。油缸中设有柱塞 4,柱塞靠端部油压或机械方法贴紧在斜盘 5 上,而斜盘可绕 O 点偏转,即其轴线相对泵轴线的倾角 β 可以改变。缸体另一端面贴紧在配流盘 2 上。配流盘用定位销与泵体 9 固定,盘上开有两个弧形的配油窗口 6。各油缸在相应的位置可分别通过配油窗口与吸排油口 7 或 8 相通。

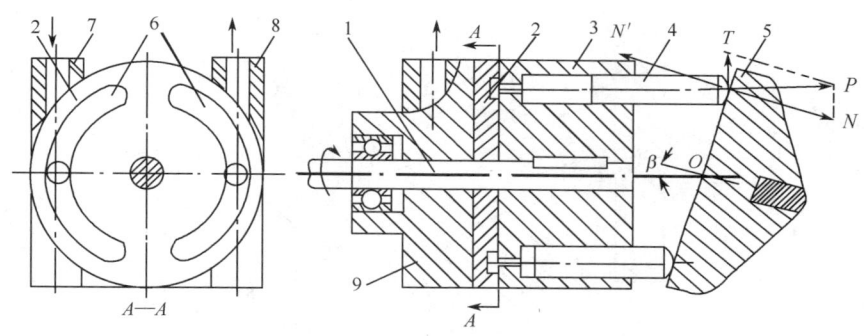

图 4-14 斜盘式轴向柱塞泵的工作原理图

1—泵轴；2—配流盘；3—缸体；4—柱塞；5—斜盘；6—配油窗口；7、8—吸排油口；9—泵体

当原动机经轴带缸体顺时针旋转时（从斜盘端看），若斜盘处在图示倾斜方向，则当柱塞自下而上转过左半周时，其将从油缸中退出，使缸内容积逐渐增大，经左侧窗口由吸排油口 7 吸油。当柱塞自上而下转过右半周时，则又会压入油缸，使缸内容积逐渐减小，将已吸入的油经右侧窗口从吸排油口 8 排出。

轴向柱塞泵的瞬时流量是脉动的。柱塞越多则流量越均匀，而柱塞为奇数时的流量比为偶数时更均匀，一般常设 7 个或 9 个柱塞。

作用在柱塞底部的油压力 P 可分解为垂直于斜盘的力 N 和垂直于柱塞轴线的力 T。前者由斜盘产生的法向反力 N' 平衡，后者则使缸体受到一个倾覆力矩，必须由支承缸体的轴承来承受。分力 T 会对缸体产生扭矩。在排油区的各柱塞所产生的扭矩之和减去在吸油区的各柱塞所产生的很小的反扭矩，构成泵总的液压阻扭矩。如果泵不被原动机所驱动，而是由一个油口输入压力油，从另一油口回油至油缸或液压泵吸口，则上述液压扭矩将驱动缸体和转轴反转，液压泵即变成了液压马达。

显然，在泵尺寸和转速一定时，改变斜盘倾角 β 的大小即可改变泵的流量，$\beta = 0$ 时泵的流量为 0。改变斜盘的倾斜方向，则泵的吸排方向也就改变。

泵的变量方式可以有许多种。目前，各厂家对泵变量方式的命名不尽相同，往往用不同角度的分类方法来加以区分。泵的变量方式按变量机构的控制力经液压放大与否，可分为直接控制和液压伺服控制之分，目前大多采用液压伺服控制，从而无须较大的控制力；按变量机构控制信号的形式，可分为手动控制、机械控制、液压控制、电气控制等多种。根据工作需要还设计了多种有特殊功能的自动变量泵，如恒功率式、恒压式、恒流量式等。

（三）斜轴式轴向柱塞泵

图 4-15 所示为斜轴式轴向柱塞泵的工作原理图。斜轴泵与斜盘泵（直轴泵）不同的是传动轴 1 的轴线与缸体 3 的轴线斜摆一个角度。传动轴通过端部的驱动盘带动与之铰接的一组连杆 4 转动，通过连杆的锥形表面与柱塞 2 内壁面的接触，驱动柱塞和缸体一起转动，使缸体中各油缸的容积变化，于是，通过不转的配流盘 5 上相应的油窗口 6、7 和与之贴合的泵体内的油路，即可实现吸油和排油。改变缸体摆角 γ 的大小，即可改变泵的排量。改变摆角的方向即可改变吸排油的方向。

与斜盘泵相比，斜轴泵具有以下特点：

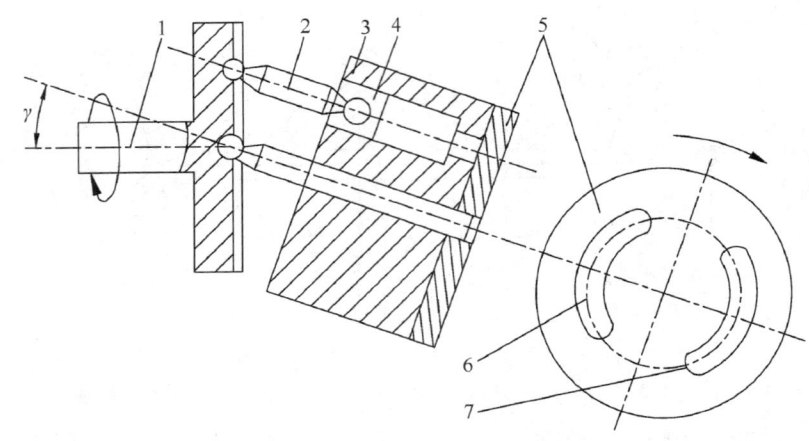

图 4-15　斜轴式轴向柱塞泵的工作原理图
1—传动轴;2—柱塞;3—缸体;4—连杆;5—配流盘;6、7—油窗口

（1）以传动盘铰接替代了斜盘泵中的滑履,结构的强度和耐冲击性能更好,自吸性能更强。

（2）斜轴泵连杆轴线与柱塞轴线的摆角不大,工作时柱塞对油缸壁面的侧压力比斜盘泵小得多,因而磨损小,缸体摆角 γ 一般为 25°,最大可达 40°。而斜盘泵的斜盘倾角一般为 15°,最大不超过 20°。因此,斜轴泵变量范围更大,功率质量比更高。

（3）驱动轴不穿过配流盘,缸体直径较小,泄漏和摩擦损失因而减小,转速可以更高。

（4）采用球面配油,因而间隙较大,故对油液污染的耐受能力比斜盘泵强。虽然推荐使用间隙为 25 μm 的滤油器,但间隙在 20~40 μm 的滤油器都可使用。斜盘泵的间隙一般为 10~15 μm。

（5）斜轴泵结构和工艺比较复杂,造价比斜盘泵高,自吸能力也不及斜盘泵。

（6）轴向柱塞泵的径向尺寸小、结构紧凑、转动惯量小,易于实现变量,容积效率较高。轴向柱塞泵常用于高压系统,其最高压力为 32 MPa,但结构较复杂,对油液污染十分敏感。

（四）液压泵的使用和管理

正确地使用和管理液压泵对保证其工作可靠性和延长其使用寿命至关重要。主要应注意以下各项:

（1）泵轴与电动机应以弹性联轴节直联,轴线同心度误差一般为 0.05~0.1 mm,不允许采用皮带、链轮等有径向负载的传动方式,底座必须有足够的刚度。

（2）柱塞泵吸入压力不允许太低。允许吸油高度一般不超过 0.5 m,进口压力不应低于 0.08 MPa(绝对),有的型号则不允许自吸。

柱塞泵泵内流道阻力大,推荐采用辅泵供油,闭式系统低压侧补油压力常为 0.2~0.6 MPa。斜盘泵如果吸入压力过低,不仅容易产生气穴现象,使容积效率降低,而且柱塞须靠铰接端强行从缸中拉出,容易造成损坏。

（3）为使泵内各轴承和润滑面得以充分润滑,对于初次使用或刚拆修过的泵,启动前必须向壳体内灌油。柱塞泵安装时应使壳体的泄油管向上行。若设计系统时使辅泵的油流经主泵壳体回油箱以冷却主泵,则须注意壳体内的油压通常不得大于 0.1 MPa,以保证壳体的密封。

　　(4)变量泵不宜在零排量长时间运转。因为零排量时不产生排出压力,各摩擦面得不到泄漏油液的润滑和冷却,容易使磨损加剧,并使泵壳体内的油发热。

　　(5)必须选用适当黏度等级的工作油。工作时油压和油温应不超出规定范围。

　　(6)必须注意保持工作油清洁。轴向柱塞泵因采用间隙自动补偿的端面配油方式,油膜很薄,对滤油精度要求较高。如果油中含有固体杂质,不仅会使磨损加剧和容积效率降低,而且可能阻塞泵内通道(例如柱塞、滑履中的细小通孔堵塞会失去静压平衡作用导致严重磨损),或造成卡阻以及变量机构失灵等故障。叶片泵油液受固体颗粒污染严重时会造成工作表面擦伤或叶片卡阻。

　　(7)泵内配合偶件精度很高,且经研配,拆装时不应用力捶击和撬拨,并应防止换错偶件。拆装时应特别注意保持清洁,装配前各零件应该用挥发性洗涤剂清洗,并用压缩空气吹干,不宜用棉纱等擦干。

三、液压油马达

　　液压缸和液压马达(亦称油马达)都是液压装置的执行元件,其作用是将液压油的压力能转换为机械能,带动机械设备工作。就工作原理而言,任何容积泵(除结构上有吸、排单向阀者外),如从其一根主油管输入压力油,而从另一根主油管回油至油箱或液压泵的吸口,都能被油驱动回转而成为液压马达。若液压泵结构是对称设计的,则可以反过来作液压马达用。但很多液压泵是按高速、不可逆转的要求设计的,而液压马达一般都要求能低速、双向转动,故液压马达和液压泵在结构细节上常有所不同。此外,液压泵总是尽量设计成速度高、尺寸小,高速小扭矩液压马达可直接用作液压马达。能直接拖动工作机械的低速大扭矩液压马达需专门设计。

(一)液压马达的性能参数

1. 转速

　　如供入液压马达的油流量为 $Q_M(m^3/s)$,液压马达排量(按其工作容腔几何尺寸计算所得的每转容积变化量)为 $q_M(m^3/r)$,则液压马达理论转速为:

$$n_t = 60Q_M/q_M \quad r/min$$

　　液压马达工作时存在内部泄漏,扣除泄漏损失后的有效流量 Q_M' 与供入液压马达的油流量 Q_M 之比称为液压马达的容积效率,用 η_v 表示,即 $\eta_v = Q_M'/Q_M$,故油马达的实际转速为:

$$n = 60Q_M\eta_v/q_M \quad r/min \tag{4-1}$$

2. 扭矩

　　液压马达的进出油压差称为工作压差,用 Δp 表示;液压马达的输入功率 $P_{MI} = \Delta pQ_M$。

　　若液压马达的理论输出扭矩用 M_t 表示,其理论角速度 $\omega_t = 2\pi n_t/60 = 2\pi Q_M/q_M$,则其理论输出功率 $P_{Mt} = M_t\omega_t = 2\pi Q_M M_t/q_M$。

　　若不考虑液压马达的任何能量损失,则 $P_{MI} = P_{Mt}$,即 $\Delta pQ_M = 2\pi Q_M M_t/q_M$,可得:

$$M_t = \Delta pq_M/(2\pi) \tag{4-2}$$

　　实际上,液压马达各相对运动部件存在摩擦损失,油在液压马达内流动还存在压力损失

（液力损失），因而液压马达的实际输出扭矩 M 小于理论输出扭矩 M_t，两者之比称为机械效率，用 η_m 表示，即 $\eta_m = M/M_t$，故液压马达的实际扭矩为：

$$M = \Delta p q_M \eta_m / (2\pi)$$

3. 输出功率

同时考虑液压马达的泄漏损失、摩擦损失、液力损失，其总效率 $\eta = \eta_v \eta_m$。液压马达的实际输出功率 P_M 等于实际扭矩 M 和实际角速度 ω 之积，即：

$$P_M = M\omega = \frac{\Delta p q_M}{2\pi}\eta_m \cdot 2\pi \frac{Q_M}{q_M}\eta_v = \Delta p Q_M \eta \tag{4-3}$$

从上述对液压马达性能参数的分析可知：

（1）由式（4-1）知，液压马达的实际转速 n 取决于供入液压马达的流量 Q_M 和马达的排量 q_M、容积效率 η_v。因此，改变液压马达转速的方法有两类：①容积调速——采用变量液压泵，改变其流量；或采用变量液压马达，改变其排量。②节流调速——用流量控制阀来改变供入液压马达的流量。

（2）由式（4-2）知，液压马达实际输出的扭矩 M 主要取决于液压马达的排量 q_M、工作压差 Δp 和机械效率 η_m。若马达出口接油箱，则可近似地把出口油压当作零，即将工作压力（进油压力）视为工作压差。当液压马达排量不变时，负载越大，马达工作压力就越高。

（3）液压马达连续运转所允许使用的最高工作压力称为额定压力。若马达额定的扭矩、转速和功率既定，系统和马达的额定压力高，则马达的 q_M、Q_M 可以较小，液压元件和管路的尺寸也相应减小，但对元件的精度、强度、密封性和油液清洁度的要求都会更高。

（4）若采用变量液压马达，在负载扭矩 M 增大、工作油压 p 升高时，马达排量 q_M 增大，则工作油压升高变缓，在流量 Q_M 既定时马达转速降低。由式（4-3）可见，这样马达的功率可受到限制，有些无级自动变量的马达可接近恒功率输出。

排量 q_M 较大的液压马达，可在工作油压不变的情况下得到较大的扭矩，转速则相应较低，属低速大扭矩液压马达。反之，排量 q_M 较小的可得到较小的扭矩，转速则相应较高，属高速小扭矩马达。一般认为额定转速低于 500 r/min 属于低速马达，高于 500 r/min 属于高速马达。高速马达用于船舶甲板机械时一般要加机械减速机构。

（二）低速液压马达

高速液压马达的主要形式有齿轮式、螺杆式、叶片式和轴向柱塞式，结构与液压泵大同小异。低速液压马达的主要形式有径向柱塞式和叶片式。柱塞式马达密封性好，便于采用高油压；叶片式马达密封性不如柱塞式，适合采用中低油压。下面以内曲线式液压马达为例，介绍径向柱塞式液压马达的基本工作原理。

内曲线式液压马达是一种多作用的径向柱塞式液压马达。这种马达有多种不同的传递扭矩的结构形式，但工作原理都基本相同。图 4-16 所示为一种横梁传力的内曲线式液压马达。

由图中可见，输出轴 1 与缸体 3 用螺栓相连，并由壳体 2 和端盖 7 上的滚动轴承支承。缸体套装在固定不动的配流轴 10 上。缸体上沿径向均匀地设有若干个液压缸，每缸有一个配流孔，通到配流轴的圆周面上。每个缸中配有一个柱塞 4，柱塞头部顶在截面呈矩形的横梁 5 上，横梁可在缸体的槽内滑动。横梁两端装有带滚针轴承的滚轮 6，滚轮紧贴壳体的内工作表面，可在其上滚动。壳体的内工作表面称为导轨，由若干段形状相同的特定曲面组成。每段导

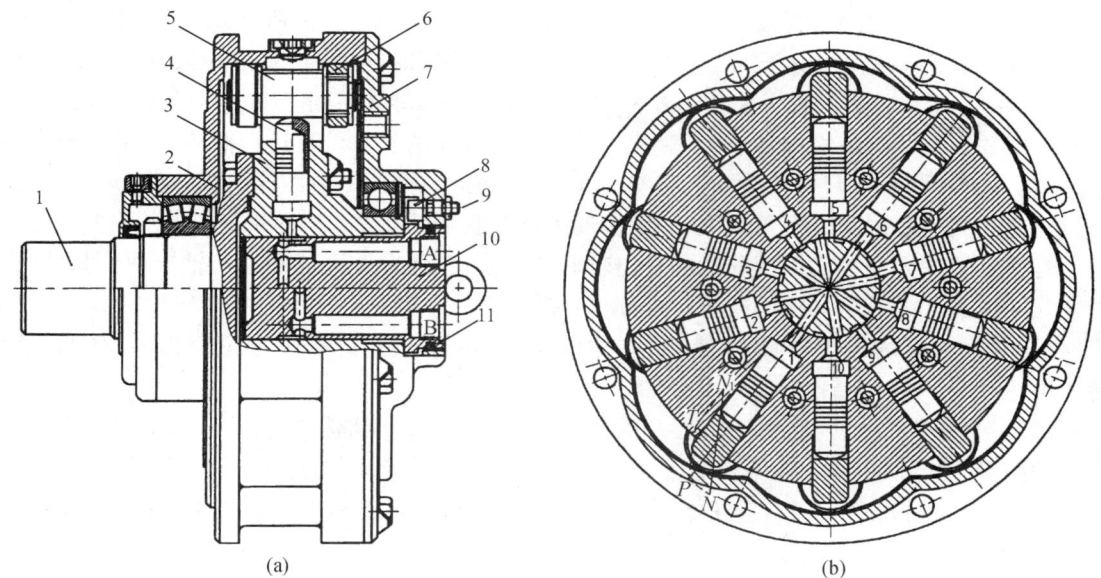

(a)   (b)

图 4-16　内曲线式液压马达

1—输出轴;2—壳体;3—缸体;4—柱塞;5—横梁;6—滚轮;7—端盖;8—偏心销;
9—锁紧螺母;10—配流轴;11—O 形密封圈

轨的曲面可分为对称的两部分,其中允许柱塞向外伸的曲面称为工作段(进油段),与其对称的可迫使柱塞向中心缩回的曲面称为回油段。在配流轴的圆周面上均匀分布着两组彼此相间的配流窗口,分别对应于导轨的工作段和回油段,它们经轴内的通道分别与外接油口 A、B 相通。工作时缸体与配流轴相对转动,每一配流窗口轮流与各缸的配流孔相通。

当马达处在图 4-16(b)所示位置时,如将压力油从油口 A 通入,油就会从配流窗口进入对应于工作段的 1、2、6、7 号液压缸。作用在柱塞上,经横梁、滚轮传递到导轨曲面的油压力 P(准确讲是油压力与柱塞副的惯性力、摩擦力的合力)在曲面法向的分力 N 与导轨对滚轮的反作用力 N_1 平衡;切向分力 T 则迫使缸体顺时针旋转,带动输出轴转动。与此同时,处在各回油段的 3、4、8、9 号液压缸,因正与回油窗口相通而排油。回油压力一般要求保持在 0.5 ~ 1 MPa,以使处在回油段的滚轮不会与导轨脱离。回油段虽然产生阻碍转动的扭矩,但因其值很小,故不会阻碍马达转动。由上可见,只要对 A 油口连续地供入压力油,同时使 B 油口通畅地回油,马达就会按顺时针方向持续转动,并经输出轴输出扭矩。

当改换油的进排方向时,则导轨曲面的工作段和回油段互换,从而工作段切向分力 T 的方向与上述相反,使马达反转。由此可见,导轨曲面的段数 K 决定了马达每转中每个液压缸进回油的次数,即马达的作用数。

应当说明,为了在液压缸转过进回油窗口之间时(参看图 4-16 中的 5、10 号液压缸的位置)不会产生困油现象,导轨曲面在相应位置须有一小段圆弧形的过渡段,液压缸在转过此过渡段时(这时不与吸油和回油窗口相通)柱塞不产生往复运动。

由于配流轴圆周面上各配流窗口之间的密封段很短,该处的泄漏是内曲线式液压马达的主要泄漏。由于上述间隙很小,为了补偿制造和安装上的误差,故配流轴和端盖并不固接,而是设置了有弹性的 O 形密封圈 11,同时进回油口和外接油管之间以软管相连。安装配流轴时应注意使配流窗口之间密封段的中点对准导轨曲面过渡段的中点,否则就会产生困油现象,并产生振动和噪声。然而,由于加工和安装的原因,配流轴和导轨的相对位置很难保证绝对精确,故图 4-16 所示马达设置了偏心销 8,试车时松开锁紧螺母 9,稍稍转动偏心销,使卡在配流轴凹槽中的偏心圆头随之偏转,即可对配流轴在圆周方向的安装位置进行微调,至工作噪声最小为宜。如不设偏心销,为补偿制造和安装误差,须将导轨曲面的过渡段放大一些。

柱塞和液压缸之间的密封间隙,一般多取为柱塞直径的 5/10 000～8/10 000。

若将轴转式内曲线式液压马达的输出轴和缸体固定,而允许壳体和配流轴转动,则可做成壳转式。内曲线式液压马达的主要特点如下:

(1)选用合适的导轨曲面,能使瞬时进油量保持不变,扭矩脉动率理论值为零,最低稳定转速可达 0.5 r/min 左右。

(2)只要柱塞数目 Z 和作用次数 K 的最大公约数 $m \geqslant 2$,全部柱塞就可分为受力状态完全相同的 m 组,作用在壳体、缸体和配流轴上的径向力完全平衡,从而适用于更高工作压力和提高机械效率,启动效率 η_{mo}(启动扭矩与理论扭矩之比)最高可达 98%(前两种径向柱塞马达为 83%～90%)。

(3)每一柱塞的作用数 $K=4～10$,而且可做成双列或三列结构,故可得到较大的马达排量 q 和输出扭矩。

(4)零件数目较多,对工艺和材料的要求较高,尤其是内曲线部分受柱塞滚轮的压力较大,对表面处理的要求高。

（三）液压马达的使用注意事项

液压马达使用中应注意以下方面:

(1)长期连续工作时,油压应比额定压力低 25%为宜,瞬时最高油压不应超过标定的最高压力,转速应在标定的范围内。

(2)输出轴所受径向负荷不应超过规定值。其与被驱动机构的同心度应保持在允许范围内,或采用挠性连接。

(3)连杆式、内曲线式液马达必须使回油保持足够的背压才能正常工作,具体背压值在厂家的产品说明书中有明确规定。

(4)初次使用的马达壳体内应灌满工作油。柱塞式液压马达壳体上常有 2～3 个泄油接口,通常选上部的接泄油管,其余堵死。泄油管最高水平位置应高于马达,以防马达壳体中的油漏空,使马达工作时无法得到润滑和冷却。

壳体内油压一般应保持在 0.03～0.05 MPa。最高不应高于回油压力,大多不超过 0.1 MPa,以保证轴封和壳体密封可靠。为此泄油管应单独接回油箱,不应与主油路的回油管路连接。泄油管不宜太长,上面不宜加其他附件。

(5)试车时,先让马达以 20%～30%的额定转速运转,然后逐渐加速至额定转速。在低温环境启动时应先空载运转,待油温升高后再正常工作。空载工作压降一般不应超过 0.5～1 MPa。

(6)必要时可脱开液压马达泄油管,测量工作时的泄漏量,以检查液压马达是否内部磨损严重或因部件损坏而漏油。正常时连杆式马达的容积效率 η_v 为 96%～98%,五星轮式和内曲线式约为 95%,叶片式约为 90%。由于上述泄漏量不包括马达内高、低压侧之间的直接内漏,

故实际的 η_v 值要比上述泄漏量与马达的理论流量比值低。一般当液压马达 η_v 低于 80% 时，就需要检修或更换。

（7）应选用黏度牌号适当的液压油。使用时油温和污染度应控制在允许范围内。

四、液压辅助元件

液压系统的辅助元件是指密封件、管件、压力表、滤油器、油箱、热交换器和蓄能器等部件。从液压传动的工作原理来看它们只起辅助作用，然而从保证液压系统有效的传递力和运动以及提高液压系统其他工作指标来看，它们是系统的重要组成部分。实践证明，它们对液压系统的性能、效率、温升、噪声和使用寿命等的影响极大。如果选用或使用不当，会影响整个液压系统的工作性能，甚至使之无法正常工作。所以在设计、制造和使用液压设备时，必须重视辅助元件。辅助元件中油箱大多是根据液压设备和系统的要求自行设计的。其他一些辅助元件则做成标准件，供设计时选用。

（一）滤油器

1. 滤油器的作用

滤油器的作用是在工作中不断滤除液压油中的固体杂质，保持油的清洁度，降低液压设备的故障率，延长液压油和装置的使用寿命。

在液压系统中，不允许液压油中含有超过限度的固体颗粒和其他不溶性脏物。因为这些杂质会使间隙表面划伤，造成内部泄漏量增加，从而降低效率、增加发热量。这些杂质还会使阀芯卡死、小孔或缝隙堵塞、破坏润滑表面，造成液压系统故障。胶状物和淤渣等杂质，将会引起元件的黏着。酸类杂质还将加速运动件的腐蚀和使油液进一步劣化。据统计，液压系统的故障中有 70% 以上是由液压油中的杂质造成的。

液压油中混入的杂质，大致来自以下几个方面：（1）工作前就残留在液压系统中的杂质，例如水锈、铸砂、焊渣、铁屑、油封剂、油漆皮以及清洗时残留的棉纱屑等；（2）外界进入液压系统的杂质，例如从加油口、防尘圈等处进入的灰尘、液压油，在运输过程中从空气和输送设备中混入的杂质等；（3）工作过程中产生的杂质，例如密封材料受液压作用形成的碎片、运动件磨损产生的金属粉末、水、空气、液压油在高温下经化学作用产生的酸类、胶状物、沥青质和炭渣等，以及密封材料、橡胶软管、容器内壁涂料等在油中溶解生成的硬化杂质等。

在工作中，除利用油箱沉淀液压油中部分大颗粒杂质外，消除固体杂质的最有效办法是使用滤油器滤除各种机械杂质。油液经过滤油器的无数的微小间隙或小孔时，油液中所含的尺寸大于这些间隙或小孔的杂质便被阻隔住，从而达到滤清油液的目的。

2. 滤油器的要求

滤油器因用途不同而形式多样，但其基本要求大多一致，主要有：

（1）能满足液压系统对过滤精度、过滤能力的要求；

（2）滤油器材料具有一定的机械强度，不会因液体压力作用而被破坏；

（3）在正常工作温度下性能稳定，有良好的抗腐蚀性；

（4）便于清洗维护，便于更换滤芯，价格低廉。

3.滤油器的性能参数

(1)过滤精度

过滤精度是指滤油器能从油液中滤除的固体颗粒的尺寸大小,它是选择滤油器的首要参数。绝对过滤精度是指能够通过滤油器的最大球形颗粒直径(μm)。现在各国普遍采用国际标准 ISO 4572,以过滤比来评定液压滤油器的过滤精度。

过滤比 β_x 是滤油器上、下游单位容积油液中大于某一给定尺寸 x 的颗粒数 N_u 与 N_d 之比,即 $\beta_x = N_u/N_d$。当给定尺寸 x 的过滤比 $\beta_x = 75$ 时,则 x 即为滤油器的绝对过滤精度。

(2)压力损失(压降)

图 4-17 所示为滤油器的压降特性曲线,它是规定黏度(一般为 30 mm^2/s)的油液以公称流量通过滤油器的压力损失(Pa)随工作时间(h)变化的关系曲线。一般船用液压滤油器初始压力损失为 0.08~0.15 MPa。随着使用时间延长和累积的污垢量增加,压力损失从初始值逐渐增加。在达到饱和压降后,继续使用则压力损失将急剧增加,此时有指示装置、发讯装置的滤油器应发出堵塞信号。滤油器带安全旁通阀时,其开启值比饱和压降约大 10%。一般来说,过滤精度高则压力损失较大。

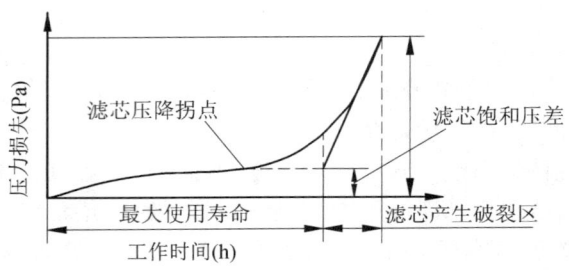

图 4-17　滤油器的压降特性曲线

滤油器的性能参数通常标出初始压力损失,有的还标出最大(饱和)压力损失。滤芯的强度应能承受饱和压力损失和可能的液压冲击,但只要不是完全堵塞,就无须承受系统最大工作压力,故强度较低的滤芯(如纸质滤芯)也可用于高压系统。

(3)公称流量和公称压力

公称流量是指滤油器在初始压降不超过标示值时所允许通过的最大流量。滤芯的有效过滤面积越大,则公称流量越大。同样尺寸的滤芯过滤精度越高,则允许通过的流量越小。

公称压力是指滤油器允许的最大工作压力。它取决于滤油器外壳及其密封元件的耐压能力。

(4)纳垢量

纳垢量是指滤油器达到饱和压降时所滤出、容纳的污垢量(g)。显然,纳垢量越大,滤油器的工作寿命越长。

4.滤油器的主要类型

按工作原理分,滤油器有表面型滤油器、深度型滤油器和磁性滤油器。磁性滤油器以高磁能永久磁铁吸附分离油中磁敏性金属颗粒,一般与前两类滤油器组合使用。

表面型滤油器靠介质表面的孔隙阻截液流中的杂质颗粒,常用的有金属网式和金属线隙式(金属线绕在框架上)。表面型滤油器过滤精度低、纳垢量小,但压降小,可清洗后重新使用。同时为了便于清洗,油液都是从外向内流过过滤材料的。

深度型滤油器的过滤层有一定厚度,内有无数曲折迂回通道,杂质的滤除发生在过滤介质的纵深范围内。其特点是过滤精度高,纳垢量大。但曲折通道造成压降较大,不易清洗。深度型滤油器常用的结构形式主要有折叠圆筒式和圆柱筒式,前者过滤材料可用浸树脂的木浆纤维纸或化学纤维织品,后者滤芯可采用金属粉末烧结、微孔塑料或纤维做成。

纸质滤油器可认为是介于表面型和深度型之间的中间型,一般多将其归入深度型。它的过滤精度可达 $5\sim30~\mu m$,通流能力大,可适用于 32 MPa 高压,使用十分普遍。其主要缺点是无法清洗,脏堵后必须更换滤芯。

图 4-18(a)所示为纸质滤油器。其滤芯由三层组成:外层 2 为粗孔钢板网,中层 3 为呈星状叠层的滤纸,里层 4 是与滤纸叠组在一起的金属丝网。滤油器顶部装有压差报警器 1,在滤芯堵塞油压差增大到一定值时接通电气开关,发出报警信号。

图 4-18(b)所示为烧结式滤油器。

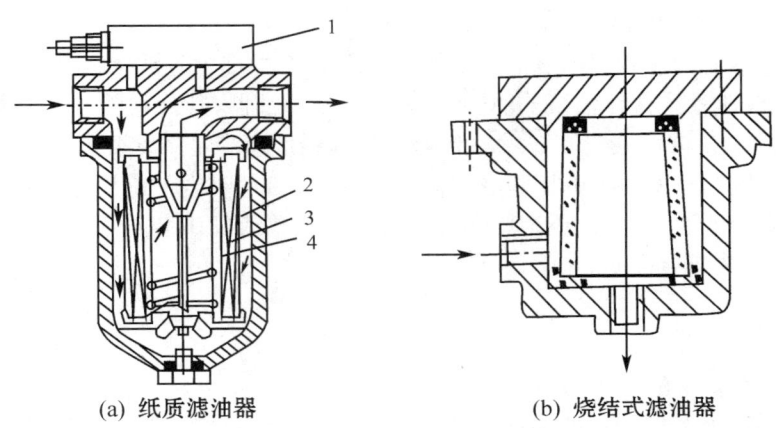

(a) 纸质滤油器　　　　　　　　(b) 烧结式滤油器

图 4-18　纸质滤油器和烧结式滤油器

1—压差报警器;2—粗孔钢板网;3—滤纸;4—金属丝网

滤油器的主要类型和特点见表 4-2。

表 4-2　滤油器的主要类型和特点

类型		过滤精度(μm)	压降(MPa)	纳垢量	清洗性	使用情况
表面型	网式	80(200 目);100(150 目);180(100 目)	<0.025	小	易	吸油滤油器
	线隙式	30~100	0.03~0.06	小	不易	低压滤油器
深度型	纸质	5~30	0.07~0.2	中	一次性	精滤(价廉,广泛使用)
	烧结式	10~100	0.09~0.2	中	不易	精滤(强度好,耐高温)
	化学纤维	1~20	0.05~0.3	大	不易	精滤(大流量)
	不锈钢纤维	1~20	0.006~0.055	大	易	精滤(大流量),价高,使用少

5.滤油器的选择和使用

滤油器按在液压系统中布置的位置分为吸油滤油器、压油滤油器和回油滤油器等。选择滤油器时应根据其在系统中的位置和所用系统的要求,选择合适的过滤精度、公称压力、公称流量和允许压力损失。

（1）吸油滤油器设在液压泵的吸入管上,用于保护液压泵。为防止泵吸入压力过低发生气穴现象,吸油滤油器的使用过程中最大压力损失应不大于 0.02 MPa,故多用 100~150 目（孔径为 149~100 μm）的网式滤油器,其公称流量约取泵流量的 2 倍。

（2）压油滤油器设在液压泵的排油管路上,保护除液压泵外的其他液压元件。它的公称压力应高于系统最大工作压力,公称流量应大于泵的流量,过滤精度应满足系统要求,压力损失不宜超过 0.35 MPa。最好用带安全旁通阀的滤油器,这时它可设在溢流阀前,同时保护溢流阀,否则应设在溢流阀后。

（3）回油滤油器设在执行元件的回油管路上,它是能滤除系统回油中的杂质,但不能直接防止杂质进入系统的液压元件。它的好处是仅承受回油背压（一般不超过 1 MPa）,公称压力无须太高。其尺寸可稍取大些,以增加纳垢量。初始压降一般为 0.035~0.05 MPa,允许压降为 0.2~0.35 MPa。过滤精度应满足系统要求。

主系统的压油滤油器和回油滤油器工作时压力和流量难免有波动,会降低过滤性能。船用闭式、半闭式液压系统常在辅泵补油、泄油系统中设滤油器,其公称压力无须太高,流量为主系统的 20%~30%,压降一般为 0.2~0.35 MPa,过滤精度应满足系统要求。

油黏度越大则通过滤油器的压降越大,要防止冷态启动时因油黏度过大而压降过大。细滤器一般都有安全旁通阀,有的还有压降过大的指示装置或发讯装置。滤油器压降达到饱和压降时,要及时清洗或更换滤芯。

（二）油箱

油箱在液压系统中的主要功能是:

（1）提供足够的储油空间,既能适应油液因温度变化而引起的胀缩,又能容纳系统元件的漏油,亦便于向系统补油。

（2）帮助液压油散发工作中产生的热量,同时分离油中的气体,沉淀固体杂质。

油箱按内液面是否与大气相通可分为开式油箱和闭式油箱（充气式）,还可按是否与主机结合为一体分为整体式油箱和分离式油箱。图 4-19 所示为常用的开式油箱的结构图。

开式油箱一般由钢板焊接而成,形状可由总体布置决定,容积应足够大,以利于油液冷却和分离空气、杂质。容积一般取泵每分钟排油体积的 2~5 倍。停止工作时,油箱中的油位高度不超过油箱高度的 80%。底部应距地面 150 mm 以上,以便散热和放油。开式油箱通常还设有油温表和油位计（或油尺）,内壁应涂有耐油防锈涂层。在油箱内应设一隔板,把油箱分成吸油区和回油区两部分。隔板高度一般约为油面高度的 3/4。吸油区和回油区的大小可以相等,也可以把回油区做得大一些,以利于杂质的沉淀。油箱底部应有排油口,底面最好向排油口倾斜,以利于清洗和排除污物。油箱上部设加油口,加油口应带滤网,平时用堵塞或盖子封闭。油箱上部应设通气孔,并装空气滤清器,以防空气中灰尘侵入。进气面积要足够大,以使在任何情况下油箱内的压力均保持为大气压（指开式油箱）。油箱还应开设供安装、清洗、维护等使用的窗口,平时将其密封堵死。

吸油管和回油管管口应在最低油面之下适当深度,否则油会吸入空气和溅起泡沫。吸油管口和回油管口应尽可能离远,回油管口切成 45° 斜角,斜口面向箱壁,以利于散热,回油管口

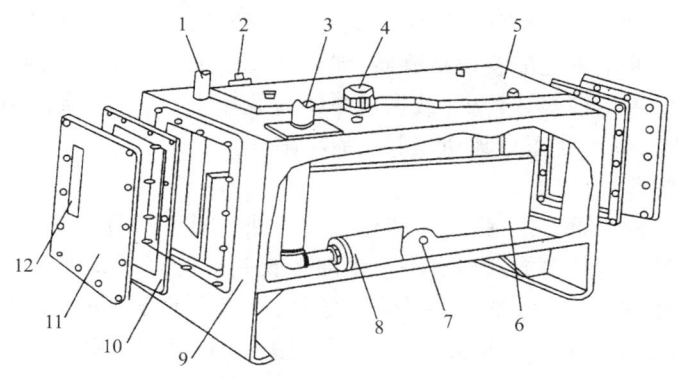

图 4-19　开式油箱的结构图

1—回油管；2—泄油管；3—吸油管；4—空气滤清器；5—电机底座；6—隔板；7—泄油口；
8—滤油器；9—箱体；10—密封垫；11—侧盖板；12—液位计

距箱底距离应大于管径的 3 倍。吸油管口距箱底距离应大于管径的 2 倍，距箱壁距离应大于管径的 3 倍。吸油管口要装设滤油网，以免吸入较大的固体杂质（铁屑、棉纱等），滤网要全部浸入油面之下，底面与箱底应保持一定的距离，使油液从滤网的四周都能进入网内。滤网精度要适合，并要有足够的通油能力，以免入口阻力太大，滤网通油能力应大于液压泵流量的 2 倍以上。油箱上还可装电接点温度表，用来自动控制冷却器的工作。

（三）蓄能器

1. 蓄能器的功用

蓄能器又称为蓄压器、储能器，它与液压管路相通，当管路油压大于蓄能器压力时，部分液压油从管路进入蓄能器，把压力油的液压能储存在耐压容器里。在有需要时，蓄能器中的油被挤出，补入管路。蓄能器在液压系统中的主要功用是储存能量、吸收脉动压力、吸收冲击等。其用途如下：

（1）作辅助动力源

某些液压系统的执行元件是间歇性动作，其总工作时间很短，而部分液压系统的执行元件虽然不是间歇动作，但在一个工作循环内速度差别很大，这种系统装上蓄能器后，就可采用一个功率很小的泵，在满足功能需求的同时减少传动功率，使整个液压系统尺寸小、重量轻、花费低。

（2）补充泄漏和保持恒压

部分系统中执行元件长时间不动，但要保持恒定压力的系统，可用蓄能器来补偿泄漏，从而使压力恒定。

（3）作紧急动力源

某些液压系统要求在液压泵发生故障或停电而供油突然中断时，执行元件应继续完成必要的动作。这就需要有适当容量的蓄能器作紧急动力源。

（4）减小液压冲击和压力脉动

换向阀突然换向，液压泵突然停车，执行元件的运动突然停止，甚至人为地执行元件紧急制动等原因，都会使管路内液体流动发生急剧变化，而产生冲击压力。虽然系统中设有安全阀，但因响应较慢，造成系统内压力的增大，其值可能是正常压力的几倍。这将会引起系统中的仪表、元件和密封装置发生故障甚至损坏或者管道破裂,此外,还会使系统产生强烈振动。若在控制阀或液压缸冲击源之前装设蓄能器,则可吸收和缓和这种液压冲击。

对于液压系统中采用柱塞数较少(或齿轮泵的齿数较少)的柱塞泵而引起的压力脉动,若在系统中装设蓄能器,则可使压力脉动降低到最小限度。

2. 蓄能器的分类

蓄能器按结构可分为重力式、弹簧式和充气式三种。图 4-20 所示为常用的充气式蓄能器及蓄能器的图形符号。这种蓄能器内有一个耐油橡胶制成的气囊 3 把气体和油液隔开,壳体是一个无缝、耐高压的外壳,皮囊的原料是丁腈橡胶,气囊内常充以 N_2 或惰性气体。下部有一个弹簧控制的菌形阀 4,正常工作时常开,油排空则关闭,防止气囊被挤出。充气阀只能在蓄能器工作前用来为皮囊充气,蓄能器工作时是始终关闭的。其特点是皮囊惯性小,反应灵敏,结构紧凑,质量小,安装方便,维护容易。但皮囊及壳体制造较困难,且皮囊的强度不高,允许的液压波动有限,只能在一定的温度范围内($-20 \sim 70$ ℃)工作。蓄能器内所用的皮囊有折合型和波纹型两种。折合型皮囊的容量较大,可用来储蓄能量,波纹型皮囊可用来吸收冲击。

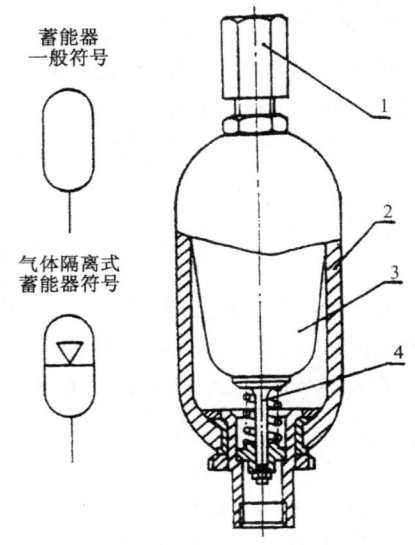

蓄能器一般符号

气体隔离式蓄能器符号

图 4-20　充气式蓄能器及蓄能器的图形符号
1—充气阀;2—壳体;3—气囊;4—菌形阀

3. 蓄能器的安装和使用注意事项

(1)以油口向下垂直安装为宜,以免杂质沉淀其中妨碍工作。

(2)装在管路上的蓄能器需用支架固定,不能通过焊接固定,以免妨碍热胀冷缩。

(3)蓄能器与管路之间应安装截止阀,以便系统长期停用及充气、检修时将其切断。

(4)蓄能器与液压泵之间应安装单向阀,防止泵停转时蓄能器内的压力油向泵倒灌。

(5)禁止充氧气或空气,防止气体漏入油中引起氧化,空气还可能带入水分。允许的最高充气压力视蓄能器的结构形式而定。例如,充气式蓄能器的充气压力为 $3.5 \sim 32$ MPa。

(6)吸收冲击压力和脉动压力的蓄能器应尽可能装在振源附近。

(7)至少每隔 6 个月检查一次压力。方法是用泵向蓄能器充油,至附近管路上的压力表所示压力足够高后停泵。让蓄能器中压力油缓缓流出,观察油压,油压先徐徐下降,当降到某值时菌形阀关闭,然后油压迅速下降,此时的压力即现存气体压力。若压力低于设计值太多应补气。充气式蓄能器应防止皮囊破裂。皮囊破裂可能是因漏气而将皮囊挤入充气阀孔,或是因充气太快而将皮囊挤入菌形阀座孔。

第二节 液压舵机系统

一、舵的作用原理

为保持船舶的正确航向及良好的操纵性能,船舶必须装备舵设备,即舵机。我国《钢质海船入级规范》中对舵机有明确的要求,要求舵机必须具有足够的转舵扭矩和转舵速度,并且在某一部分发生故障时能迅速采用替代措施,确保操舵能力。同时,舵机的性能也是各国PSC检查的重点。

1. 舵的水动力及其对船舶运动的影响

航行时舵叶处在船的尾流中。如在正舵位置,即舵角(舵叶横剖面的中线与船舶中纵线之间的夹角)$\alpha = 0°$时,水流对舵叶两侧的作用力相同。若舵叶向一舷偏转某舵角 α,如图 4-21所示,则两侧的水流状态不再对称。水流绕流舵叶时的流程在背水面大于迎水面,流速较大,背水面上的水压力比迎水面要小。舵叶所受水压力的合力称为舵压力,用 F_N 表示,垂直于舵叶中线,指向背水面。舵叶中线的作用点 O 称为舵压力中心,它与舵叶导边的距离用 X 表示。此外,水流还对舵叶产生摩擦力,其合力用 F_F 表示,平行于舵叶中线。F_N 与 F_F 的合力 F 即水流对舵叶产生的水动力,如图 4-21(a)所示。

舵的水动力 F 对船体的作用,可运用力的平移原理来说明。如图 4-21(b)所示,在通过船舶重心 G 的垂线与通过舵压力中心 O 的水平面的交点处,加设一对方向相反而数值均等于 F 的力 F_1、F_2 来分析。可见,舵的水动力会产生使船体转动的力矩(由力 F 和 F_1 形成),即转船力矩 M_s,使船朝偏舵的一舷转动,这就是操舵转船的原理。同时,水动力还会形成横向分力 $T = F_2\cos\alpha$ 和纵向分力 $R = F_2\sin\alpha$,横向分力引起船向偏舵相反方向横向漂移,纵向分力会增大航行阻力。由于水动力 F 与船舶重心 G 不在同一水平面上,还将对船产生横倾和纵倾力矩。

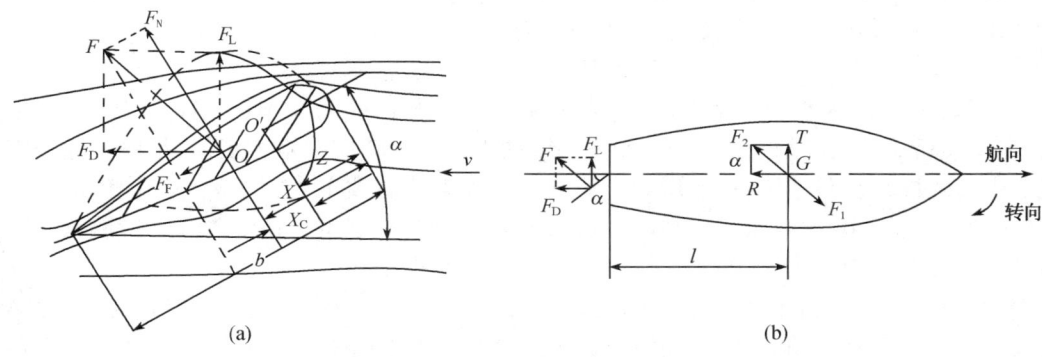

图 4-21 舵的水动力及其对船舶运动的影响

倒航时,同样舵角产生的水动力的方向与正航时相反,形成的转船力矩使船舶向偏舵方向转向。

2. 转船力矩

舵的水动力 F 可以分解为与水流方向(船舶航向)垂直的升力 F_L 和与水流方向平行的阻力 F_D。由图 4-21 和机翼理论可知,转船力矩 M_s 可表达为:

$$M_s = F_L(1 + X_C\cos\alpha) + F_D X_C \sin\alpha \approx F_L l = C_L \rho A v^2 l / 2 \quad \text{N·m}$$

式中:l——船舶重心 G 至舵杆轴线的距离,m;

$\quad X_C$——舵压力中心 O 至舵杆轴线 O' 的距离,m,正航时 $X_C = X - Z$,Z 是舵杆轴线至舵叶导边的距离,m;

$\quad C_L$——舵的升力系数;

$\quad \rho$——水的密度,kg/m³;

$\quad A$——舵叶的单侧浸水面积,m²,舵叶设计值与船型和船舶大小有关;

$\quad v$——舵叶处的水流速度,m/s,对处于螺旋桨尾流中的舵,一般可取航速的 $1.15 \sim 1.2$ 倍,倒航最大航速约为正航最大航速的 0.5 倍。

由此可见,转船力矩(舵效)和舵叶的浸水面积及相对水速的平方成正比,没有相对水速就没有舵效。其他因素不变时,舵角 α 在一定范围内增大,则舵叶的升力系数 C_L 会随之增大,转船力矩 M_s 也将增大。在某一舵角时转船力矩会出现最大值,如图 4-22(a)所示。之后舵角进一步增大,M_s 反而会降低。这主要是因为舵角增大到一定值后,迎水面因水压力增大而经舵叶上下两端向背水面的绕流增加,影响舵压力的增大,使升力系数 C_L 下降。

展弦比(舵叶高度/舵叶平均宽度)λ 越小,舵叶上下绕流的影响就越大,舵压力随舵角增大而增大的速度较慢,达到最大转船力矩的舵角就越大。海船舵叶 λ 为 $2.0 \sim 2.5$,转船力矩达到最大值的舵角为 $30° \sim 35°$,统一规定最大舵角 $\alpha_{max} = 35°$。内河船舶吃水浅,舵叶高度受限,λ 为 $1.0 \sim 2.0$,转船力矩达到最大值的舵角超过了 $35°$,因此 α_{max} 为 $35° \sim 45°$。

3. 转舵扭矩

舵叶水动力 F 相对舵杆轴线的力矩称为舵的水动力矩。当舵角为 α 时,舵的水动力矩:

$$M_\alpha = F_N X_C = C_N \rho A v^2 X_C / 2 \quad \text{N·m}$$

式中:C_N——舵的压力系数。其余符号同转船力矩公式。

舵机工作时施加于舵杆的扭矩称为转舵扭矩,用 M 表示。转舵时除需克服舵的水动力矩 M_α 外,还必须克服舵承的摩擦扭矩 M_f,平衡舵通常 $M_f = (0.15 \sim 0.20)M_\alpha$,故:

$$M = M_\alpha + M_f \quad \text{N·m}$$

图 4-22(b)所示为水动力矩 M_α 与舵角 α 的关系。平衡舵因 X_C 较小,水动力矩 M_α 显著降低,可减少所需的转舵扭矩。若水动力矩 M_α 的方向阻碍转舵则定为正值,帮助转舵则定为负值。平衡舵以小舵角偏转时,舵压力中心会出现在舵杆轴线前方,故 M_α 为负值,回舵时则为正值。摩擦扭矩 M_f 始终为正。转舵扭矩 M 在舵偏转过程基本为正值,在回舵过程为负值,大致随舵角 α 的增大而增大。

倒航时,由于舵叶的随边变成了导边,水压力中心至舵杆轴线的距离比正航时大,如果舵角和水流速度与正航时相同,则水动力矩会比正航时大。但因实际最大倒航速度比最大正航速度小得多,倒航水动力矩不会超过正航最大水动力矩,所以舵机的额定转舵扭矩均根据正航最大水动力矩选配。

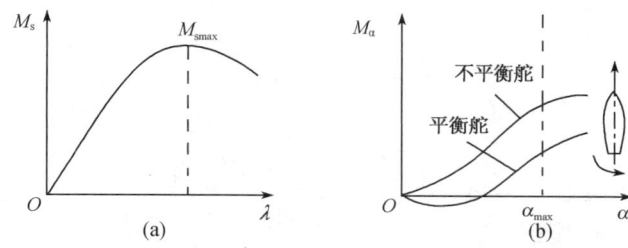

图 4-22　转船力矩与展弦比的关系和舵的水动力矩与舵角的关系

二、舵的基本要求

船舶舵机应该设置一套主操舵装置和一套辅助操舵装置,当其中一套发生故障时不致引起另一套也失效,从而保证船舶正常航行。主操舵装置和辅助操舵装置的动力设备应能从驾驶室控制使其投入工作,且动力设备的动力源发生故障后恢复动力供应时能自动再启动。

主操舵装置和舵杆应该有足够的强度,并能在船舶最大航海吃水和最大营运前进航速时进行操舵,使舵自任意一舷 35°转至另一舷 35°,并且于相同条件下从一舷 35°转至另一舷 30°所需要的时间不超过 28 s,同时在最大后退速度时不致损坏(无须在试航中以最大后退速度在最大舵角下进行验证)。

辅助操舵装置应有足够的强度和足以在可驾驶航速下操纵船舶,并能在紧急情况下迅速投入工作。应能在船舶最大航行吃水和以最大营运前进航速的一半但不小于 7 kn 时进行操舵,使舵从一舷 15°转至另一舷 15°,且所需时间不超过 60 s。为满足这一要求,当舵柄处的舵杆直径(不包括航行冰区的加强)大于 230 mm 时,应由动力操作。

如主操舵装置有两套以上相同的动力设备,则在下列条件下可不设辅助操舵装置:①当管系或一台动力设备发生单项故障时,此缺陷能被隔离,使操舵能力能保持或迅速恢复;②当客船任一套动力设备不工作时或货船所有动力设备都工作时,主操舵装置具有前述要求的操舵能力。

三、液压舵机的基本组成和工作原理

1. 阀控型液压舵机的基本组成和工作原理

阀控型液压舵机的基本组成和工作原理如图 4-23 所示。它使用单向定量泵 1 供油。工作时,泵连续运转,吸排油方向不变,向转舵油缸 6 供油由 M 型三位四通换向阀 3 控制。当驾驶台给出与实际舵角不同的指令舵角时,换向阀某侧电磁线圈通电,阀芯偏离中位,向转舵油缸某一油路供油,油缸的另一油路则通回泵的吸入口(闭式系统),推动舵杆和舵叶转动。由舵杆(或舵柄)带动的反馈发讯器 7 将实际舵角信号送回电气控制系统,当舵转至实际舵角与指令舵角相同时,换向阀的电信号消失,阀芯回到中位,泵的排油经换向阀卸荷,转舵油缸的油路被封闭,舵叶停转。当指令舵角与实际舵角的方向相反时,换向阀的另一侧线圈通电,阀芯偏移的方向和转舵方向相反。

根据《钢质海船入级规范》的要求,阀控型液压舵机换向阀前后的油路应各设一组安全阀,安全阀 2 可防止液压泵过载,防浪阀 5 作防浪阀用。油柜 8 可向闭式油路补油或容纳受热

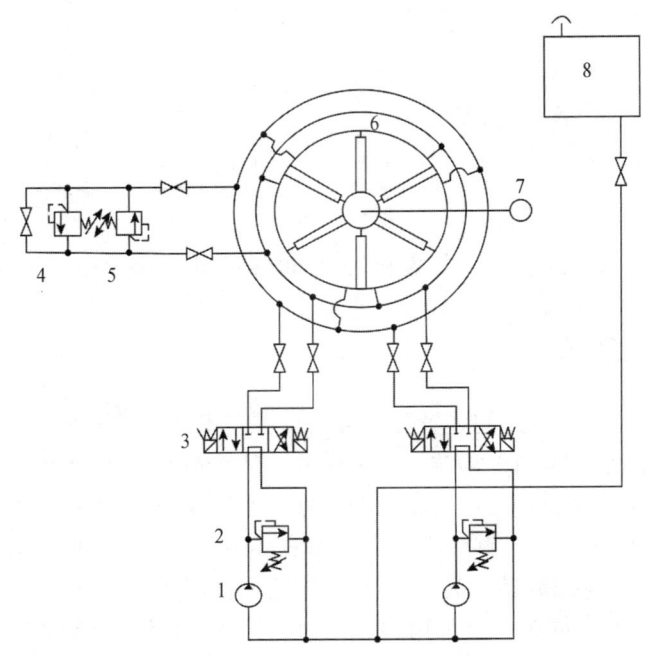

图 4-23　阀控型液压舵机的基本组成和工作原理图

1—单向定量泵;2—安全阀;3—三位四通换向阀;4—旁通阀;5—防浪阀;6—转舵油缸;7—反馈发讯器;8—油柜

膨胀的油液。阀控型液压舵机也可以采用开式系统,油回至油柜,泵从油柜吸油。开式系统油散热好,但油液污染的可能性更大。

阀控型液压舵机采用单向定量泵,系统及其控制相对简单,造价较低。其缺点是不转舵时泵仍以全流量排油,经济性稍差,油液发热要多些,适用功率比泵控型小。

2. 泵控型液压舵机的基本组成和工作原理

图 4-24 所示为泵控型液压舵机的基本组成和工作原理示意图。泵控型液压系统都采用双向变量液压泵和闭式系统。图中两台并联的双向变量泵 1 工作时由电机 14 驱动,可单独或同时从某侧的转舵油缸 5 吸油,向另一侧油缸排油,油压差作用于柱塞 6 上,通过滑块 7 来推动端部呈叉形的舵柄 8,使舵柱和舵叶转动。供油方向和流量由油泵控制杆 4 控制泵的变量机构偏离中位的方向和大小来决定,实现对舵叶运动的控制。

图中示出了曾广泛用于泵控型液压舵机的浮动杆式机械追随机构。浮动杆 18 的 A 点(操纵点)由舵机的控制系统(本例通过伺服油缸)控制,给出与驾驶室的指令舵角相同的操舵角(有标牌指示),在 C 点(控泵点)与泵的变量机构油泵控制杆 4 铰接,而在 B 点(反馈点)通过储存弹簧 12、舵角反馈杆 13 与舵柄 8 相连,接收舵叶实际舵角的反馈信号。

当操舵角与实际舵角均为 0° 时,浮动杆的 A、B 点都处在相应于 0° 的中位,使 C 点及泵的变量机构也处于中位,泵空转不排油,封闭了转舵油缸的油路。由于油液基本上不可压缩,若不泄漏,柱塞 6、舵柄 8 就会保持不动,舵叶就停在中位(0° 舵角)。

此时,如果驾驶室给出某一左舵的指令舵角,通过控制系统可使伺服油缸 2 的活塞右移,通过反馈发讯器 15 可向控制系统反馈活塞位移的信号。当活塞行至所给出的操舵角与指令舵角相同的位置时,伺服油缸进排油立即中断,操纵点 A 移动到 A_1 点停住。若舵尚未转动,反

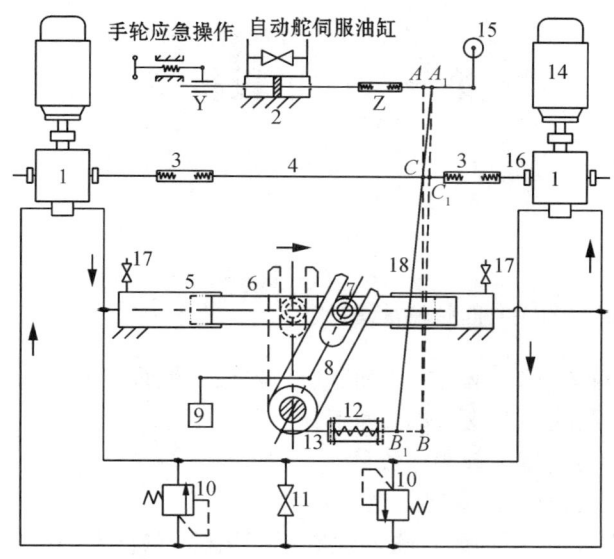

图 4-24　泵控型液压舵机的基本组成和工作原理示意图

1—双向变量泵；2—伺服油缸；3—调节螺套；4—油泵控制杆；5—转舵油缸；6—柱塞；7—滑块；8—舵柄；9—舵角指示器的发送器；10—安全阀；11—旁通阀；12—储存弹簧；13—舵角反馈杆；14—电机；15—反馈发讯器；16—泵变量机构限位器；17—放气阀；18—浮动杆

馈点仍在 B 点位置，浮动杆绕 B 转动，控泵点就会从 C 点移动到 C_1 点，带动泵变量机构油泵控制杆 4 离开中位，泵开始从右侧油缸吸油，排到左侧油缸，推动柱塞 6 右移，通过滑块 7、舵柄 8 向左转舵。随着舵叶偏转，舵角反馈杆 13 拉动浮动杆的反馈端左移，此时操纵端保持在 A_1 不动，浮动杆绕 A_1 转动。当舵叶转到实际舵角与操舵角相同时，反馈端移到 B_1 点，控泵点又被带回到中位（C 点），泵再次停止供油，封闭转舵油缸，舵就停住。

回舵时，若从上述情况返回正舵，浮动杆的操纵端从 A_1 点返回并保持在 A 点，浮动杆绕 B_1 点转动，它的控泵点及泵变量机构向左离开中位，使泵从左侧油缸吸油，向右侧油缸排油，推动舵叶反向回转。当舵叶回到中位时，在反馈杆的作用下，浮动杆的反馈端重新回到 B 点，控泵点以及泵变量机构又返回中位，泵再次停止供油，舵就停在正舵位置。向右转舵及回舵的工作原理与向左转舵及回舵类似。

实际工作中 B 点不是在 A 点动作完成后才动作，而是 C、B 连续追随 A 点动作。浮动杆追随机构可使转舵过程开始（结束）时泵的流量逐渐增大（减小），可减轻液压冲击。为加快转舵速度，通常操舵角与实际舵角的偏差不大时泵的变量机构就移到最大排量位置，这时控制杆受泵变量机构限位器 16 的限制不能再前移，于是大舵角操舵时，在舵叶转动使浮动杆 B 点移动前，便会无法连续进行。为解决这一问题，在舵角反馈杆 13 上设了可双向压缩的储存弹簧 12，当浮动杆 A 点的移动使 C 点的位移受限后，B 点就能压缩储存弹簧而移动，使浮动杆绕 C 点摆动，以便 A 点能继续移动，大舵角操舵得以连续完成。随后随舵叶偏转，受压缩的储存弹簧逐渐释放，待其恢复原长后，舵的偏转方会拉动浮动杆 B 点，使 C 点以及泵的控制杆返回中位停止转舵。可见，加装了储存弹簧后不但大舵角操舵得以连续进行，而且转舵时泵能在较长时间内以最大流量供油，这加快了转舵速度。

第三节　甲板机械

一、起货机

（一）对船舶起货机的基本技术要求

船舶起货机虽因构造类型、驱动方式和制造厂家的不同而种类繁多、结构各异,但就生产实际需要而言,都应满足的基本技术要求如下:

(1)能以额定的起货速度吊起额定负荷。

(2)能依操作者的要求方便、灵敏地起落货物。

(3)能依据起吊货轻重、空钩或货物着地等不同情况,在较大的范围内调节运行速度,并具有良好的加速和减速特性。

(4)不论在起货或落货的过程中,都能根据需要随时停止并握持货重。

由此可见,起货机必须具有足够的功率、换向、调速、限速的能力,并需设置制动设备和某种机械性的固锁装置,以便有效制动和锁紧。

（二）起货机的特点与分类

1. 吊杆式起货机

吊杆式起货机是船上应用最早的起货机。其结构简单、初置费较低、维护简单,迄今仍为一般船舶所广泛采用。吊杆式起货机按吊杆承载能力可分为轻型(吊重在 10 t 以下)和重型(吊重在 10 t 以上);按作业所需用吊杆数又可分为双吊杆和单吊杆。

(1)双吊杆起货机

双吊杆起货机由两根吊杆和两台起重绞车组成,其结构如图 4-25 所示。作业时,一根吊杆 3 放在货舱口上方,另一根吊杆 4 则伸出舷外。两根吊杆上的吊货索 7、8 均与吊货钩相连,并各由一部起重绞车卷动。装卸货物时,吊杆的位置不动,两人配合操作两部起重绞车,相应改变两根吊货索的长度,即可从船舱或码头起卸货物。

(2)单吊杆起货机

单吊杆起货机的具体形式很多,归纳起来,基本上可分为用支索回转和用分离顶牵索回转两类。图 4-26 所示为支索回转单吊杆起货机。回转绞车 2 装有绕绳方向相反的两个卷筒,分别卷绕着两根牵索 4,绞车转动时两根牵索分别卷起或放出,从而使吊杆 5 回转。吊杆的俯仰(变幅)则由变幅绞车 3 控制千斤索 6 的收放来实现。起重绞车 1 则收放吊货索控制吊钩升降。

2. 回转式起货机

回转式起货机常按音译为克令吊(Crane),如图 4-27 所示。它将操作室 9 和主起升机构绞车 5、变幅机构绞车 4、回转机构 6 及吊臂(巴杆)8、索具等组装成一体,置于甲板上的回转座台上。主起升机构绞车 5 和变幅机构绞车 4 分别通过吊车顶滑轮组、吊臂滑轮组卷动钢索,去

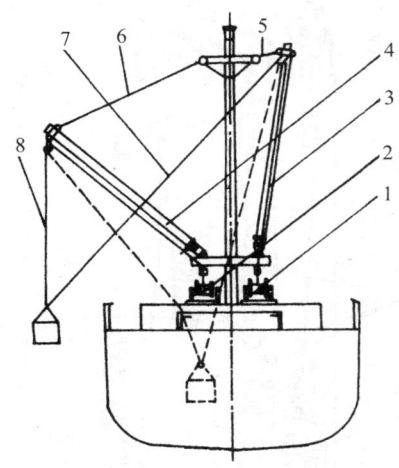

图 4-25　双吊杆起货机
1、2—起重绞车;3、4—吊杆;5、6—千斤索;7、8—吊货索

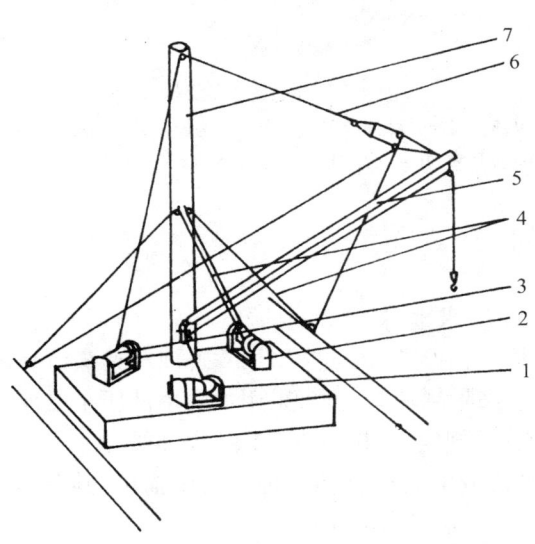

图 4-26　支索回转单吊杆起货机
1—起重绞车;2—回转绞车;3—变幅绞车;4—牵索;5—吊
杆;6—千斤索;7—起货柱

牵动主吊钩 12 或辅吊钩 13 和吊臂(巴杆)8。立式布置的回转马达则用于控制小齿轮,与固定在回转座台内的大齿圈啮合转动,从而带动整个吊车在回转座台上回转。

克令吊比吊杆式起货机占用甲板面积小,操作灵活,可 360°回转,能为前后货舱工作,能准确地把货物吊放到指定地点,装卸效率高。但克令吊结构复杂,管理要求高,初投资高。一般认为,当船舶经常靠港而每次起重量超过 5 t 时,采用克令吊是合适的。

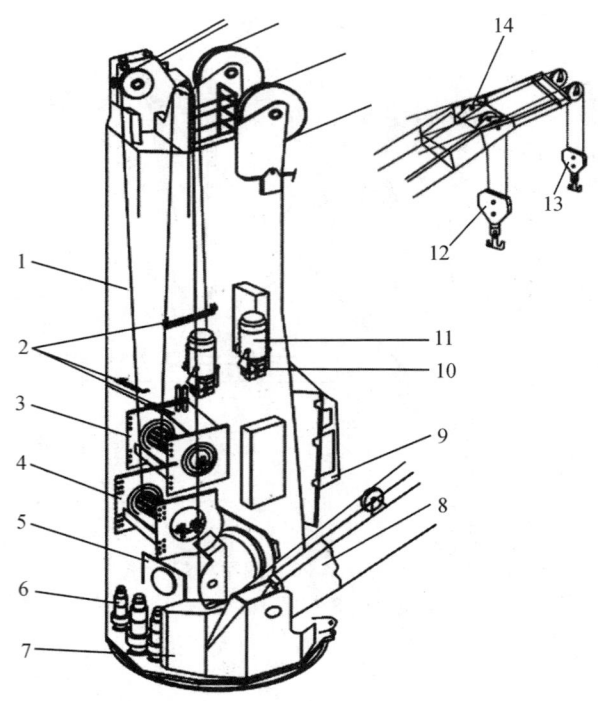

图 4-27 回转式起货机

1—钢丝绳；2—松绳保护装置；3—辅起升机构绞车；4—变幅机构绞车；5—主起升机构绞车；6—回转机构；
7—油箱；8—吊臂(巴杆)；9—操作室；10—泵站；11—主电动机；12—主吊钩；13—辅吊钩；14—吊臂顶

二、锚机与绞缆机

1. 对船舶锚机的基本技术要求

锚机工作时负荷变化很大，电动锚机通常采用双速或三速交流异步电动机；而液压锚机通常采用有级变压液压油马达来限制功率，也可采用恒功率液压泵或液压油马达。

按《钢质海船入级规范》的规定，锚机应满足以下基本要求：

（1）必须由独立的原动机或电动机驱动。对于液压锚机，其液压管路如果和其他甲板机械的管路连接，应保证锚机的正常工作不受影响。

（2）在船上试验时，锚机应能以不小于 9 m/min（此为锚机的公称速度）的平均速度将单锚从水深 82.5 m 处（3 节锚链入水）拉起至 27.5 m 处（1 节锚链入水）。

（3）锚机额定拉力（单位为 N）应不小于 $41.68d^2$（锚链直径 $d \geqslant 25$ mm）或不小于 $35.8d^2$（$d<25$ mm）。

（4）在满足公称速度和额定拉力时，应能连续工作 30 min，并能在过载拉力（不小于1.5 倍额定拉力）作用下连续工作 2 min，此时对速度没有要求。

（5）所有动力操纵的锚机均应能倒转。

（6）链轮与驱动轴之间应装有离合器，离合器应有可靠的锁紧装置。链轮或卷筒应装有可靠的制动器，制动器刹紧后应能承受锚链断裂负荷 45% 的静拉力。锚链必须装设有效的止链器，止链器应能承受相当于锚链的试验负荷。

（7）应对液压锚机的系统和所有受压部件进行液压试验。液压泵试验压力为 1.5 倍最大工作压力。系统和其他受压部件试验压力为 1.25 倍设计压力。

2. 对船舶系缆机的基本技术要求

绞缆机或绞缆卷筒应能保证船舶在受到垂直于船体中心线 6 级以下的风力时,仍能系住船舶,其拉力大小应根据船舶的尺度按《钢质海船入级规范》推荐的数值选取。绞缆速度一般为 15~30 m/min,最大可达 50 m/min,达到额定拉力时,速度可减小到最低值。

3. 锚机与绞缆机的特点

船舶在避风或驶达港口时会因等候泊位、引水及接受检疫、候潮等原因需要抛锚,以抵御风及水流作用在船体上的力,保持船位不变,故船舶需设锚设备。同时,锚设备也是操纵船舶的辅助设备。如靠离码头、系离浮筒、狭水道调头或需紧急减刹船速等,都要用到锚。

船舶为停靠码头、系带浮筒、旁靠他船和进出船坞等所使用的机械设备,统称为系泊设备或系缆设备。系缆设备主要由系缆索、带缆桩、导缆孔或导缆钳、系缆机,以及绳车、碰垫等组成。

锚设备在船首的布置如图 4-28 所示,它主要由锚 1、锚链 5、止链器 3 和锚机 6 等组成。锚机是用来收放锚和锚链的。锚机按所用动力不同,目前主要分为电动锚机和液压锚机;按链轮轴线布置的方向不同,分为卧式和立式,大型船舶多采用卧式结构。

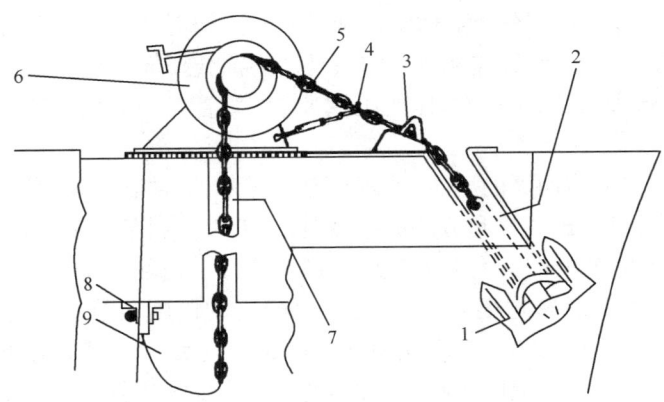

图 4-28　锚设备在船首的布置

1—锚;2—锚链筒;3—止链器;4—掣链钩;5—锚链;6—锚机;7—锚链管;8—弃锚器;9—锚链舱

锚机通常同时设有绞缆卷筒,如图 4-29 所示。原动机 1(图示为电动机)通过涡轮减速器 3 转动绞缆卷筒 5,再通过齿轮减速转动锚链轮 4。用于绞缆时可借离合器手柄 7 使锚链轮的牙嵌离合器 6 脱开。浅水抛锚也可靠锚链自重脱开离合器,用带式刹车手柄 2 调节刹车带松紧控制抛锚速度。深水抛锚可将离合器合上,由于涡轮减速器有自锁作用,抛锚速度由原动机转速决定。

三、液压甲板机械的管理

液压甲板机械的日常管理和维护主要应注意以下方面:

（1）工作中随时注意油温、油箱油位、空载和有载工作时的油压、电流和工作速度是否正常。

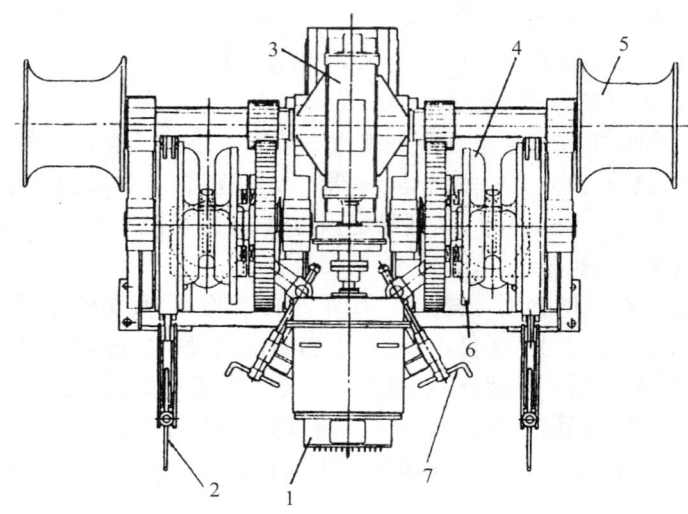

图 4-29　锚机的结构

1—电动机;2—带式刹车手柄;3—涡轮减速器;4—锚链轮;5—绞缆卷筒;6—牙嵌离合器;7—离合器手柄

（2）有无异常的噪声和振动。出现异常的噪声和振动往往是某些故障的征兆,应及时查明原因并予以排除。异常噪声分为液体噪声和机械噪声两类,主要由以下原因引起:①系统进了空气,或油中析出气体,产生气穴现象;②泵、马达磨损或损坏,泄漏严重也会产生更多噪声;③溢流阀或其他控制阀产生噪声;④其他机械原因,如管路、设备固定不牢,联轴节对中不良等。

（3）及时清洗或更换滤油器的滤芯,若发现金属碎末,通常表明泵、马达等元件已损坏。

（4）定期更换密封件、刹车片和清洗油冷却器;定期维护刹车装置和其他安全保护装置。

（5）每年检验液压油油样,必要时处理或更换液压油。齿轮箱油中若有金属磨屑,则会对刹车片、密封件的使用寿命影响很大,需按说明书规定的使用期限及时更换。一般初次使用300 h 应换油,以后每使用 1 200 h 左右应换油。加油不应太多,否则油温容易升高。

（6）停用的液压装置每月须做一次检查性运转,并且空载运行 10~20 min。注意检查电路的绝缘性并使之保持正常。

（7）按说明书规定的周期为规定部位的铰链、滑轮等加润滑脂。起货机的钢索也应定期检查维护。

第五章 船舶通用系统

第一节 船用管系

船舶管系是联系主、辅机及相关设备的脉络,是专门输送流体的管路、设备,以及检查、测控仪表的总称,是保证船舶正常航行、停泊、营运,以及船员、旅客正常生活所必需的设施。维护船舶管系正常运行是轮机管理的一项重要工作。

一、船舶管系分类与材料

1. 管系的分类

船上的管路遍布全船。概括起来,可将船舶管系分为三种类型:(1)动力管系,主要包括燃油系统、滑油系统、冷却系统、压缩空气系统、排气系统等;(2)船舶辅助管系,主要包括压载水系统、舱底水系统、消防系统、日用水系统、通风系统、蒸汽系统等;(3)特种船舶专用管系,主要包括液货装卸系统、洗舱系统、液货加热系统等。本章主要介绍船舶辅助管系。

船舶管系根据设计压力和设计温度分为3级,如表5-1所示。

表 5-1　管系等级

管系	I		II		III	
	设计压力（MPa）	设计温度（℃）	设计压力（MPa）	设计温度（℃）	设计压力（MPa）	设计温度（℃）
	大于		不大于		不大于	
蒸汽	1.6	300	1.6	300	0.7	170
热油	1.6	300	1.6	300	0.7	150
燃油、滑油、可燃液压油	1.6	150	1.6	150	0.7	60
其他介质	4.0	300	4.0	300	1.6	200

注：（1）当管系的设计压力和设计温度均未达到表中Ⅲ级规定时，即定为Ⅲ级管系；当设计压力和设计温度其中 1 个参数达到表中Ⅱ级规定时，即定为Ⅱ级管系；当设计压力和设计温度其中 1 个参数达到表中Ⅰ级规定时，即定为Ⅰ级管系。

（2）其他介质是指空气、水和不可燃液压油等。

（3）不受压的开式管路如泄水管、溢流管、排气管、透气管和锅炉放气管等也为Ⅲ级管系。

2. 管路材料与识别

船用管路材料应根据船舶管系用途、介质种类和设计参数来选择，船舶管路绝大多数采用钢质管。对于部分管系，由于流通介质的不同也有使用铜及铜合金、铸铁、塑料等材质。船上所用管系的设计、制造、使用应符合规范的规定。

如表 5-2 所示，为了便于管理人员识别各种管路所输送的工质和流向，管路外表通常按系统作用不同涂有不同颜色的油漆予以标识。透气管路、测量管路和溢流管路则根据其介质而定。但是不同的国家可能略有差异，故应以船上的标志说明为准。除此之外，管路上还有用标志表示的介质流向箭头符号。

表 5-2　管路识别

管路	燃油管路	滑油管路	海水管路	淡水管路	压缩空气管路	消防管路	舱底水管路	蒸汽管路
颜色	棕色	黄色	绿色	灰色	浅蓝色	红色	黑色	银白色

3. 船舶管系密封

密封材料的功能是阻止管系泄漏。密封材料应满足密封功能的要求，由于被密封的介质、船舶管系工作条件不同，要求密封材料具有不同的适应性。对密封材料的一般要求是：

（1）材料致密性好，不易泄漏介质。

（2）有适当的机械强度和硬度。

（3）压缩性和回弹性好，永久变形小。

（4）高温下不软化、不分解；低温下不硬化、不脆裂。

（5）抗腐蚀性好。在酸、碱、油等介质中能长期工作，其体积和硬度变化小，且不黏附在金属表面上。

（6）具有与密封面贴合的柔软性等。

常用的密封形式有垫密封、胶密封、填料密封、波纹管密封等。其中垫密封广泛用于液体和气体管路的连接部位。传统的石棉垫片由于会对环境造成污染和对人体产生危害，现已被禁用，由矿棉、陶瓷棉等材料取代。橡胶垫片根据化学成分的不同，有芳纶耐油橡胶垫片（适用于燃油、滑油、海水、淡水、饮用水、空气、烟和惰性气体，温度不高于 350 ℃的蒸汽及温度不高于 150 ℃的热油）、丁腈橡胶垫片（适用于矿物油、汽油、苯）、氯丁橡胶垫片（适用于空气、水、氧气）、聚氨酯橡胶垫片（适用于水、油）等。除橡胶垫片外，还有纸垫片、皮垫片、塑料垫片、金属包平垫片、金属垫片等。

二、常用阀门

船舶管路中装有各式各样的阀门，以控制管路中介质的流量和流向，或者切断介质的流动。根据结构特点的不同，阀门可以分为以下几种：

1. 截止阀

截止阀是一种最普通的阀,用来将管路中的一段与另一段隔开。船用截止阀按连接形式分为法兰连接、外螺纹连接、内螺纹连接和胶管连接。截止阀可用于海水、淡水、燃油及温度小于 225 ℃的蒸汽管路。

截止阀按结构可分为直通式和直角式。直通式截止阀的结构如图5-1所示。直通式截止阀由阀体、阀杆、阀盖和阀座等组成。若沿顺时针方向转动阀杆,则手轮上升,阀开启,介质自阀盘下方进入,经阀盘与密封座之间的通道向上流出。若沿逆时针方向转动阀杆,则阀盘与阀座紧密接触,阀关闭,从而截断介质流动。

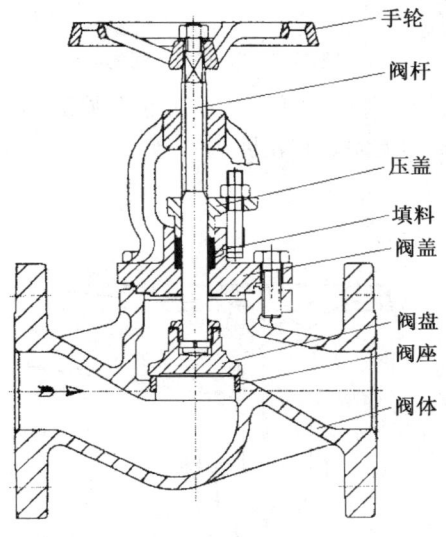

图5-1 直通式截止阀

截止阀应严格按阀上标明的介质流动方向的箭头安装,如果标志不清可按"低进高出"的原则判断。如果截止阀反向安装,工作介质依然可以流通,但管路阻力较正向流动要大很多。

2. 止回阀

止回阀又称单向阀,它是使介质只能沿一个方向流动而不能倒流的一种阀,可分为升降式和旋转式两种。升降式止回阀在船上应用较多,其结构如图5-2所示。升降式止回阀由阀体、阀盖、阀盘、阀座和弹簧等组成。当介质自阀盘下面向上流动时,则顶开阀盘,经阀盘与阀座之间的通道流出。若阀盘下面的介质停止向上流动,则阀盘将在自身重力和弹簧弹力的作用下下落,阀盘与阀座之间的通道关闭,阀盘上面的介质压紧阀盘和阀座,使之不能倒流。

一般而言,尺寸较小的止回阀需要设置弹簧,而尺寸较大的止回阀,由于阀盘足够重,一般不设弹簧,仅靠阀盘自身重量关闭。由于阀盘靠重力落座,止回阀需要直立在安装管路上。

3. 截止止回阀

截止止回阀是截止阀和止回阀的组合阀门,具有截止和阻止介质逆向流动的双重作用。它一般用于泵的出口管路,以避免介质逆向流动使压力作用于泵上,其结构如图5-3所示。截止止回阀不能强制开启阀盘,即阀杆上升时阀盘不能随之提升。仅当阀盘下面的作用力大于阀盘上面的作用力时,才能开启阀盘。而顶起高度取决于阀杆上升的高度和介质的流动情况。反之,当阀盘上面的作用力(阀盘重力、弹簧弹力和介质压力)大于阀盘下面的作用力时,亦即

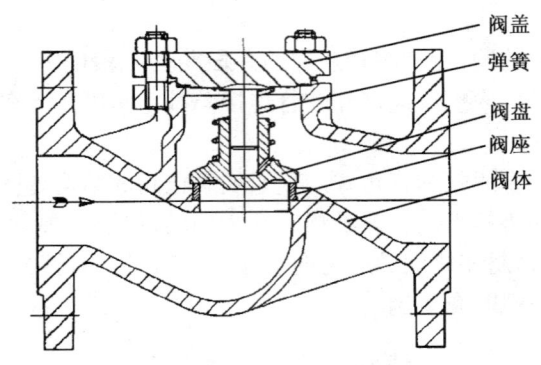

图 5-2 升降式止回阀

当介质逆向流动时,阀盘因下降而自动关闭,从而阻止介质逆向流动。转动阀杆可压紧阀盘,将阀强制关闭,从而截断介质的流动。和止回阀一样,尺寸较大的截止止回阀一般不设弹簧,并需要直立安装在管路上。

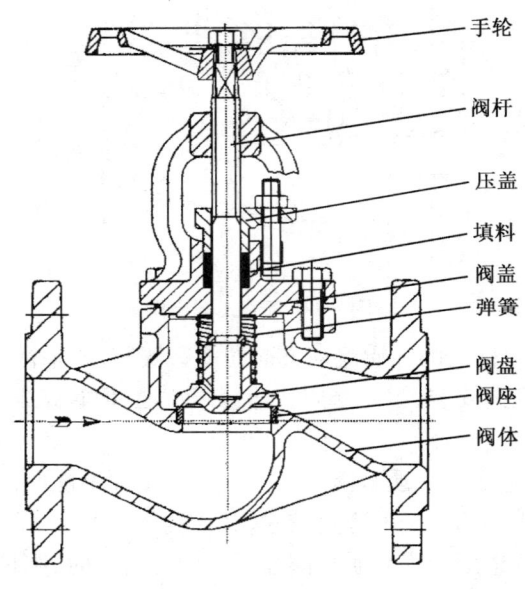

图 5-3 截止止回阀

4. 闸阀

闸阀是一种截断式阀门,其阀盘为一楔形板,开关过程中因产生平移而改变开度。其作用与截止阀相同,但只能是直通式,且无节流作用。闸阀有明杆式和暗杆式两种形式。明杆式是阀杆做升降运动,其传动螺纹在体腔外部的闸阀;暗杆式是阀杆做旋转运动,其传动螺纹在体腔内部的闸阀。明杆式闸阀工作可靠,但外形尺寸大,所以船上多用暗杆式闸阀。

图 5-4 所示为暗杆式闸阀,不论开启与关闭,其高度均不改变,所以在转动手轮时无法知道内部闸板位置,需在阀的上部加设一套行程指示器。

闸阀的作用与截止阀基本相同,由于外形尺寸大、流通截面积大、工质流动阻力小且不受流向限制、开关省力,故常用于低压大口径管路,如海水管路、淡水管路、燃油管路、滑油管路及污水管路等。

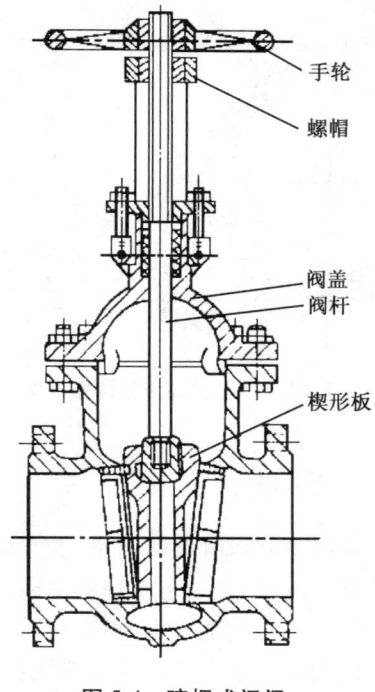

手轮

螺帽

阀盖
阀杆

楔形板

图 5-4　暗杆式闸阀

5. 蝶阀

蝶阀是启闭件(蝶板)绕固定轴旋转的阀门。蝶阀转矩小、重量轻、尺寸小、密封性好,维修也较简便,目前在船上已广泛应用。蝶阀按结构分为偏心式和中心式两种。

图 5-5 所示为中心式蝶阀结构原理图,其阀杆位于圆饼形阀盘的中轴线上,其阀体亦呈圆形,内有密封圈。当阀盘垂直于管路时,蝶阀为关闭状态。当阀盘平行于管路时,蝶阀为全开状态。手动蝶阀上一般都标注 0°～90° 的角度,对应于不同的开度。在开关过程中,阀杆只在90° 的范围内转动,其高度保持不变。蝶阀的密封面积较大,对工作介质的洁净程度和温度有较高要求,并且不宜频繁开关,否则易导致泄漏。

在全开状态下,蝶阀对工质产生的阻力非常小;与截止阀和闸阀等相比,在通径相同时,蝶阀的重量要轻很多。所以,在船上,蝶阀广泛用在低压、大流量的场合,如各种冷却系统、压载水系统、消防水系统等。

除上述常用阀件以外,管路中还有吸入阀箱、排出阀箱、旋塞、安全阀、减压阀等阀件,以及滤器、泥箱(用于舱底水系统)、流量计、疏水器(用于蒸汽凝水管路)、通舱件、管子吊架等附件。本书不做详细论述。

第二节　舱底水系统

舱底水是指机舱或货舱的舱底积水。专门用于排出舱底水的管路系统称为舱底水系统。

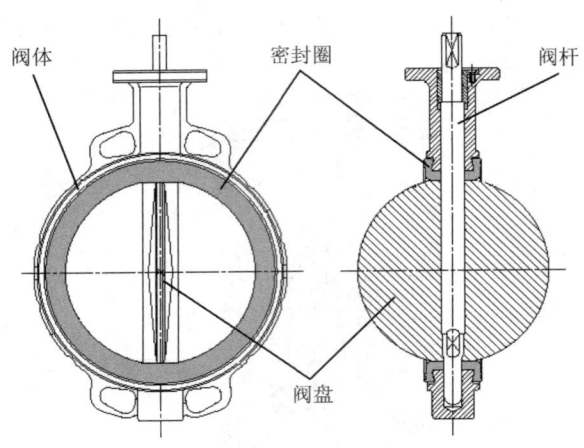

阀体　　　　　　　密封圈　　　　　　　阀杆

阀盘

图 5-5　中心式蝶阀结构原理图

一、舱底水的来源

机舱的舱底水主要来自：机舱内冷却水管路的海水、淡水的泄漏；蒸汽管路冷凝水的泄漏；水柜中水的泄漏和泄放；燃滑油管路、油柜及设备中油的泄漏；艉轴填料函处的漏水；舱口流入的雨水；甲板冲洗用水；设备检修放水；货舱洗舱水；扑灭火灾用消防水；船体破损后进水等。

舱底水对船体有腐蚀作用，货舱舱底水会浸湿货物造成货损，机舱舱底水会使机电设备受潮或浸水损坏，影响机器正常运转，并给管理工作带来困难。舱底水积存过多将会严重地影响船舶稳性并危及航行安全。

二、舱底水系统的作用与要求

舱底水系统的作用是及时将机舱和货舱的舱底水排至舷外。一般而言，正常营运的船舶，机舱舱底水量为 $1 \sim 10 \ m^3/d$；对于 20 万～30 万吨级的船舶，则可达到 $20 \ m^3/d$ 左右。当船舶破损时，舱底水系统还可用于应急排出舱底水。货舱舱底水一般不含油，可直接排放至舷外。而机舱舱底水一般都含油，故需要经油水分离器进行处理，当含油量低于 15ppm 后方可入海。

不同类型的船舶对舱底水系统的要求也不同，但总体上有以下几个方面：

（1）船舶均应设有有效的舱底水排放装置，以便抽除并排干任何水密舱室中的积水。

（2）机舱舱底水的排放应符合防止船舶造成水域污染的有关规定。

（3）系统中的管路应能防止舷外水或自压载舱的水进入货舱或机舱，亦应防止积水从一舱进入另一舱。

（4）舱底水管路中的液流是单向的，只允许将舱室中的积水向外抽出。为防止各舱舱底水相互串通，管路中的分配阀箱、舱底水管和直通舱底泵支管上的阀门均应为截止止回阀。

（5）若舱底泵、压载泵、消防水泵等互相连通，管路应保证各泵同时工作而互不干扰。

（6）当客船发生事故后，在所有实际可能的情况下，无论船舶处于正浮或倾斜状态，系统都应能抽除并排干除固定油舱和水舱外任一个水密分舱内的积水。

（7）在船舶正浮或横倾不超过 5°时，任何舱室或水密区域内的积水应能至少通过 1 个吸口排出。因此,除在短而窄的舱室内设 1 个吸口即可进行有效排水外,其余舱室一般均应在两舷设置吸口。

三、舱底水系统的组成

舱底水系统一般由舱底泵、舱底水管、舱底水吸口、阀件、吸入滤网及相关附件组成。下面以某一客船为例介绍舱底水系统的组成。该船舱底水系统由机舱舱底水系统和应急舱舱底水系统组成。

1. 机舱舱底水系统

图 5-6 所示为某船机舱舱底水系统。机舱中所产生的含油污水会自动向舱底的各污水井汇聚而形成舱底水。如污水井液位达到一定高度,可利用日用舱底泵将其中的污水输送至容积较大的舱底水舱进行储存。在适宜的条件下启动油水分离器对舱底水舱中的含油污水进行处理,然后在含油浓度不超过 15ppm 的情况下排放入海。

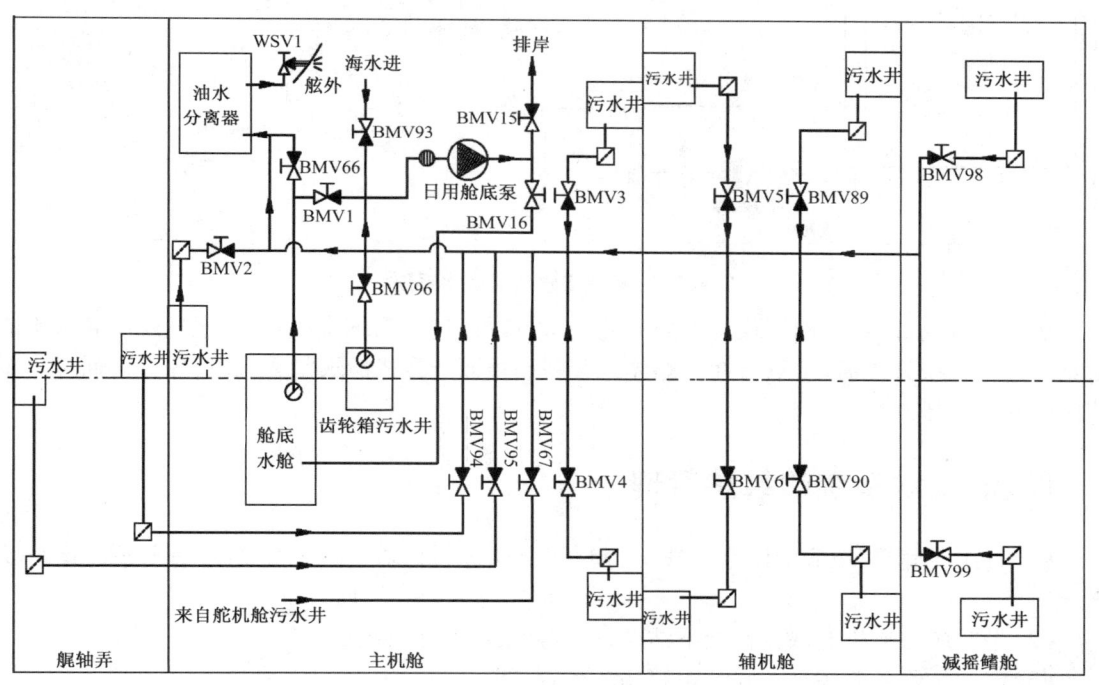

图 5-6　某船机舱舱底水系统

此外,油水分离器也可以直接从各污水井吸入舱底水。日用舱底泵也可以经阀 BMV15 将舱底水通过通岸接头排到港口接收设施,以满足某些海域不允许任何舱底水入海的要求。日用舱底泵采用的是自吸能力较强的往复泵,一般不需要引水便可实现自吸。在必要的时候,也可经阀 BMV93 将海水引入泵腔,以提高吸入性能。

2. 应急舱舱底水系统

某船应急舱舱底水系统如图 5-7 所示。舱底泵和 No. 1/No. 2 舱底消防总用泵均可以将舱底水直接排送到舷外。舱底泵为自吸离心泵,采用的是空气喷射器自吸装置。No. 1/No. 2 舱底消防总用泵还可以作为消防泵,向消防总管提供足够压力的海水。两台舱底消防总用泵结构完全相同,均为两级自吸离心泵(采用了水环泵自吸装置)。其中,第一级用于泵送舱底水,出口通往舷外。第一、二级串联后用于泵送消防水,出口通往消防总管。系统中各阀大部分是电、液遥控蝶阀,可以在驾驶台或集控室控制站进行遥控操作。

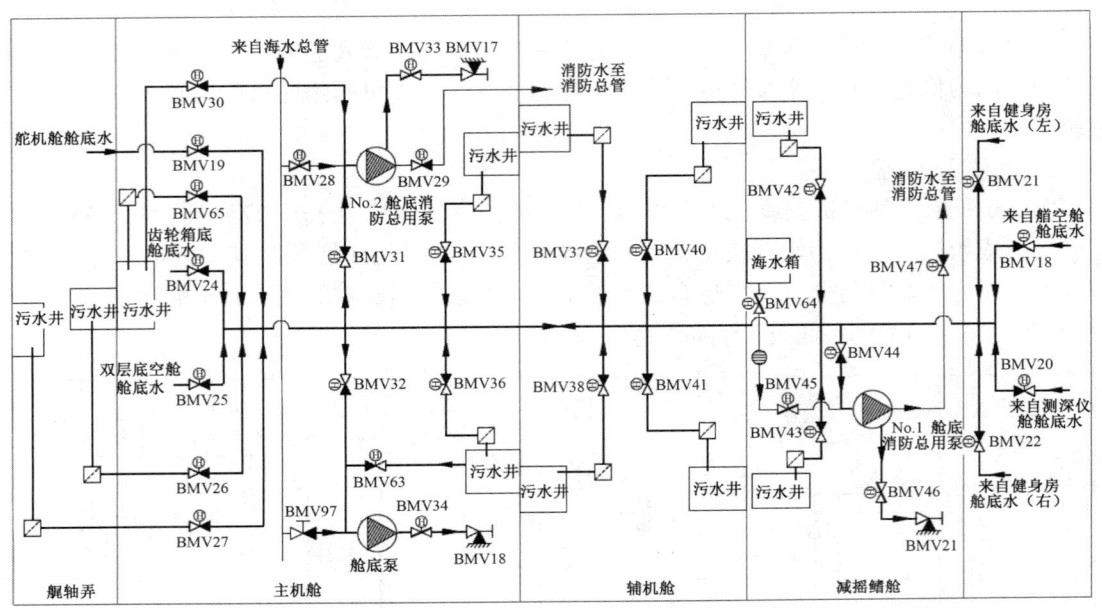

图 5-7　某船应急舱舱底水系统

机舱之外的健身房、测深仪舱等处的舱底水可以通过本系统排出舷外,但机舱舱底水不能随意通过本系统排入海里,只有在因船体或管路破损而导致机舱大量积水时,才允许通过本系统向舷外应急排水。

四、舱底水系统的维护管理

（1）日用舱底泵、舱底消防泵应按运行时间定期进行保养、检修,定期检查水泵的运行状态。

（2）平时应保持机舱内花钢板下洁净,并定期清洗污水井泥箱。

（3）定期试验各舱污水井高位报警功能是否正常。

（4）应定期对管路系统上的阀门进行活络,以防锈死。

（5）对于具有阀门遥控的舱底水系统,应定期在各遥控操纵部位进行系统操纵试验,确保系统功能正常。

第三节　压载水系统

一、压载水系统的作用

船舶在营运过程中,需要根据实际情况调整吃水、稳性、横倾和纵倾,这可借助专用系统通过改变各压载舱中的水量来完成。由压载泵、阀门和压载管路等共同构成的系统称为压载水系统。压载水系统既可以将舷外水注入各压载舱,又可以将各压载舱的水排出舷外,还可以实现各压载舱间的相互调驳。

对船舶进行压载和去压载可起到以下作用:

(1)使船舶在横向保持平衡,在纵向有合乎要求的吃水差。

(2)使船舶具有适当的排水量和重心高度,以获得较高的螺旋桨效率和合适的稳性。

(3)减小船体变形,避免船体产生过大的弯曲力矩和剪应力。

(4)减轻船体和轴系的振动。

根据船舶用途、结构和吨位的不同,压载舱的位置、大小和数量也不相同。在货船上,一般把艏尖舱、艉尖舱、双层底舱作为压载舱,还有的加设上边舱、下边舱和深舱作为压载舱,少数船上还设有专门用来调节稳性的上稳性舱和下稳性舱,油船上设有专用压载舱。

二、对压载水系统的一般要求

船上大部分水系统中的水是单向流动的,如舱底水系统只将舱底水排出舷外,日用海淡水系统只把海水或淡水排至各用水处所等。压载水系统不仅要将水注入各压载舱,还要通过同一条管道将水从水舱排出。根据压载水系统的特点,其在布置上应满足以下要求:

(1)压载管系的布置和压载舱吸口的数量,应使船舶在正常浮态下排出和注入各压载舱的压载水。压载舱长度超过 35 m 时,一般在前、后端均应设置吸口。

(2)在压载水系统的管路上,不能设止回阀和止回阀箱,但应避免舷外水或压载舱内的水进入货舱、机器处所或其他舱室。如不可避免,通过饮水舱、锅炉用水舱、润滑油舱内的压载水管应加大壁厚,管子接头应采用焊接方式连接。压载水管如需通过货舱,皆应铺设在双层底空间。其吸入口在各舱的布置,应有利于压载水的排出。

(3)艏、艉尖舱的压载管在穿过艏、艉防撞舱壁时,应设有在上甲板能开关的阀门,以便在艏、艉处船体撞破时,能将该压载管关闭。

(4)干货舱或油舱(包括深舱)可能用作压载舱时,压载水管应装设盲板或其他隔离装置。淡水舱作为压载舱时,为避免两个系统相互沟通,也应符合上一个要求。而含油压载水排放应符合有关防污染的规定。

海船的压载舱容量很大,一般杂货船的压载舱容量可达船舶排水量的 15% 左右,其中 12%~17% 的压载水存于艏、艉尖舱中,其他大多存于双层底压载舱中。通常要求压载泵能在 2~2.5 h 将最大的一个压载舱注满或排空,在 6~8 h 将全船所有的压载舱注满或排空。

三、压载水系统的布置形式

1. 支管式布置

支管式压载水系统压载舱室管系布置如图 5-8 所示,多用于压载管径较小、舱数不多的普通货船的压载系统。这种情况下,各舱均单独有支管通往机舱阀门或阀箱,再经压载水总管与压载泵相连。总管分别与压载泵进出口接通,泵进口接海水总管以便吸取舷外水,接通总管以便抽排舱内水。泵出口接通总管以便向舱内注水,还接一路排出舷外的排水总管,水流方向靠阀门控制。艏尖舱作为压载舱时,要在靠艏尖舱舱壁的一侧安装一只截止阀,该阀材料选用铸钢或青铜。该阀的操纵要在干舷甲板以上进行。在泵的进、出口,一般都安装带旋塞的真空压力表。阀件上要有标明用途的铭牌,以便于压载水系统的管理。管子一般采用 10 号或 20 号输送流体的无缝钢管。内河简易船舶也可采用低压流体输送用镀锌焊接钢管。

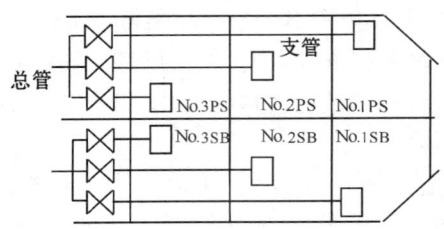

图 5-8　支管式压载水系统压载舱室管系布置

支管式布置的优点是可将压载水控制阀集中布置在机舱压载泵附近,便于集中操作和管理。其缺点是从压载泵至压载舱,每舱均有单独管子,因而比较浪费管材,投资和维护成本增加。支管式布置适用于长度适中、压载舱数较少的船舶。

2. 总管式布置

总管式压载水系统压载舱室管系布置如图 5-9 所示。它沿船的纵向铺设总管,从总管向压载舱引出支管,在支管上安装阀和吸口。这种形式被广泛采用,其变形有单总管式、四总管式、环形总管式、管隧式和半管隧式等几种,每舱的吸口可能有一个或两个。其优点是能节省材料,机舱内的布置则相对简单。其缺点是压载舱控制阀门分散布置,不利于现场操作,因而总管式压载水系统比较适合采用阀门遥控系统。另外,采用总管式压载水系统在打开多个舱控制阀时,可能会发生压载舱之间压载水串通,尤其是采用单总管式压载水系统时,如左、右舱之间串通,可能会造成船舶倾斜,操作时应特别注意。

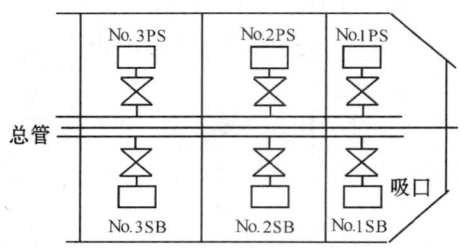

图 5-9　总管式压载水系统压载舱室管系布置

四、压载水系统的组成

压载水系统主要由压载泵、压载水管路、压载舱及有关阀件或阀箱组成。货船的压载水量一般占船舶载货量的 50%~70%。油船的货油舱可兼作压载舱,有的油船还设专用压载舱,压载水量占货油量的 40%~60%。

图 5-10 所示为某船压载水系统。该船在辅机舱内设置压载泵和舱底压载泵各一台,前者主用,后者备用。全船分布有包括艏、艉尖舱在内的压载舱共计 15 个。海水可以经左、右两个海水箱进入压载水系统,舱内压载水可经出海阀 BMV19 和 BMV20 排出舷外。为防止船舶携带的压载水在异地排放时给当地海域带来有害水生物,系统还设置了压载水处理装置,用于杀灭水中微生物。

该船压载水系统中各阀采用的是电、液遥控蝶阀,每个阀都具有独立动力源和液压驱动系统。在甲板工作室和机舱集控室内均设置有压载水控制站,可分别遥控操作压载泵以及管路上的各阀。

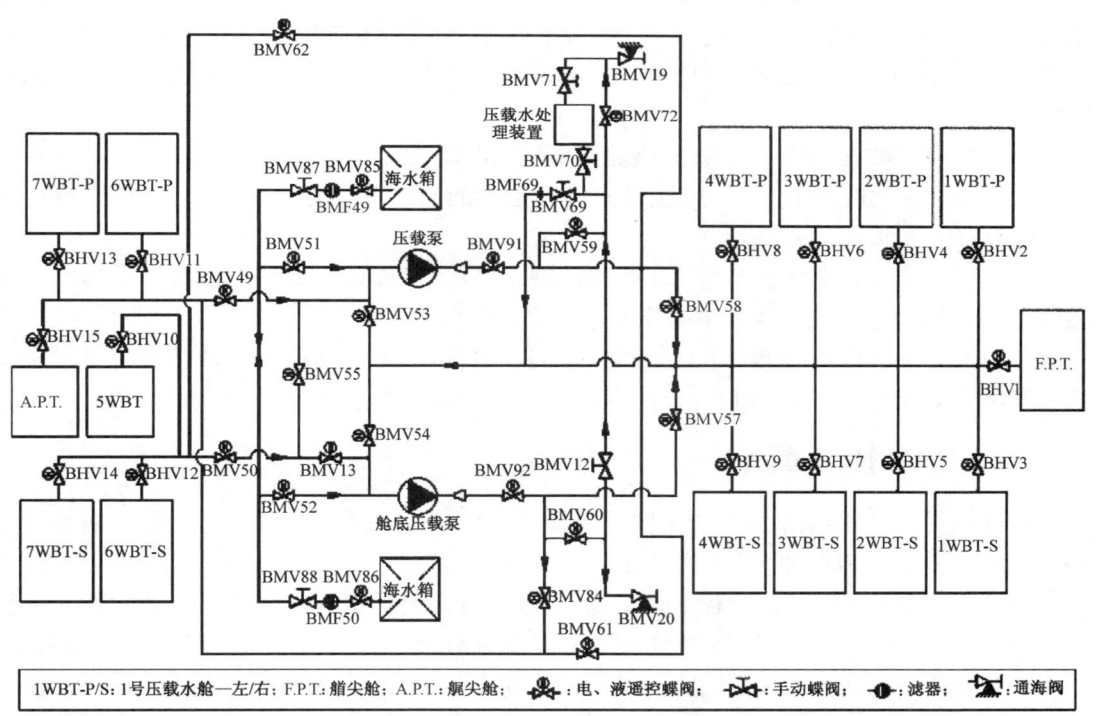

图 5-10　某船压载水系统

五、压载水系统的管理

船舶压载水系统的日常操作是按甲板部的书面通知进行的。自动化程度高的船舶大多由甲板部直接进行压载水系统的日常操作,但是压载水系统中的各种设备均由轮机部负责日常维护管理。压载水系统在管理过程中要注意以下事项:

（一）空船压载航行中应注意的问题

1. 保证适当的吃水、吃水差和足够的稳性

空船航行时,船舶的受风面积增大,船舶保持航向的能力下降。为了避免在大风浪中产生激烈的船舶摇摆、拍底、螺旋桨空车运转等不良影响,船舶应保证有适当的吃水和吃水差。若船舶压载舱压水达不到上述要求,还可以在某一规定的货舱内装载压载水,同时应注意船舶的横稳性。

2. 注意船舶的总纵强度

在每次压载航行时应反复计算和校核船舶的总纵强度,根据航次船舶的油水情况,调整船舶的压载水分布,使船舶所受的弯矩和最大剪力降至最小,保证船舶的安全。

（二）装货时压载水的排放

（1）拟订装舱顺序和压载水的排放计划,并列表备查。装货前应根据港口的装货速度和本船排放压载水的速度拟订合理的装舱顺序和压载水的排放计划。每装一个舱口,均应校核船舶的纵向强度及船舶的吃水和吃水差,并列表备查。压载水的排放顺序基本上与装货一致,即装哪个货舱就排邻近的压载舱的压载水。这样既可以保持吃水差变化不大,还可以保证船舶的纵向强度。

（2）尽量缩短排放压载水的时间,避免产生船舶滞期。

（3）当更换排放的压载舱时,应注意先将排空舱的阀门关上,然后进行下一压载舱的排放,以免造成压载水的倒灌。

（4）掌握各压载舱排放不出来的压载水的数量,以便在配载时能够准确掌握货物的净载重量、吃水和吃水差,以免产生超载或吃水超过规定的情况。

（5）甲板部的值班人员应经常检查压载水的排放情况。在潮差比较大的港口,通常每隔0.5 h就对所排放的压载舱进行测深,计算所排放的压载水数量,计算实际的排放速度。

（三）卸货时的压载

（1）在卸货港,船舶吃水和空中高度都会受到限制,应该注意船舶的纵向高度。对卸货过程中的船舶纵向强度和吃水、吃水差进行校核,并列表备查。

（2）对于大型船舶同时进行若干个货舱压载,一方面要注意提前将需要压载的货舱卸载完,便于清扫和压载,另一方面要注意校核船舶的纵向强度,避免船舶产生较大的剪力和弯矩。

（3）卸货开始时,由于大型船舶吃水深,可利用海水的压力自然注入压载水。但应该注意泥沙的吸入和压载的速度。每次测量完压载水水量时都应该及时关闭测量孔,防止压载水溢出。绝对禁止利用观察是否从溢流孔出水的方法来判断压载水是否注满。

第四节　消防系统

船舶在有限的空间内不仅集中了船上人员和大量物资,还存在各种可燃和易燃物质。同时船内存在着许多火源,如吸烟者的烟蒂,厨房的炉灶,运转的主、辅机、锅炉、烟囱,维修中的

气焊和电焊,电气设备短路或绝缘不良,易燃物品保养不当,甚至静电等,都会造成很大的火灾隐患。而船舶远离陆地,自身消防能力较差,发生火灾时难以疏散和救助。所以船舶一旦失火将会带来巨大损失甚至造成沉船。按着火物性质的不同,船舶着火可分为以下三类:

(1)普通火(甲类火):由固体,如木材、纸、布、煤炭等易燃固体物质引燃着火,主要用水施救。

(2)油类火(乙类火):油类、油气着火,有爆炸危险,采用泡沫施救。泡沫较油轻,可形成覆盖层使之与空气隔绝。油类火决不可用水施救。

(3)电气火(丙类火):由电器等漏电、过载、短路等引起的火灾。施救时有触电危险。施救时应先切断电源,再用干粉、四氯化碳、二氧化碳等不导电介质灭火。

船舶消防系统的作用是预防和制止火灾的发生和蔓延,并迅速灭火,将火灾的损失减至最低。船舶消防的基本原则是防火、探火和灭火。船舶防火是从船体材料、船体结构、布置和设施上来防止火灾的发生和限制火灾的蔓延。船舶探火是使人们及早发现火情,及早采取灭火措施,减少损失。船舶灭火是根据火灾的情况、灭火介质等的不同,采取不同的灭火系统进行灭火。

船舶消防系统实际上指的是船舶的灭火系统。根据中国船级社的《钢质海船入级规范》、国际公约和我国相关法规的规定,船舶应设置固定式消防系统,使用有效的灭火剂,如水、蒸气、二氧化碳、泡沫和干粉等。固定式消防系统主要分为水消防系统、蒸汽消防系统、CO_2消防系统、泡沫消防系统和干粉消防系统。

一、水消防系统

水消防系统是所有船舶均必须设置的固定式消防系统。它由消防泵、管路、消火栓、消防水带和水枪等组成。灭火时,消防泵抽取舷外水送至船上各甲板和舱室处的消火栓,再经消防水带从水枪喷射到船舶任何处所进行灭火。

水是船上最常用的灭火剂,由于水是不燃烧的液体,故可利用强大的水流或水雾冲击火区,使燃烧物急剧降温,并利用水受热产生大量水蒸气来稀释火区的氧气浓度灭火。扑灭可燃固体物质火灾可采用直流水枪,通过冲刷、冷却作用来灭火。扑灭可燃液体物质火灾可采用喷雾水枪,通过覆盖、冷却作用来灭火。

1. 对水消防系统的要求

(1)所有消防水泵应为独立机械传动,通常采用离心泵。卫生水泵、压载泵或总用水泵如符合消防水泵的有关要求,均可作消防水泵使用。对于100 GT以下的货船,消防水泵可以由主机带动。

(2)各消防水泵(应急消防水泵除外)的排量最好相同。若水泵排量不同,则最小一台水泵的排量不应小于所需消防水泵总排量的80%除以消防水泵数,且至少应满足2股射程不小于12 m水柱的要求,其排量不足部分应由较大排量的水泵补偿。

(3)对于大于及等于1 000 GT的船舶,应至少备有1只国际通岸接头,可由船舶的任何一舷连接,以便在船舶失火时相互救援灭火。

(4)消火栓的布置和数量,应保证至少能将2股不是由同一消火栓射出的水柱射至船上任何部位。消火栓的位置应便于连接消防水带和进行有效的灭火。

（5）锚链冲洗水一般取自水消防系统，应设置隔离阀，以便灭火时切断锚链水供给。

（6）应急消防泵应具有单独的海底门。

2. 水消防系统的布置

水消防系统的布置，应视船舶的大小、类型及对系统生命力的要求而定。

（1）对于中小型船舶，消防水主管可成直线并延至艏艉部，再由主管分出若干支管及分支管至各消火栓处。这种布置简单、管子用量少，但活力差。

（2）在大型船舶上，消防干管一般做环形布置，在其中部，用横跨管将两舷干管连通起来，泵的排出管与此横跨管沟通，横跨管的两端各装一隔离阀，使消防泵可以向任一舷或同时向两舷干管输水。如果在环形干管上再构成若干小的环形管段，则可进一步提高系统的生命力。当干管局部发生故障时，不致影响其余部分的运用。

（3）消火栓的数目和位置，应至少将2股不是由同一消火栓射出的水柱，射至船舶在航行中旅客或船员经常到达的任何位置，而且其中一股仅用1根消防水带。管子及消火栓的位置应易于接近，便于操作。

（4）由于消防泵一般设在机舱内，为在机舱发生火灾而消防泵不能用时进行应急消防，应在机舱外设置独立的应急消防泵。在管路布置中，要保证消防泵及其备用泵（总用泵、压载泵和舱底泵等）能互相独立工作。

除常规固定式水消防系统外，还有用于客船、货船的起居和服务处所的自动喷水系统，它可扑救初起火灾和自动报警。用于机舱和特种处所的水雾灭火系统，一般通过手动和自动控制喷出水雾灭火。这两种系统均属于固定式水消防灭火系统。

3. 消防水泵的配置

我国"船规"规定了各类船舶消防水泵的配置，如表5-3所示。

表5-3　各类船舶消防水泵的配置

船舶类型		台数	容量	压头
客船	<1 000 GT	至少1台	排量应不小于25 m³/h	小于1 000 GT 的船舶的每一台消防泵都应能在船舶最高位置的消火栓上至少维持2股射程不小于12 m的水柱
	≥1 000 GT 但<4 000 GT	2台	总排量应不小于该船所需全部舱底泵计算排量的2/3	当2台消防水泵同时工作并通过规定水枪由任何相邻消火栓输出要求水量时，在所有消火栓上应维持的压力均不小于0.3 MPa
	≥4 000 GT	3台		同上，但不小于0.4 MPa
货船	<1 000 GT	至少1台	排量应不小于25 m³/h	船上每一台消防泵都应能在船舶最高位置的消火栓上至少维持2股射程不小于12 m的水柱
	≥1 000 GT 但<6 000 GT	2台	总排量应不小于该船所需全部舱底泵计算排量的2/3，但不必大于180 m³/h	当2台消防水泵同时工作并通过规定水枪由任何相邻消火栓输出要求水量时，在所有消火栓上应维持的压力均不小于0.25 MPa
	≥6 000 GT	2台		同上，但不小于0.27 MPa

对于应急消防水泵，规范要求，其排量应不小于所需消防泵总排量的40%，且任何情况下不得小于25 m³/h，在任何消火栓处的压力应均不低于表5-3所规定的最低压力。

除用于灭火外，消防水还可用于冲洗锚链及冷却锚机、系缆机的液压单元。

根据规范的要求,客船消防管分为内消防管(舱室内部)和外消防管。其中内消防管应始终保持压力,能够随时出水。同时消防水系统配有消防稳压泵和压力水柜,通过单向阀向内消防管供水并保压,其他消防泵直接向外消防管供水并通过单向阀向内消防管供水,同时可防止内消防管淡水进入外部管路。

4. 消防水系统的维护保养

船舶消防水系统的主要保养工作为:

(1)定时启动并做喷水试验,检查泵及系统工作是否正常。

(2)保持压力水柜液位正常,必要时通过充气或放气调整,并注意所用淡水舱应保持适当水量,以免抽空。

(3)冬季需防止外消防管冻裂,使用后应注意放残。

二、居住舱室水喷淋灭火系统及机舱局部压力水雾灭火系统

随着国际上对船舶安全的日趋重视,客船或定员较多的船舶需要设置居住舱室水喷淋灭火系统。而在机舱设置局部压力水雾灭火系统也已经成为远洋海船的强制性要求。

图 5-11 所示为一种居住舱室水喷淋灭火系统原理图。系统设备主要包括消防喷淋泵、喷淋压力柜、喷淋淡水泵、空气喷射器、水雾喷嘴以及各控制装置等。喷淋灭火设备设置在减摇鳍舱内。

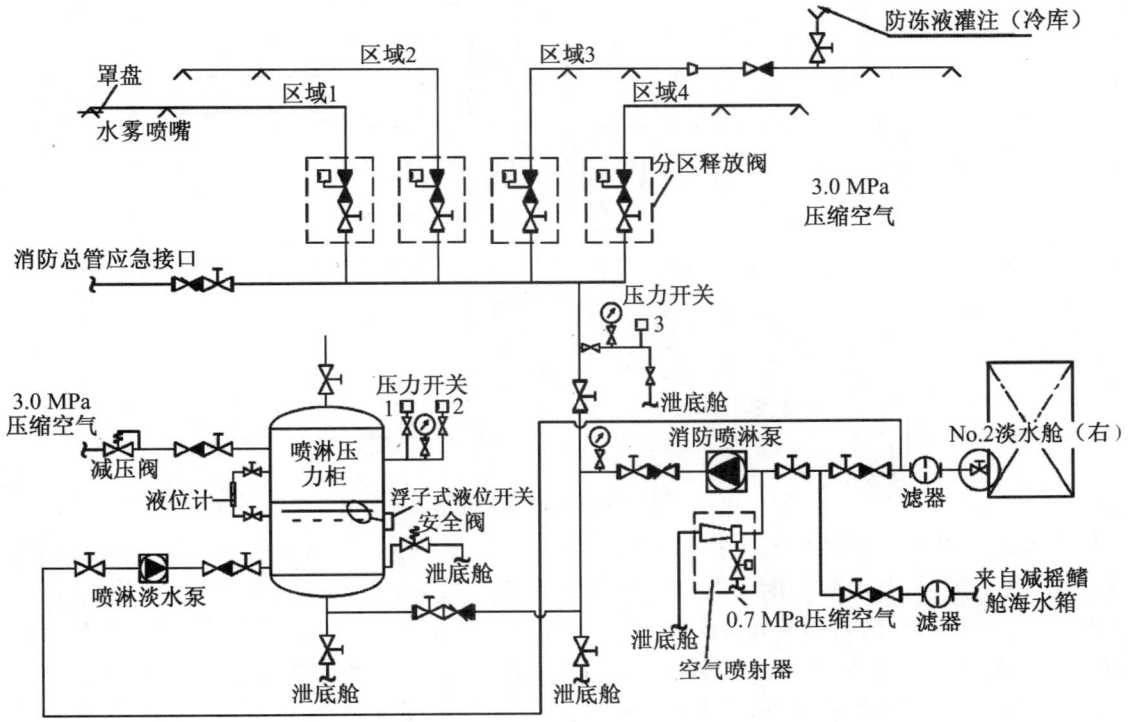

图 5-11　居住舱室水喷淋灭火系统原理图

喷淋压力柜设定压力为 1.6 MPa,该压力值可以由补气管路上的减压阀来设定。柜中设

有浮子式液位开关,当液位低于设定液位时会发出警报。压力开关1也会在柜中压力低于1.55 MPa时发出警报。若要向柜中补水,需要手动启动喷淋淡水泵。压力开关2会在柜中压力达到1.6 MPa时自动停止喷淋淡水泵。

当系统中的水被大量使用而导致压力低至0.9 MPa时,压力开关3会启动消防喷淋泵,从而向各喷嘴提供流量足够的淡水。消防喷淋泵从淡水舱吸入淡水,也可在必要的时候应急吸入海水。消防喷淋泵接应急电源,只能在控制箱上手动停止。当整个喷淋系统意外失压时,也可由消防总管应急接口向各喷嘴提供消防水。

设置在各舱室顶部的水雾喷嘴由玻璃管密封,当房间温度达到68 ℃以上时(厨房为93 ℃),玻璃管受热破裂,1.6 MPa的喷淋水便会以水雾的形式喷出进行灭火。

机舱局部压力水雾灭火系统原理如图5-12所示。该系统设高压泵组1套,型号为3DP60,工作压力3.5 MPa,流量120 L/min,电机功率7.5 kW。细水雾系统保护区域分为7个:主机(1台)上方布置3只细水雾喷嘴;3台发电机组分为3个区域,上方各布置2只细水雾喷嘴;3台分油机为1个保护区,上方各布置1只细水雾喷嘴;燃油锅炉为1个保护区,上方布置1只细水雾喷嘴;焚烧炉为1个保护区,上方布置1只细水雾喷嘴,喷嘴型号为ZSXTC60-9。

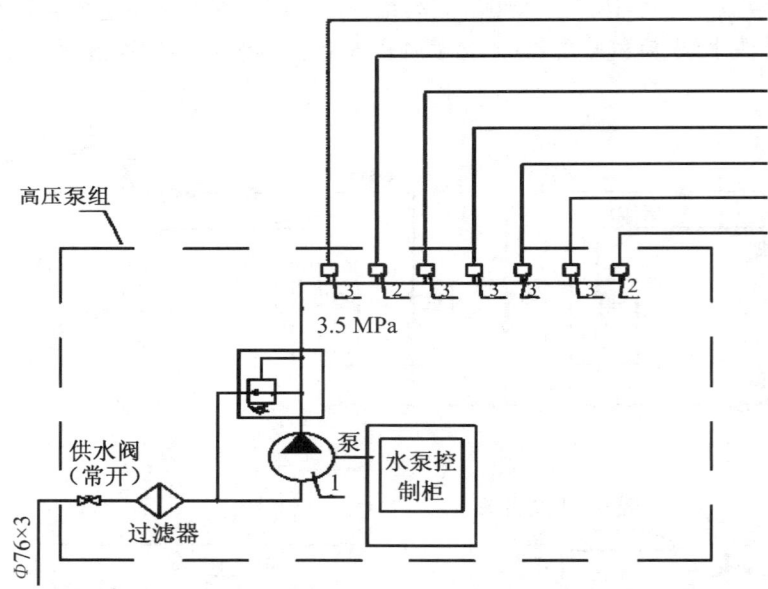

图5-12　机舱局部压力水雾灭火系统原理图

该系统与机舱保护区域火灾报警系统联合工作。每一保护区域上方均有感温和感烟探头,当发生火灾时,感温与感烟探头同时作用,发出声光报警。同时高压泵组自动启动从淡水舱吸水,并将压力提高至3.5 MPa。水泵出口接高压水管,上有7个电控中压选择阀,报警区域的选择阀自动开启,将压力水送至着火设备的上部喷嘴,产生细水雾灭火。

安装细水雾喷嘴时应注意,喷头间距不宜大于2.5 m,喷嘴在被保护设备上方,且距离不小于0.5 m;应确保喷嘴直对被保护设备,无障碍物遮挡,使系统能不受干涉地保护设备。

三、CO_2 消防系统

CO_2 在常温下是一种无色无味的气体,比重为 1.529。空气中 CO_2 含量达 15% 以上时能使人窒息死亡;达 28.5% 时可使空气中的含氧量降至 15%,使一般可燃物质的火焰逐渐熄灭;达 43.6% 时使空气中的含氧量降至 11.8%,能抑制汽油或其他易燃气体的爆炸。所以,CO_2 灭火剂适用于货船、油船的灭火。因其不导电和无腐蚀作用,故适用于电气火灾和机舱火灾的扑救。CO_2 在船上通常以液态形式贮存于钢瓶中,使用时打开钢瓶,利用 CO_2 的窒息和冷却作用灭火。

固定式 CO_2 消防系统分为高压和低压两种形式。高压系统的压力为 15 MPa,低压系统的压力为 2.1 MPa(贮存于 -18 ℃ 以下的专用冷库中)。一般船舶的机舱、货舱采用高压系统;大型油船、滚装船和集装箱船采用低压系统。

1. CO_2 消防系统的布置

CO_2 消防系统普遍用于干货舱、货油泵舱、机器处所和燃油设备等处所。该系统由 CO_2 钢瓶、瓶头阀、分配阀、启动装置、压力表、管路和自动烟雾探测装置等组成。

图 5-13 所示为某船 CO_2 消防系统图,其全部 CO_2 钢瓶都置于船尾甲板上的 CO_2 贮存室中。可通过操纵拉杆利用高压 CO_2 压缩空气推动气缸来打开 CO_2 钢瓶的瓶头阀,或由人拉动钢索直接开阀。货舱 CO_2 释放由驾驶台控制,瓶头阀打开后,CO_2 进入总管,经截止阀进入分配管,再经快开阀至各被保护舱室。高压 CO_2 喷入失火舱室后,压力急剧下降并汽化,体积膨胀,失火舱室内的含氧浓度迅速降低。当空气中的含氧量降至 15% 时可扑灭一般可燃物质的火焰,降至 11.8% 时可抑制汽油或其他易燃气体的爆炸。

为及早发现火警,在 CO_2 消防系统中配置烟气自动探测报警装置。烟气自动探测报警装置有感烟式、感温式和感光式。货舱多采用感烟式,居住舱室一般采用感温式,机舱采用感光式。当舱室着火时,在舱室中设置的吸烟口可将烟气吸入并将信号送至驾驶台的自动烟气探测报警装置,使之报警。

2. 对 CO_2 消防系统的要求

(1) CO_2 灭火剂应贮存在上层建筑或开敞的甲板上,保证通风良好,温度在 0~45 ℃,以保证其工作安全可靠。

(2) 全船 CO_2 灭火剂贮存量按规定的要求,至少为各被保护舱室灭火需要量的最大值。例如,货舱应取最大货舱舱容的 30%,机舱则取机舱容积的 35%~40%。

(3) 因为 CO_2 的窒息作用,当空气中所含 CO_2 量达 5% 时,人会感到呼吸困难,超过 10% 时会危及生命。所以船上 CO_2 管路不准通过起居室处所及经常有人的舱室。使用 CO_2 灭火剂时应先发出声光报警信号。

(4) CO_2 灭火系统的操作控制机构应设置在灭火舱室以外且短时间内能到达的地方,如居住舱室的通道、驾驶台、货舱控制室等。

(5) 采用 CO_2 灭火的舱室应设水密门,灭火时用于隔绝失火舱室的空气,增强灭火效果。

(6) CO_2 贮存容器上按规范的要求安装安全装置。

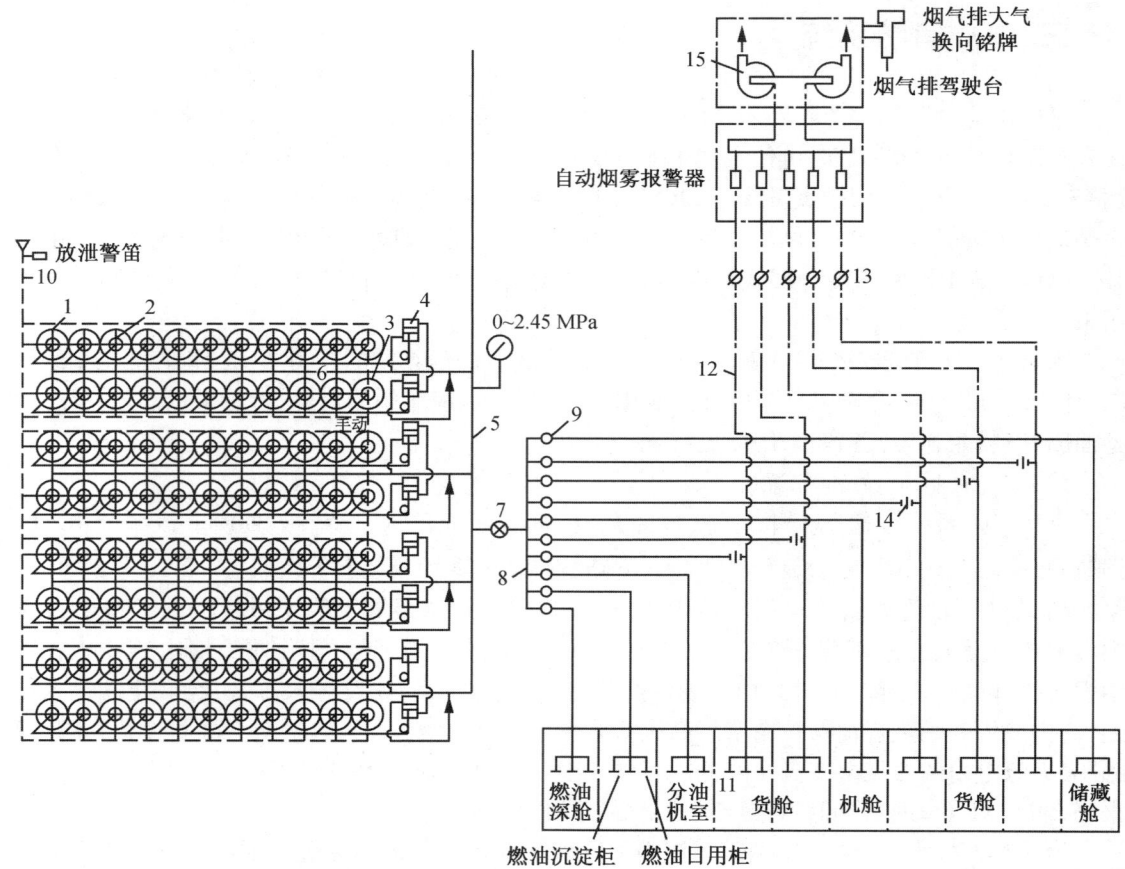

图 5-13　某船 CO₂ 消防系统图

1—CO₂ 钢瓶；2—瓶头阀；3—拉杆装置；4—气缸；5—CO₂ 总管；6—止回阀；7—截止阀；8—分压阀；9—快开阀；10—释放总管；11—吸烟口；12—吸烟管；13—定压止回阀；14—隔离膜片；15—抽风机

第五节　日用海淡水系统

　　日用海淡水系统的作用是为船员和旅客提供日常生活用水。日用海淡水系统可分为饮用水系统、生活淡水系统和卫生海水系统。

　　饮用水系统主要供应炊事用水、饮用水和医疗用水等。生活淡水系统主要供应浴室、洗衣室、洗物池等处的冷、热洗涤水。卫生海水系统从舷外吸取海水，供厕所等处冲洗用。

　　供水系统的主要设备有水泵、水柜、热水器、供水管和阀件等。供水分为重力供水和压力供水两种方式。目前，大中型海船基本上采用压力供水方式。压力供水的特点是设置压力水柜，借助水柜中空气的压力将水送至各用水处。

一、饮用水系统

船舶饮用水系统的工作原理如图 5-14 所示。来自饮用水舱的淡水被饮水泵送入饮水压力柜(0.2~0.4 MPa)。两个压力开关 PS 的设定值分别为 0.2 MPa 和 0.4 MPa,分别决定饮水泵的启、停。当饮水压力柜中水位较高而压力仍偏低时,需要手动向柜中补充 0.4 MPa 的压缩空气。饮用水离开饮水压力柜后,被压送至饮水矿化装置,并经饮水处理装置的过滤、紫外线消毒后,送往厨房、配餐间以及各饮水机等处,供人员饮用。

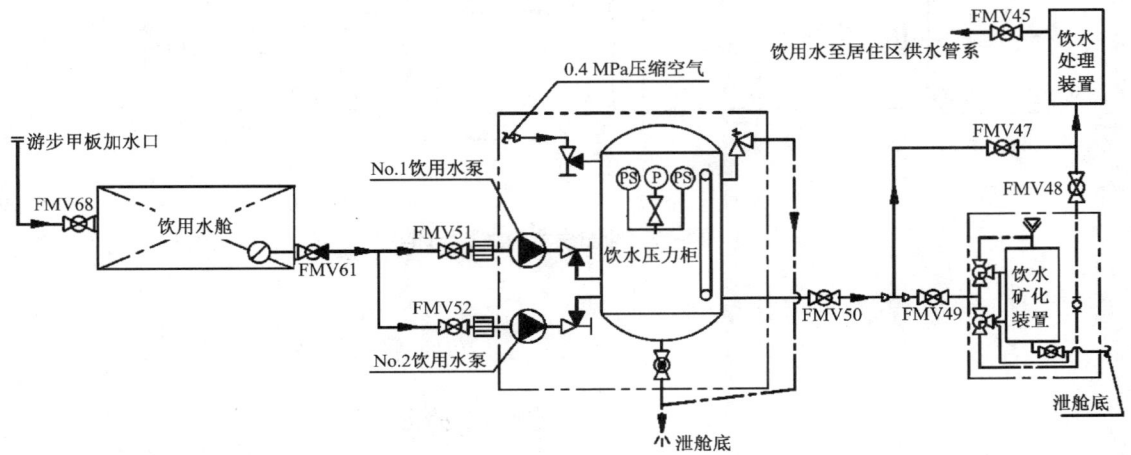

图 5-14　船舶饮用水系统

如果饮用水舱中的水质满足要求,可以经阀 FMV47 将饮水矿化装置旁通。当水舱中的水将用完时,可以通过游步甲板加水口从岸上加水。

二、生活淡水系统

生活淡水系统包括冷水系统和热水系统。图 5-15 所示为船舶生活淡水系统图。日用淡水泵从淡水舱吸入淡水,送至淡水压力柜加压(0.2~0.4 MPa)后,分别经阀 FMV32 和 FMV34 送至居住区供水系统和热水柜。

热水柜中压力由淡水压力柜保持,热水通过顶部的阀 FMV28 送至居住区供水系统。热水柜中设有蒸汽加热器,由温度开关 TS 控制蒸汽流量,将水加热至 60~65 ℃。为保证管路中一直有热水,还需要用热水循环泵将系统中的热水回水送入热水柜循环加热。此外,日用淡水泵还可用于各淡水舱之间的互相调驳。

三、卫生海水系统

图 5-16 所示为船舶卫生海水系统图。卫生水泵从辅机舱海水总管吸入海水,将其送入卫生水压力柜加压(0.2~0.4 MPa)。加压的海水经阀 FMV41 和 FMV38 至居住区供水系统,用于冲洗厕所。卫生水也可经阀 FMV39 和 FMV40 分别进入 No.1、No.2 生活污水处理装置,用于清洗装置内部。

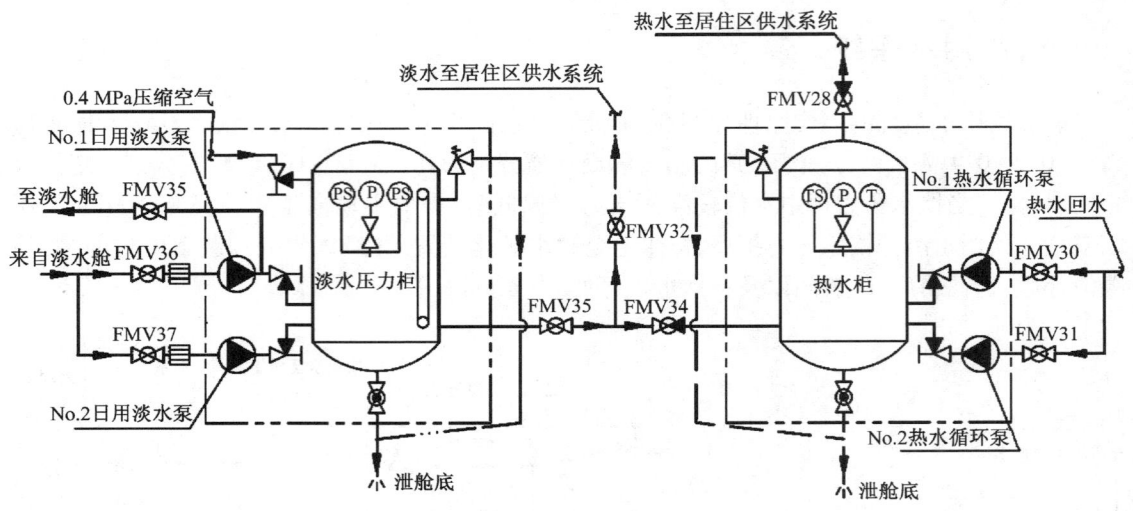

图 5-15　船舶生活淡水系统图

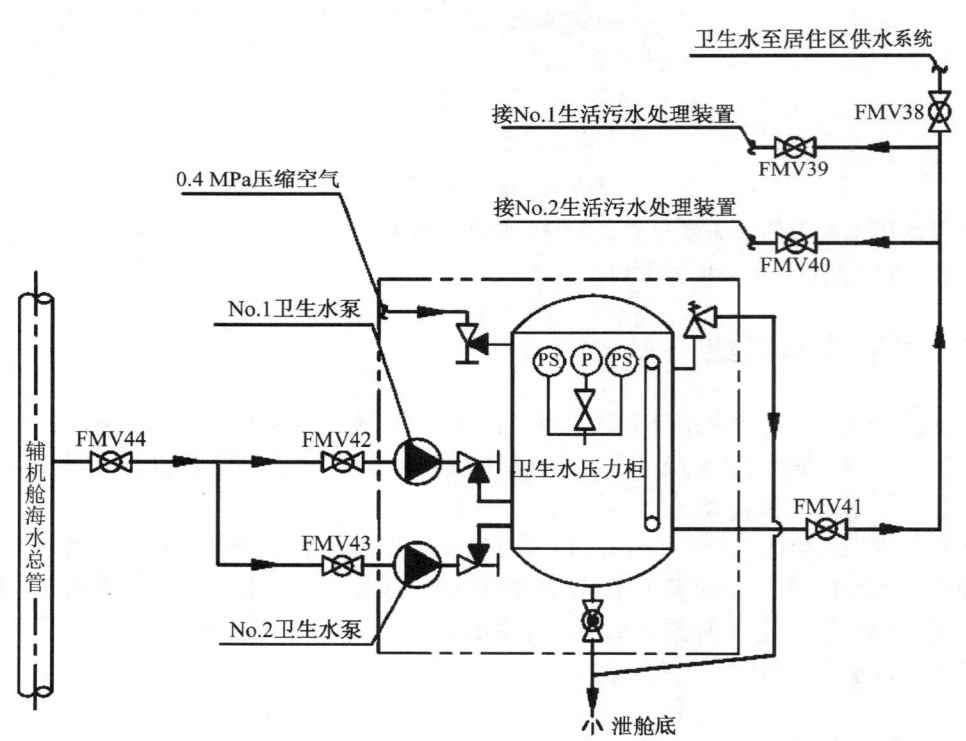

图 5-16　船舶卫生海水系统图

第六节 通风系统

船舶通风系统是改善船员劳动条件,为船员和旅客提供舒适、卫生的生活环境的一种装置,同时也是维护机械设备正常运行,尤其是为机舱燃烧设备提供充足氧气的装置。

一、通风系统的组成

船舶通风系统主要由风机(机械通风)、菌形通风筒、鹅颈式通风筒(自然通风)、船用防火风闸、通风栅、调风门、通风管等组成。通风系统的分类如下:

(一)按用途分

(1)居住、生活舱室通风,包括居住舱室、餐厅、会议室、厨房、浴室、厕所等处所的通风。

(2)机炉舱等工作舱室通风,包括主机舱、辅机舱、锅炉间与净油机间等处所的通风。

(3)货舱通风。

(二)按通风形式分

1. 自然通风

自然通风是利用空气热压原理,自然地形成空气流动,加上自然风压促使空气流动的通风方式。

2. 压力通风(机械通风)

压力通风是利用动力驱动通风机,使空气交换与循环的通风方式。

(三)按通风管内风速或风压分

(1)通风管主管风速在 10 m/s 以下为低速通风,在 10~20 m/s 为中速通风,在 20 m/s 以上为高速通风。

(2)通风管主管风压在 392 Pa 以下为低压通风,在 392~980 Pa 为中压通风,在 980 Pa 以上为高压通风。

二、通风系统的要求

(1)所有通风百叶窗及通风筒应设有不锈钢防鼠网。

(2)所有附件与管道均应镀锌处理,否则应进行防锈漆和面漆处理。

(3)风管每隔 2~3 m 设固定支架。

(4)在风管结构最低处开泄水孔,在离心风机进出口设耐火帆布接头。

(5)所有风管上应适当布置用于检查和清洁的孔。

(6)空气受污染的舱室,如病室、化学实验室等,抽风量应大于进风量。这些舱室不许回风。

(7)根据规范的要求,通风管应在适当位置设置手动或电动防火风闸。

三、通风系统的管理要点

通风系统的管理要点包括：
（1）定期保养手动和电动防火风闸。
（2）定期活动风门调节挡板。
（3）定期保养、检修通风机。

1. 通风机的启动操作

通风机启动前应做好启动前的检查、准备工作。例如，检查轴承润滑条件是否良好等。新装或修理后复装的通风机，启动前还应手动对叶轮进行试转，观察有无卡死、摩擦或影响运转的因素，同时检查所有紧固件。对于带传动风机，应注意驱动轮与带轮之间的平行度、传动带松紧等。另外，启动前还应检查电机接线是否正确，绝缘是否在要求范围内。

风机启动时，先点启动 1~2 次，观察启动状态和叶轮转向。风机启动后观察风机振动、运行、风机轴承润滑和整个通风系统的工作情况。轴承表面测得的轴承温度一般不得比环境温度高 40 ℃，振动速度有效值不得超过 6.3 mm/s。如有异常，应立即停机。另外，运行中操作人员应注意其风量、风压及电动机电流的变化，必要时进行工况调节。同时做好风机的日常维护、保养和检修工作。

2. 风机检修注意事项

通风机停机，只需关闭电源即可。但若是停机检查或维修，应在其电源处悬挂"禁止合闸"警告牌。风机检修工作主要包括定期拆检和故障维修：①拆开后检查气流表面（进风口、叶轮、叶片和机壳内之间的流道）的清洁度，清除表面积灰；②检查在叶轮叶片、轮缘或轮盘处以及入口或机壳中是否有擦伤。若未发现有异常磨损和变形，可清洁后更换轴承等易损件重新装复。叶轮与主轴一般采用键连接，孔与轴一般采用过渡配合，在轴的纵向装好紧固装置并锁紧。将叶轮固定好后，测量前后盘外径处的径向与轴向跳动量，保证其不超出规定标准。

第七节 船舶减摇装置

一、船舶减摇装置的作用和分类

（一）船舶在波浪中的摇荡

船舶的摇荡主要有下列六种形式：横摇、纵摇、艏摇、垂荡（又称升沉）、横荡、纵荡。其中，横摇、纵摇和垂荡对船舶航行的影响最大，而横摇又最易发生，摇荡幅值也最大，严重影响船舶安全。海况越恶劣，波倾角 θ 越大（如图 5-17 所示），船舶摇荡也越激烈。

（二）减摇装置的作用

船舶摇荡以横摇的不良影响最大，减摇效果也最佳。故船舶减摇装置以减轻横摇为主。而纵摇和艏摇程度较轻，摇摆力矩巨大，减摇的效果和经济性均较差，所以船上通常没有设置

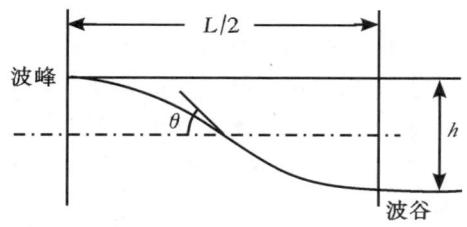

图 5-17　波倾角

专门装置来减轻纵摇、艏摇。

减摇能够提高船舶的安全性,改善船舶的适航性、船上工作条件,提高船员工作效率;亦可减轻或避免货物碰撞及损坏,避免由于摇摆引起的航速下降,提高船舶在风浪中的航速,节省燃料。同时,减摇可以确保船舶设备的使用寿命,提高船舶营运率,保证特殊作业时的安全。

（三）减摇装置的能力

为了平衡波倾角为 θ 的波浪作用于船舶的横摇力矩,减摇装置必须能够产生与该力矩大小相等、方向相反的减摇力矩。实际上,减摇装置所具有的减摇力矩是有限的,通常将其最大减摇力矩所能克服的波浪波倾角 θ 作为衡量减摇装置能力的标志,并称其为减摇装置的当量波倾角,或减摇能力。各种减摇装置的减摇能力不同:减摇水舱的减摇能力一般为 2°~3°;减摇鳍的减摇能力较大,通常客船为 5°,军舰为 7°,集装箱船和货船在 5°以下。

实际上,任何减摇装置都不可能完全克服横摇,总有一定的剩余横摇。只有在共振周期时才具有较高的减摇效率,其他情况下减摇效率都较低。因此,在共振周期之外,减摇性能都用减摇效果的绝对值即剩余横摇角来表示。一般剩余横摇角为 3°。

（四）减摇装置的类型

减少船舶横摇有两种途径:一是增加船体横摇阻尼;二是增加复原力矩或减少横摇力矩。减摇装置根据是否为其提供动力分为被动式和主动式两类。主动式减摇装置的动力系统有电力式、液压式、电液式三种,电液式在各种主动减摇装置中应用较普遍。

1. 舭龙骨

舭龙骨是最原始、最经济的横摇阻尼设备,装于船中两舷舭部外侧,与舭部外板垂直的长条形板材结构,一般占船长的 30%~50%。舭龙骨只要有足够的宽度,就能提供适当的阻尼,是最简单而有效的减摇装置。当船舶横摇时,舭龙骨产生与横摇方向相反的阻力,形成减摇力矩,在包括零速在内的各种航速范围内都能有效地增大船体的横摇阻尼,从而减小船舶的横摇。舭龙骨结构简单、造价低、效能高、便于维护,对船体和航速影响不大,因此被各种船舶普遍采用。

2. 减摇水舱

减摇水舱是船体内部左右舷连通的 U 形或槽形水舱,分为主动式和被动式两种。当船舶侧倾时,水在减摇水舱中的流动产生的水柱振荡滞后于波浪振荡 180° 相位角,所产生的减摇力矩与波浪的倾侧力矩正好相反,从而起到减摇作用。减摇效果与减摇水舱的形状、水量、位置有关。

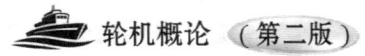

（1）被动式减摇水舱

槽形自由液面式减摇水舱靠船舶横摇时造成水在水舱中向左右舷做往返流动来减轻船舶横摇。水舱的容积应足够大，以便工作时水舱的一边可容纳全部水流，得到最佳减摇效果。要注意使水舱的装水量等于舱容的一半，水量太多或太少都会有不利影响。

U 形管被动减摇水舱分为不可控式和可控式两种，其中不可控式 U 形管被动减摇水舱由设在两舷的水舱和连通管组成。其工作原理与槽形自由液面式相同，但不可控式 U 形管被动减摇水舱位于两舷，离船舶中线较远，水在水舱中聚集的液面更高，减摇效果更好些。图 5-18 所示为可控式 U 形管被动减摇水舱原理图。两封闭水舱间的水流和气流可通过控制系统调节，因此水流的流动周期可调范围较大。自动调节两封闭水舱间空气连通管上的阀门，可以控制连通管中的气流，从而控制舱中水的流速，使水的流动周期在较大范围内与横摇周期趋向一致，改善水舱的响应特性。但因可控式 U 形管被动减摇水舱储水量有限，水又是靠水位差来流动的，所以，减摇能力有限，很少为 2°~3°，仅适用于中等海况。

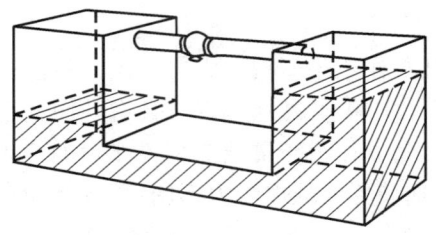

图 5-18　可控式 U 形管被动减摇水舱原理图

（2）主动式减摇水舱

主动式减摇水舱是在 U 形管被动减摇水舱的基础上发展起来的，它通过水泵或风机强迫水在水舱间流动，并能形成较高的水位差，因此可在水量有限的条件下获得较大的减摇能力。控制系统可对水泵（或风机）、调节阀进行控制，调节水的流量，使装置在很宽的遭遇周期范围内具有良好的减摇效果。这种方式亦可作为防止船舶倾斜的手段，在船舶装卸货物向一舷倾斜时调整船舶。

（3）减摇-防倾联合水舱

这是一种新型装置，兼有被动式减摇水舱和主动式减摇水舱的优点。此水舱的固有周期大致等于船舶的最短横摇周期。当船舶处于短横摇周期时，可按被动式减摇水舱方式工作。当横摇周期超出被动式减摇水舱的响应范围时，则以主动式减摇水舱方式工作，因此能在较大范围内有效地减摇。

（4）舵减摇

舵减摇是利用舵力产生的横摇力矩来减摇的。一般船舶对横摇力矩的响应周期是 8~12 s，而对艏摇（转向）力矩的响应周期是 30~35 s。这种巨大差别允许将转向和减摇控制信号同时施加给舵，而不致产生不良的相互响应，因此可利用操舵来减少船舶横摇。

舵减摇的最大优点是取消了昂贵的减摇鳍装置，有很好的经济性。只要对舵机加装减摇控制环节，就可使某些现有船舶具备减摇能力。但现有舵机用于减摇后，以最大转舵速度工作的频率增加，会加速机构的磨损。

（5）减摇鳍

减摇鳍是迄今使用最多、效果最好的一种主动式船舶减摇装置。它是在船中舯部或舯部稍上方伸出舷外的一对或数对鳍片，剖面为机翼形，又称侧舵。它的减摇原理是：船舶在水中行驶过程中，通过操纵机构转动减摇鳍，当减摇鳍在水中有一定速度和倾斜角的时候，就会产生一个升力，利用此升力产生的力矩来抵抗海浪的干扰力矩，便可达到减小船舶横摇的目的，如图 5-19 所示。

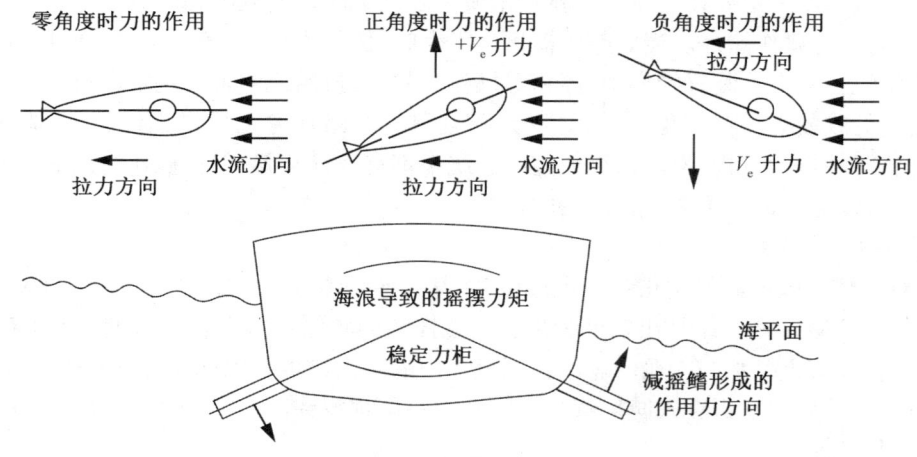

图 5-19　减摇鳍工作原理

减摇鳍的减摇效果取决于航速，航速越高，效果越好。这是因为减摇鳍的升力与航速的平方成正比，因此，在低速航行时升力很小，减摇效果差。减摇鳍只适合于航速大于 12 kn 的船舶。

减摇鳍的减摇力矩与船舶固有周期无关，不受船舶稳心高度变化的影响，并在整个遭遇周期范围内具有良好的响应特性。与其他主动式减摇装置不同，减摇鳍的功率不直接用来产生减摇力矩，而是用于控制鳍角，因此所需功率有限，具有很好的运行经济性。

减摇鳍根据能否将鳍收入船体内，分为不可收式减摇鳍和可收式减摇鳍。可收式减摇鳍根据其结构和工作原理又可分为伸缩式减摇鳍、折叠式减摇鳍两种。

除了上述减摇装置外，还有陀螺、主动重锤、被动重锤等其他减摇装置，但就减摇效果来说，可收式减摇鳍最好。

二、减摇鳍的使用与管理

1. 减摇鳍的控制

电液式减摇鳍控制原理如图 5-20 所示，控制装置利用敏感元件检测船舶的摇摆信号，如横摇角度、横摇速度、横摇加速度、船舶自然倾斜角等。控制机构将信号放大并用来控制动力元件的伺服机构，使动力元件输出必要的功率以推动减摇机构动作，产生减摇力矩。装置运行后，减摇机构的动作信号通过反馈元件反馈到控制机构，与敏感元件感受的船舶摇摆信号相减，当达到平衡时停止动力元件功率的输出，从而实现减摇的效果。

2. 减摇鳍的操作

减摇鳍不同，其操作管理方法也不同。下面以可收式减摇鳍为例进行说明。

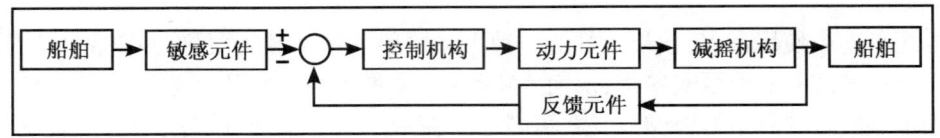

图 5-20　电液式减摇鳍控制原理图

可收式减摇鳍一定要在船舶进入宽敞水域后才能将减摇鳍放出，并在进入窄水道、浅水道前将鳍收回，以免碰伤鳍片。当船舶的横摇角不大时，例如小于 3°~5°，应停止使用减摇鳍，以免增大船舶航行阻力。装置的启动、停止等操作步骤，要按照说明书的规定进行。

减摇鳍的收放必须在鳍角为零时进行，并且只有在鳍片完全放出就位后，才能转动减摇鳍。尽管装置的传动机构、液压系统或控制系统中都有连锁装置，但在操作时还需注意核查减摇鳍的状况，以免连锁装置失误造成鳍的损坏。

3. 减摇鳍的管理

（1）对转鳍和收放鳍机构中各摩擦部位，尤其是鳍伸缩导轨和滑块，进行可靠润滑。

（2）伸缩式减摇鳍的鳍轴出轴处和折叠式减摇鳍的转鳍油缸耳轴处，均有密封装置，要确保其密封性能，防止海水漏入船内。暴露在海水中的减摇鳍也要保证完好的水密，严防海水进入鳍内腐蚀传动机构。折叠式减摇鳍的转鳍油缸一般都浸在海水中，油缸的泄漏不易被发现，因此它的密封更应可靠。

（3）船舶坞修时，应对鳍片和鳍箱内的机构进行检查。

（4）要防止减摇鳍的控制设备受热、受潮或受到剧烈振动。要保证控制和反馈信号的发送、传递和接收机构在机械连接和电气连接上的正确、可靠。启动时，应注意鳍的动作与鳍角指令的一致性，否则应对鳍角反馈等环节进行调整。

（5）因减摇鳍的响应速度较高，如液压系统有空气，除会产生较大的振动和噪声外，还会严重影响减摇效果，因此，必须保证油箱的油位和系统的严密性，杜绝空气进入系统。每次启用减摇鳍时，都要检查油箱的油位，并放出系统内的空气。

第六章　船舶电气与船舶安全管理

第一节　船舶电力系统

一、船舶电力系统的组成

船舶电力系统是由电源装置、配电装置、电力网和负载组成并按照一定方式连接的整体，是船上电能产生、传输、分配和消耗等全部装置和网络的总称。其结构简图如图6-1所示。

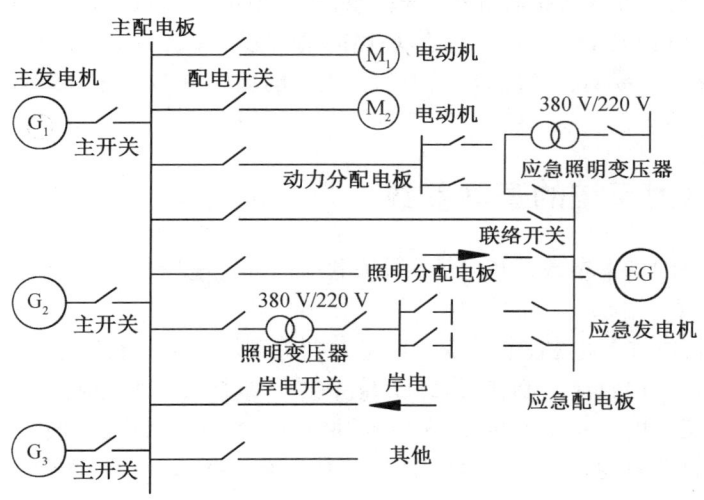

图 6-1　船舶电力系统结构简图
G—主发电机;EG—应急发电机;M—电动机

1. 电源装置
电源装置是将机械能、化学能等能量转变为电能的装置。船舶电源主要是指发电机和蓄

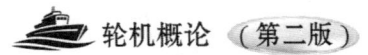
轮机概论 （第二版）

电池。船舶发电机组有交流的也有直流的。

2. 配电装置

配电装置是接受和分配电能,对电源和用电设备进行分配、转换、控制、保护、监测的装置。

3. 电力网

电力网是全船电缆电线的总称,也是电能的生产者(各种电源)和电能的消耗者(各类用电设备)的中间传递环节。船舶电力网根据其所连接负载的性质和类别可以分为动力电网、照明电网、应急电网、低压电网和弱电电网等。

4. 负载

负载即用电设备,它是将电能转换成其他形式能量的装置。船舶负载大体可以分为:甲板机械(舵机、锚机、绞缆机等),舱室机械(各种泵、空压机、空调装置、冷藏设备、通风机),电力推进设备,以及工程船舶的生产机械设备、电气照明设备、船舶通信导航设备和其他设备等。

二、船舶电力系统的特点

(1)船舶电力系统是一个独立的电力系统。船舶电站一般设有 2~4 台同容量、同型号的发电机组,正常工作时一般仅有 1 台或 2 台发电机向电网供电,因此发电机的转速和电压的变化直接影响电网的频率和电压。同时,负载的投入和切除也会影响电网的频率和电压,特别是突加和突卸负载时会使电网的频率和电压产生较大的波动。此外,误操作或局部故障都容易导致全船断电,威胁船舶安全。这就要求船舶发电机组有较高品质的调速和调压装置,电力系统应合理地配置安全、可靠的保护装置。

(2)船舶电网的输电距离短,线路的阻抗低,各处短路电流大。短路电流所产生的电磁机械应力和热效应易使开关、汇流排等设备受到损伤和破坏。船舶输电线路均采用电缆沿舱壁或舱顶走线,电缆的分支和转接均在配电板(箱)或专设的分线盒内,不允许有外部连接点。

(3)船舶对电气设备而言是一个工作环境恶劣的场所,故要求船舶电气设备符合船用条件,要求在湿热、盐雾、霉菌、油气的环境中和在规定的船舶倾斜、摇摆、振动或冲击等条件下均能可靠地工作。

三、船舶电力系统的基本参数

船舶电力系统的基本参数是指电流种类(电制)、额定电压等级和额定频率。

1. 电流种类(电制)

早期船舶采用的直流电制,主要基于直流发电机调压容易、直流配电装置简洁、直流电动机调速平滑等优点。但直流电制在可靠性、经济性、可维修性方面的缺陷甚多。而电力电子技术的发展突破了交流电力系统的调压、调频、并联运行等一系列难点,使交流电制占据了主要地位。除了采用直流电力系统或交直流混合电力系统的特殊工程船舶外,大中型船舶基本采用交流电力系统。

2. 额定电压等级

船舶电力系统额定电压等级的选用直接关系到电力系统中所有电气设备的重量和尺寸,提高电压有利于提高导线中的电流、提高设备功率、减小舱容,但随之对电气设备的绝缘和安全方面的要求也更高。世界各国对船舶电压等级的选用与本国陆上电制参数普遍一致,以使船舶电气设备具有通用性。例如美国和日本采用 450 V、60 Hz 的电制,我国和俄罗斯均采用 400 V、50 Hz 的电制。随着船舶的大型化发展,目前采用电力推进的商船、滚装船和一些工程船舶电站的容量都比较大,出现了 6 kV、3.3 kV 以上中压等级的船舶电站。

我国用电设备的额定电压有 24 V、110 V、220 V、380 V、1 kV、3 kV、6 kV、10 kV 等。根据电源电压的额定值比同级电力系统用电设备的额定电压高 5% 左右的原则,发电机的额定电压常采用 115 V、230 V、400 V、1.05 kV、3.15 kV、6.3 kV、10.5 kV 等。

我国《钢质海船入级规范》规定:非电力推进船舶的限制电压为 500 V;动力负载、具有固定敷设电缆的电热装置等的额定电压为 380 V;照明、生活居室的电热器的限制电压为 250 V,额定电压为 220 V。

3. 额定频率

交流电力系统的额定频率标准一般沿用本国陆地上的频率标准。我国采用的频率为 50 Hz,一些国家如日本、美国等采用 60 Hz 的频率标准。

四、船舶电网

船舶电网是介于船舶电源和用电设备之间的传输和分配电能的传输线路的总称。

船舶电网根据供电电源的不同可分为主电网、应急电网和小应急电网。

1. 主电网

主电网是由主发电机通过主配电板供电的网络,包括动力电网和照明电网,分别供电给动力负载和照明负载。

2. 应急电网

应急电网是由应急发电机通过应急配电板供电或由蓄电池通过蓄电池充放电板供电的电路。它的供电电气设备如表 6-1 所示。

表 6-1　应急电网的供电电气设备

序号	供电系统	客船		货船(总吨)	
		国际航行	国内航行	≥5 000	500~5 000
1	航行等级信号灯	◆	◆	◆	◆
2	通道、出入口、扶梯、应急出口的照明	◆	◆	◆	◆
3	登艇处的甲板和舷外放艇时所需的照明,救生筏、救生浮件储放处的照明	◆	◆	◆	仅对油船
4	机舱、炉舱、主机操纵台、锅炉水位表及气压表、总配电盘前后、应急发电机室、舵舱等的照明	◆	◆	◆	◆
5	驾驶室、海图室、无线电室、消防设备控制站的照明	◆	◆	◆	◆
6	船员和旅客公共舱室、旅客超过 16 人居住舱室的照明	◆	◆	◆	◆
7	白昼信号弹照灯	◆	建议	大于 150 GT 的国际航行船舶	
8	无线电测向仪	◆	建议	国际航行船舶	

续表

序号	供电系统	客船		货船（总吨）	
		国际航行	国内航行	≥5 000	500~5 000
9	应急消防泵	◆			
10	紧急集合报警装置	◆	◆	◆	建议

3. 小应急电网

由蓄电池通过蓄电池充放电板用以传输、分配临时应急电能的网络称为小应急电网。对装设应急发电机组但无自动启动装置的船舶,要求安装临时应急照明电网,而且蓄电池的容量能满足连续供电 30 min。

根据负载的性质和用途不同,船舶电网还有其他的分类形式。通常将由主配电板直接向区配电板、分配电板和负载供电的网络称为一次系统;由区配电板或分配电板向负载供电的网络称为二次系统。船舶电网中向动力设备供电的网络称为动力网络;向照明设备、电风扇及小容量电热设备供电的网络称为照明网络;而向各导航、通信无线电设备和监测报警系统等供电的网络称为弱电网络。

第二节　船舶电源装置

一、轴带发电机

船舶轴带发电机是由船舶主机驱动发电机供电的装置,它利用主机富余功率来达到节能的目的。最近几年新造的集装箱船、矿砂船、散装液货船大多数安装了轴带发电机系统。其主要优点体现在以下几个方面:

(1)节省燃料和滑油消耗。若船舶在航行中不使用辅助柴油发电机组,则燃油和滑油的消耗量降低,同时减少了相应的维修工作量和维修费用。

(2)有利于机舱的布置。使用轴带发电机时,往往会减少一台及以上副机,这使得机舱的空间更灵活。

(3)改善机舱工作环境。降低机舱的噪声,同时也减少了机舱的热源。

轴带发电机系统也存在一些缺点:

(1)船舶在港作业时,不能用轴带发电机供电,仍需要使用辅助柴油发电机组供电。

(2)对于交流电制的船舶,若非恒定转速的主机,则必须采取特殊措施,保证电网频率的恒定,故使整个系统变得较为复杂。

(3)造船投资成本较大,虽然可以从营运成本降低的好处中得到补偿,但是这个补偿不仅和轴带发电机的功率有关(功率越大越好),还与时间的利用率(即船舶在一年中航行的时间)有关。

轴带发电机按照电流类型可分为直流、交流两大类。直流轴带发电机多为带自动电压调节装置的他励机,而现代船舶电力系统多采用交流电,所以直流轴带发电机已经很少见了。交流同步发电机的转速会同时影响交流电的电压和频率,由于定距桨船舶和调距桨船舶的主机转速控制方式不同,需采用不同的轴带发电机系统。

（一）变距桨船舶的轴带发电机

变距桨船舶采用的主机都为定速定向型,在正常航行时主机的转速维持在一个设定的速度上(额定转速)。而且主机的转向是一定的,航速是靠调节桨叶的角度来实现的。所以这类轴带发电机无须加恒频装置。轴带发电机与主机轴之间靠机械传动装置(减速齿轮箱)连在一个系统中,因此整个系统的组成比较简单。

变距桨轴带发电机系统的缺点是:

(1)轴带发电机的输出电源频率受到主机负荷变化的影响,一旦海况不好或负荷幅度波动较大,就会导致主机转速产生较大波动,使轴带发电机输出电源频率也发生较大变化,显然这对电网上的负载、设备是很不利的,严重时会导致全船失电。一般当主机转速变化范围超过10%时,应换用柴油发电机组。

(2)轴带发电机可以和其他发电机并联运行,但时间不宜过长。这是因为主机与副机的工作特性有差别,两者很难做到机械特性一致。因此在船舶自动电站的管理装置的设计上,应该考虑到这个问题。只允许在相互转换的过程中短时间地并联运行,确保电站整体能安全运行。

（二）定距桨船舶的轴带发电机

定距桨船舶主机转速、方向都是变化的。为了保持电压、频率的稳定,需采用不同的措施。定距桨船舶的轴带发电机按转子的转速是否恒定可分为定速与非定速两类。

1. 定速类

这种类型的轴带发电机有涡流联轴器式、油马达驱动式、油压多板离合器式、电磁转差离合器式、无级调速齿轮箱式等多种形式。这些变速装置在主机转速变动范围较大的情况下均能输出比较稳定的转速。但它存在较大的动力损耗,因此大多应用在中小型渔船上。它不能与柴油发电机组并联运行。

2. 非定速类

这种类型的轴带发电机主要有晶闸管变换器式、电动发电机式、异步发电机式等多种形式。这些轴带发电机设有对频率的调节环节,能与柴油发电机组长期并联运行。

目前,轴带发电机系统被越来越多地采用。但由于这种系统的构成比较复杂,涉及的控制元件也比较多,一旦出现故障,检修的工作难度很大。轴带发电机输出功率的大小还受到主机允许输出功率的限制。当主机负荷较大或由于各种因素的影响使主机带负荷的能力下降时,轴带发电机输出功率就不能增大,否则会引起主机超负荷运行。这时为了保证主机的正常工作,需要切除轴带发电机,让系泊发电机向电网供电。

二、应急发电机

现代大型船舶上大多配有应急发电机,一般位于防撞舱壁以后、舱壁甲板以上和机舱以外的艇甲板上专用的应急发电机间内,其功率应根据应急供电设备的总装置功率来确定。根据CCS 的《钢质海船入级规范》的要求,应急发电机由一具有独立的冷却装置和燃料供给的柴油机驱动,原动机的自动启动系统及原动机的特性均能使应急发电机在安全且实际可行的前提下,尽快(最长不超过 45 s)地承担额定负荷。

应急发电机通过应急配电板把电能分配给各应急负载。应急配电板由应急发电机控制屏、动力和照明负载屏、应急汇流排组成。应急发电机间内还布置有应急照明变压器、应急发电机启动用蓄电池。应急发电机都有一套用于自动启/停、供电切换的控制装置,此装置可采用继电器控制电路,也可采用微机或 PLC 控制系统。近年来新建造的船舶大多采用微机或PLC 控制系统,主要是通过控制程序来实现各种控制功能,外部电路比较简单。

1. 主配电板与应急配电板之间的关系

应急发电机是在主配电板失电的情况下使用的电源。正常情况下,应急发电机不运转,应急配电板由主配电板供电。主电网失电时,应急发电机启动,建立电压后向应急配电板供电。主配电板恢复正常供电后,应急配电板转换回由主配电板供电。

大多数船舶主配电板向应急配电板供电具有单向性,即只能由主配电板向应急配电板供电,而不能由应急配电板向主配电板供电。个别船舶设有能迅速地转换至应急运行的转换装置。在符合船级社相关要求并经船级社认可的情况下,应急发电机可在船舶停泊港内期间向主电网供电。

2. 应急发电机的自动启动控制

鉴于应急电站的柴油发电机组大多数时间处于不运行状态,一般只有在主电站断电时才投入使用。所以对机组自动启/停控制要求较简单,通常只要求尽快启动达到额定转速,建立电压,投入使用即可。

柴油发电机组启动能源有压缩空气或蓄电池。应急电站一般都采用蓄电池,也有采用压缩空气的,若采用压缩空气启动,则需要准备一台小型手摇启动的由柴油机拖动的空气压缩机。现在具有自动启/停控制装置的应急柴油发电机组,都是把调速器置于额定转速位置启动。柴油机启动发火即升至额定转速,发电机建立电压后即投入供电运行。对于启动控制一般设置为可进行三次启动,并具有故障报警功能。

早期的自动控制装置只有自动启动功能,停机需由人工操作。自动控制电路设置在应急配电板内。现在使用的独立的自动启/停控制装置,既能自动启动,也能自动停止。控制装置设置在柴油机的机旁控制箱内。

三、蓄电池

蓄电池是任何类型的机动船舶都无法离开的可靠电源设备,其用途之一是作为应急电源或备用电源(一般商船都把蓄电池作为船舶小应急电源,在船舶主电网失电而应急发电机尚未正常供电的时间内,由电池组给小应急负载供电);用途之二是作为低压设备的电源(如给无线电收发报机、自动电话交换机和各种警报器供电)。此外,蓄电池也用作应急发电机、救生艇上柴油机的启动电源和罗经的直流电源等。

（一）船用蓄电池的类别

船用蓄电池有酸性蓄电池和碱性蓄电池两大类。酸性蓄电池也称为铅酸蓄电池,船用历史最久,常用于柴油机的启动和应急照明。碱性蓄电池主要用于无线电通信设备,由于价格较高,民用船舶较少采用。

（二）蓄电池的主要性能

蓄电池的主要性能指标包括开路电压、工作电压、电池容量、使用温度、使用寿命和储存期等。酸性蓄电池中每个小电池的电动势为 2.0~2.1 V。放电时电压逐渐下降,到达某一电压(称为放电终止电压)时,则急剧下降,当电压低至放电终止电压时不再放电。10 h 放电率的每个小电池放电终止电压为 1.8 V。充电时电压在 2.05~2.8 V 变化,充电终期每个小电池电压为 2.5~2.8 V。充电设备的电压应考虑能调节到每个小电池 2.8 V 的数值。碱性蓄电池中的每个小电池的电动势为 3 V 左右,在额定放电率时平均放电电压为 1.2 V。根据不同结构形式,充放电特性是不同的。

（三）船用蓄电池的充放电方式

恒电流充电:以恒定电流充电至充电结束。

恒电压充电:给蓄电池加以恒定电压进行充电(由于充电初期通过电流大,应根据该电流选定整流器的容量)。

恒电流电压充电:即充电初期通以适当的恒定大电流,达到某一电压时,保持恒定电压进行连续充电。

初次充电:使用铅酸蓄电池时,初次向电池内加入电解液进行充电。充电的第一阶段电流为额定容量的 7%,充到单格电压上升到 2.4 V 为止;第二阶段电流为额定容量的 4%,充到单格电压上升到 2.5 V,且相对密度和电压在 3 h 内稳定。

正常充电:对已经放过电的蓄电池,为了使其恢复到原来规定容量而进行的充电。充电分两个阶段进行:第一阶段按标准充电制的电流(额定容量的 10%)充电 6~7 h;第二阶段用第一阶段充电电流的一半充电 2~3 h。

（四）船用蓄电池的维护保养

1. 酸性蓄电池

(1)电解液应每半个月检查一次液面高度,每年进行化验检查。要及时补充电解液,注液孔螺帽应旋紧,以防电解液溅出。

(2)保持蓄电池表面清洁,为防止极柱夹头生锈,其表面应涂上一层凡士林油膜。

(3)蓄电池室应保持良好的通风,并严禁烟火。

(4)过充电。酸性蓄电池在运行中往往因长时间充电不足或过放电等原因造成极板硫化,这时要对蓄电池进行过充电,使蓄电池恢复良好的运行状态。过充电是指在正常充电后,再用 10 h 放电率的 1/2 或 3/4 的小电流进行充电 1 h,然后停止充电 1 h。如此反复进行,直至刚一接通充电电源就产生强烈气泡为止。

2. 碱性蓄电池

(1)每半个月检查一次电压、电解液密度和高度,及时补充电解液。

(2)保持气塞透气或定期打开气塞放气。

(3)碱性蓄电池的外壳带电(正极),存放时须防止金属将负极与外壳接触,引起短路。

（4）一般工作 10~12 次充放电循环进行一次充电或每月进行一次充电。

（5）每年或使用 50~100 次时，应更换电解液。电解液的更换应在放电状态下进行，必要时可用纯水清洗，并及时注入更换的电解液。

四、岸电箱

船舶停泊码头或进坞修理时，一般接用岸电电源。在码头上设置有与岸电连接的装置，船舶一靠码头即可使用岸电，船上发电机组即可全部停机。这样既可以减少靠岸时的值班人员，又便于对发电机组进行正常的维护或修理。

交流岸电的供电方式有两种：

（1）接用单相交流岸电，仅供船上照明电路使用。此时，配电板内照明汇流排与电力汇流排分开。

（2）船上安装一台变流机组或整流装置，将交流电变为直流电，再供电给船上的停泊负载。交流电制船舶则无论进坞修理还是停泊码头，都应设置交流岸电箱以接用交流岸电。岸电箱的容量依据停泊负载来确定，各类船舶的停泊负载不同，通常包括：照明设备、日用设备（日用海水泵、日用淡水泵以及空压机等）、冷藏空调设备、厨房设备、通风机、通信设备、修理机械和娱乐设备等。

岸电箱及接岸电的基本要求如下：

（1）岸电箱内应设有能切断所有绝缘极（相）的断路器或开关加熔断器，指示端电压的指示灯或电表，用于连接软电缆的合适接线端子。对于岸电为中性点接地的交流三相系统，应设有接地接线柱，以便将船体接至岸上的接地装置或岸上电网的零点。应有监视岸电极性（直流时）和相对船舶配电系统的相序（三相交流时）是否相符的设施，标明船电系统的配电系统的形式、额定电压和频率（对于交流）的铭牌。有时根据船东要求还应装设电表。

（2）岸电箱应安装在便于连接来自外部电源软电缆的场所，并根据安装的场所，选择合适的防护等级。岸电箱与主配电板间应以固定敷设的电缆连接，该电缆应有足够的定额。当岸电或（和）船电系统为中性点接地的交流三相系统时，应将船体与岸地相连。利用船体作导电回路的船舶，在接岸电时，不能以陆地或海水作岸电回路，而应以绝缘的岸电相线将船体与岸电网络的零点或接地的相线或接地的负极相连。岸电箱内应有连接此电缆的接线柱。

第三节　船舶配电装置

船舶配电装置是接收和分配电能，并对电网实现保护的设备。有些船舶配电装置（例如主配电板、应急配电板和蓄电池充放电板等）还具有对电源装置、用电设备进行测量、保护和控制的功能。船用配电装置种类很多，如：面向主发电机的控制和监测的主配电板，面向应急发电机控制和监测的应急配电板，面向蓄电池组控制和监测的蓄电池充放电板，此外，还有区域分配电板、岸电箱和交流配电板等。

一、主配电板的构成及功能

船舶主配电板是船舶电力系统的中枢,担负着对主发电机和用电设备的控制、保护、监测和配电等多种功能,一般由发电机控制屏、并车屏、负载屏和汇流排四部分组成。

1. 发电机控制屏

发电机控制屏包含发电机主开关及其操纵器件、指示灯和仪表、发电机励磁控制和保护环节等。每台发电机组均配有单独的控制屏,用于控制、调节、保护、监测发电机。控制屏面板大体分上、中、下三部分。上部安装电压表、电流表及其转换开关,频率表,功率表,功率因数表,以及原动机的调速开关和按钮等。中部安装发电机主开关。下部一般安装发电机励磁控制装置,控制屏内还装有逆功率继电器和仪用互感器等。

2. 并车屏

并车屏包括同步表、同步指示灯、投切顺序选择和转换开关、操纵按钮及状态显示指示灯等,有的还设有汇流排分段隔离开关、粗同步并车电抗器、自动并车装置等。并车屏用于交流发电机组的并联运行、解列等操作。

3. 负载屏

负载屏包括动力负载屏和照明负载屏,通常安装装置式自动空气开关,电压表、电流表及其转换开关,绝缘指示灯,兆欧表,以及与岸电箱相连的岸电开关,用于分配电能并完成对各反馈电线路的控制、监视和保护等。各用电设备或分电箱的电能通过装置空气开关供给。有些动力负载屏上还装有重要泵的组合启动装置。

4. 汇流排

配电板上主汇流排及连接部件是铜质的,连接处做了防腐或防氧化处理。汇流排能承受短路时的机械冲击力,其最大允许温升为 45 ℃。交流汇流排按从上到下(垂直排列)、从左到右、从前到后(水平布置)的顺序依次为 A 相、B 相、C 相。汇流排的颜色依次为绿色、黄色、褐色或紫色,中线为浅蓝色(若有接地线则接地线为绿色和黄色相间色)。直流汇流排按从上到下(垂直排列)、从左到右、从前到后(水平布置)的顺序依次为正极、中线、负极。其正极为红色,负极为蓝色,中线为绿色和黄色相间色。

二、分配电板

分配电板是由过载保护电器组成的集合体。对额定电流不超过 16 A 的电气设备进行供电的开关板,也称为分电箱,主要有动力分配电板和照明分配电板两种。区域分配电板由主配电板或应急配电板供电,是对耗电大于 16 A 的电气设备进行供电的开关板。

三、应急配电板

应急配电板用于控制和监视应急发电机,并向应急用电设备供电。它与应急发电机安装在同一舱室内,一般位于艇甲板上。应急配电板由应急发电机控制屏和应急配电屏组成,上面安装的仪器仪表与主配电板基本相同。应急发电机总是单机运行的,所以不需要并车屏、逆功率继电器和同步表。

应急电网平时可由主配电板供电,当主发电机发生故障或检修时才由应急发电机供电。主配电板连通应急配电板并设有供电联络开关,它与应急配电板的主开关之间设有电气连锁,以保证主发电机向电网供电(即主网不失电)时,应急发电机不工作。一旦主发电机开关跳闸,经应急发电机的自动启动装置确认后,自动启动应急发电机,且合闸向应急电网供电。平时需要检查和试验应急发电机时,可把应急发电机的工作方式选择开关置于试验位置,使应急发电机能脱离电网。有些采用自动管理的应急电站,只有在应急发电机工作后应急电网才运行并转换为由应急发电机供电,以免与主电网发生冲击。

四、充放电板

船舶小应急照明、操纵仪器和无线电设备的电源均采用蓄电池。船舶设置充放电板对蓄电池进行充电、放电,实现向用电设备正常供电。

目前采用交流电的船舶大都采用整流装置把交流电变为直流电。电源回路中设置熔断器、电压表和电流表。目前,新造交流电制船舶已采用晶闸管整流器,组成三相或单相可控整流装置。

第四节　安全用电

一、基本知识

1. 触电原因

由于缺乏安全用电常识或对电气设备的使用管理不当,触电事故时有发生。在客观上电气设备的绝缘损坏使不带电的物体带电,是发生触电的最大隐患。而环境条件对触电有着重要影响,人体任何两点直接触及(或通过导电介质连通)不同电位的带电体都可能发生触电事故。整个钢质船舶是一个良导体,且空间狭窄、设备密布,人体经常碰触到电气设备的金属壳体或构架。加之高温、潮湿等恶劣环境条件,容易造成绝缘损坏,或安全接地因腐蚀或锈蚀而失去保护作用等。因此,船舶属于触电危险场所。

2. 人体触电电流及安全电压

触电对人体伤害的程度与通过人体电流的大小、种类、路径和持续时间有关,电流的大小决定于人体两点的接触电压和人体电阻。人体总电阻是皮肤角质层电阻和体内电阻之和。皮肤角质层电阻为 $40\sim100$ kΩ,而体内电阻仅为 $600\sim800$ Ω,但皮肤潮湿、不洁净或有伤口时,皮肤角质层电阻可下降到 1 kΩ 左右。因此人体电阻不是固定的常数,实际触电时的人体电阻和电流还与人体的触电部位、接触面积和接触紧密程度等有关。

危险的触电电流通过人体,首先是使肌肉突然收缩,使触电者无法摆脱带电体,以致麻痹中枢神经,导致呼吸或心脏跳动停止。人体通过的工频交流电流达到 $0.6\sim1.5$ mA 时开始有感觉,$8\sim10$ mA 时手已较难摆脱带电体,当几十毫安通过呼吸中枢或几十微安直接通过心脏时均可致人死亡。因此电流通过人体的路径不同,其伤害程度亦不同。手和脚间或双手之间触电最为危险。

安全电压是指对人体不产生严重反应的接触电压。根据触电时人体和环境状态的不同其安全电压的界限值也不同。国际上通用的可允许接触的安全电压分为三种情况:(1)人体大部分浸于水中的状态,其安全电压小于 2.5 V;(2)人体显著淋湿或人体一部分经常接触到电气设备的金属外壳或构造物的状态,其安全电压小于 25 V;(3)除以上两种以外的情况,对人体加有接触电压后危险性高的接触状态,其安全电压小于 50 V。

我国则是根据发生触电危险的环境条件将安全电压分为三种类别,其界限值分别为:(1)特别危险(潮湿、有腐蚀性蒸气或游离物等)的建筑物中,为 12 V;(2)高度危险(潮湿、有导电粉末、炎热高温、金属品较多等)的建筑物中,为 36 V;(3)没有高度危险(干燥、无导电粉末、非导电地板、金属品不多等)的建筑物中,为 65 V。

可见"安全"电压是相对的,在某种状态或环境下是安全的,当状态或环境发生变化时就可能是危险的。特别是触电作用时间是触电安全的重要因素,即使是可摆脱的电流,若在 20~30 s 未能摆脱,也会由于电流的热效应、化学效应等,使人体发汗,人体电阻下降,以及产生一系列的病理变化,从而造成伤亡事故。

3. 触电急救注意事项

(1)就近拉断电源开关,否则应该用干燥不导电的衣物器具使触电者迅速脱离电源。人体各部分都不可直接触及触电者,避免连带触电。注意触电者脱离电源时的碰伤或摔伤。

(2)将触电者置于通风温暖的处所,对呼吸微弱或已停止呼吸的触电者要实施人工呼吸抢救。

二、触电安全防护措施

（一）预防触电措施

(1)经常检查、维护电气设备的绝缘和壳体的安全接地,以消除触电隐患。

(2)禁止带电检修设备,特殊情况下须使用绝缘合格的工具和护具进行带电操作。

(3)必须按照操作规程及正确的操作方法对电气设备进行操作。

(4)非安全电压便携式电气设备及其电缆、插头等的绝缘容易损坏,安全接地芯线容易折断而不易被觉察,使用前必须仔细检查。

(5)电气设备发生火灾时,不能直接用消防水龙灭火,以免触电。对电气设备最好用惰性气体灭火器或二氧化碳灭火器灭火,既避免触电或产生有毒气体,又避免对电气设备产生有害的腐蚀作用。

（二）安全保护措施

1. 保护接地

保护接地是把电气设备在正常情况下将不带电的金属壳罩或构架等与地做良好可靠的金属连接。一旦发生这些部件带电,站在地上的人体的接触电压和人体电流接近零。凡是 36 V以上的电气设备都要进行保护接地。

2. 保护接零

在中性点接地的三相四线制供电系统中,将电气设备的金属外壳与零线相接,称为保护接零。当电气设备某相绝缘损坏而碰到设备外壳时,通过零线构成单相短路。这种单相短路的电流较大,可使电气设备的继电保护开关或熔断器断开,既可避免人身触电,又迅速切除了故障设备,保证了其他电气设备的正常运行。即使在保护电器断开之前触及外壳时,也由于人体电阻远大于回路电阻而使人体电流极小。

3. 工作接地

为了保证电气设备正常情况下可靠工作而进行的接地称为工作接地。

4. 屏蔽接地

为了防止电磁干扰,在屏蔽体与地或干扰源的金属壳体之间所做的永久良好的电气连接称为屏蔽接地。

参考文献

［1］吴晓光.轮机概论［M］.大连:大连海事大学出版社,2009.

［2］吴恒.船舶动力装置技术管理［M］.大连:大连海事大学出版社,1999.

［3］孙培廷.船舶柴油机［M］.大连:大连海事大学出版社,2002.

［4］费千.船舶辅机［M］.大连:大连海事大学出版社,2005.

［5］左春宽.本港海船船员培训教材(轮机长)［M］.大连:大连海事大学出版社,2014.

［6］王宝军.本港海船船员培训教材(轮机员)［M］.大连:大连海事大学出版社,2014.

［7］金仲达.船舶概论［M］.哈尔滨:哈尔滨工程大学出版社,2002.